本书是中国人民大学科学研究基金项目（中央高校基本科研业务经费专项资金资助）“中国价值的革命——中国价值思想史研究”（项目批准号：11XNL001）的研究成果。

# 中国价值

高德步 著

社会科学文献出版社
SOCIAL SCIENCES ACADEMIC PRESS (CHINA)

# 导　言

价值是民族的灵魂。每个民族在其历史发展过程中都会形成一个价值系统，正是这一价值系统主导着不同历史阶段的意识形态，指引着不同时代的社会发展方向。本书所要研究的就是中国价值的历史生成和历史传承，研究中国价值的现实意义及其对未来可能产生的影响。

## 一　中国价值的起源和中国价值传统的经世意义

西方价值源于“逻各斯”，中国价值源于“道”。中华民族在历史实践过程中，观乎天文，观乎人文，彰往察来，微显阐幽，从而体悟到了这个“道”。这个“道”是纯粹的“国道”,沿着这个“道”，中华民族形成了自己的历史和民族精神，而这种民族精神又经历史的提炼而成为了中国价值和价值传统。

道可以分为道体和道心。道体就是价值实体，是价值赖以依存的实体，也就是天地与人。与道体相对应的概念是道心。天地本无心，但人有心，是人为天地立心，赋予天地以价值，这就是道心。但人心与道心不同，所谓“人心惟危，道心惟微”，人心可变，道心永恒，人心与道心相合就是“仁心”，而“仁”就是价值。当然，中国价值并不仅仅是“仁”，而是随着历史发展不断地丰富，并形成一系列独特的表征，如天人合一，以人为本；自强不息，厚德载物；乐天知命，率性自由；中庸中道，和而不同；克己复礼，天下归仁等。

道是永恒的，但道不是静止的而是永恒运动的，从而有“道体流行”。“道体流行”决定道心与人心的变化亦即价值思想的变化。但人心基于道心，因而就形成持久的价值传统。中国历史上形成的这个价值传统就是中华道统。

作为价值传统，它决定一个民族持久稳定的行为方式，而作为道统，则决定一个国家的执政理念以及政权的合法性基础。所以历朝历代都重视这个道统。任何政权的建立,都必须符合这个道统。也就是说，政权的合法性取决于其所代表的价值。就中国价值和价值传统来说，这个价值是源于天地人心的，所以，任何政权要取得合法性，都必须符合历史规律并代表人民的利益和意愿。而不合民心、不施仁政的政权就不具有合法性。基于价值传统和道统的合法性，我们也可以称之为文化合法性，而要取得文化合法性，就必须重视文化传统的重建，包括传统文化的创造性转化和创新性发展。

## 二　中国价值传统与历史上国家意识形态选择

社会发展依道而行。道是客观存在的规律，社会发展必须遵循这个规律。道体实际上就是天地自然与经济社会，道体流行就是天地自然与经济社会的发展、变化和变革，也就是历史。天地自然与经济社会的变化，决定社会价值的变化，本质上讲也就是人们对历史规律的认识和认知，以及在此基础上形成的价值和观念。历史变化了，社会价值和观念不能不变。这种变化基本上是渐进的，但变化的积累最终会出现根本性的转变，这就是价值革命。通过价值革命，社会价值体系与社会历史发展需要相适应，这就是与时俱进。因而，价值革命就是一定的价值系统从解体到重建的过程，也就是价值与社会发展变化从不适应到相适应的过程。

一定历史时期的社会价值，决定一定历史时期的国家意识形态。道体流行决定价值演变，价值演变就是人心依于道心的变化。社会价值围绕着道变化，时而偏离时而回归，最终形成一个循道运行的轨迹，即形成一条价值轴心线。这个价值轴心线就是道统。相应地，国家意识形态建构也存在一个原则，这就是“执两用中”。在中国价值传统中，“中”是一个十分重要的概念。《尚书》说“人心惟危，道心惟微”，还说“惟精惟一，允执厥中”，这就是“十六字心传”。“执两用中”的核心是“用中”,但“用中”必须以“执两”为条件，没有“执两”就无可“用中”。所以，“执两用中”不仅是国家意识形态选择的原则，还是国家治理方式选择的原则，是中国传统社会执政艺术的精髓。在中国历史上，社会价值经历了一系列演变，但其核心不变，轴心一贯，国家意识形态也经历了一系列演变，但始终是以“执两”来“用中”，形成持久的执政理念。这个理念就是“中道”。

## 三　中国新时代历史方位和中国价值的革命

中国传统社会历史上经历了三次价值革命。第一次是周文革命，第二次是儒家革命，第三次是理学革命。中国价值传统是通过这三次价值革命形成的。但这三次价值革命都是在传统社会内部的变革。长期以来，中国传统社会一直没有受到根本性的挑战，因而也就没有经历根本性的变革。但近代以来中国传统社会走向衰落，中国传统价值也陷入危机。要拯救中国社会，就必须进行社会革命，而社会革命要从观念变革开始。这次根本性的观念变革就是中国价值的第四次革命。

这场新的价值革命是从“五四”开始的。“五四”提出重估一切价值，通过一场“离经叛道”的学术思想革命促进社会观念革命，使中国价值的旧有传统迅速消解。然而，此后中国的社会变革断断续续，传统价值消解了，但价值重建难以为继。只有当我们引入了马克思主义以后，中国价值革命才由被动转为主动，中国社会革命也走上正轨。中国共产党将马克思主义基本原理与中国具体实际相结合，创造性地发展了马克思主义，使马克思主义中国化。马克思主义中国化是中国价值革命的枢纽，是中国价值重建的起点，也是中国新的价值传统的核心。

在中国共产的党领导下，中国人民推翻了三座大山，取得了新民主主义革命的胜利；通过三大改造建立了社会主义基本制度，经过改革开放建立了社会主义市场经济体制；通过社会主义建设，初步实现了现代化；经过长期努力，中国特色社会主义进入新时代。与此同时，马克思主义中国化也取得了新的重大进展，形成了新时代中国特色社会主义思想，这就使中国价值革命进入新的阶段。可以说，中国当下的价值革命，是由新时代我国发展新的历史方位决定的。

现代化是中华民族复兴的必经之路。经过几代人的努力，我们基本上实现了经济现代化，并即将进入小康社会。但现代化和小康社会并不是我们的终极目标，我们还要继续发展。但另一方面，中国的现代化也出现不少弊端。这是受西方现代性价值影响所致，是现代化异化的结果。而要避免这些弊端，不能靠西方现代价值提供解决方案。所以，新时代需要中国价值传统的回归，需要创新中国价值以解决现代性的矛盾。

随着中国的迅速崛起，中国价值也必将走向世界。但中国价值并不追求“普世性”,而是用中国价值协和世界,坚持“己所不欲，勿施于人”的原则，追求“和而不同，美美与共”的目标。这就决定中国价值具有最大的公约值。用中国价值协和世界，就是彻底摒弃“丛林法则”，共同构建人类命运共同体，实现天下一体之仁。

## 四　新时代中国价值的创造性转化与创新性发展

新时代中国的历史方位和历史任务，决定中国价值革命的方向和任务。党的十八大确立了社会主义核心价值体系，党的十九大进一步提出:坚持马克思主义，推动中华优秀传统文化创造性转化、创新性发展，继承革命文化，发展社会主义先进文化，不忘本来、吸收外来、面向未来，更好构筑中国精神、中国价值、中国力量，为人民提供精神指引。

中国价值革命的方向和任务，可以概括为以下几个方面。

第一，坚持马克思主义。马克思主义的引入，使中国价值革命由被动转为主动，并实现了中国价值的创造性转化，即由传统转向现代。当下，中国的现代化仍在路上，坚持和发展新时代中国特色社会主义是我们的共同理想。我们必须坚持马克思主义，继续推进马克思主义中国化、时代化、大众化，使中国的马克思主义展现出更强大、更有说服力的真理力量。

第二，重建中国价值传统。传统不是旧物，而是“日日新”的价值传承。经过百年来的奋斗，中国的现代化取得初步成功，中华民族也逐渐走向新的成熟，我们应该充分利用自己民族的理智来思考。所以，我们必须坚定地确立文化自信，坚守中华文化立场，实现中国价值的创造性转化和创新性发展。

第三，推进综合创新。在近代以来的中国价值革命过程中，马克思主义、西方现代思想和中国传统文化，始终是相互矛盾和纠缠的三种思想力量。经过百年的现代化历程，马克思主义和西方现代价值已逐渐中国化，并与正在复兴的中国价值传统共同构成三种新的价值传统。而当代中国价值的革命，就是在马克思主义指导下，吸收西方现代价值，重建中国价值传统，通过一个新的综合创新过程，创建一个全面的价值体系。

20世纪初李大钊提出，中国农业文明“衰颓于静止之中”，而西方工业文明“疲命于物质之下”，世界文明的未来必有赖于“东西文明真正之调和”的“第三新文明之崛起”。如今，距离李大钊的时代已经过了近百年。我们在马克思主义指引下，经过这百年奋斗，吸纳了西方文明，同时也保留了自身的文化元素，正在形成一个新的文明体。这种新文明体的初级形式就是有中国特色的社会主义。“天行健，君子以自强不息。”中华文明历来强调奋斗进取、革故鼎新。随着有中国特色社会主义的发展，随着中国人民在发展过程中认知水平的不断提高，一定会走出一条中国道路，创造出一种全新文明。

# 目　录

# 第一章

## 中国价值：传统与革命

西方价值起源于“逻各斯”，中国价值起源于“道”。道可以分为道体与道心。道体为价值实体，由天地人构成，道心则为价值本源，与人心互为表里。人心可变，道心永恒，人心合于道心则为“仁”。道体流行，价值演变，则形成价值传统。中国价值传统就是中华道统。价值引导人民，构成民族灵魂。中国价值或中华道统的兴衰，决定中华民族国运的兴衰，所谓“道存则国存，道亡则国亡”。中国价值必须与时俱进，不断更新，即创造性转化和创新性发展。这就是价值革命。价值革命必须基于道体流变，继承传统，坚持道统，不忘本来，吸收外来，面向未来。这是中国价值能够历久弥新的根本原因，也是中华民族长盛不衰的根本原因。

# 一　中国价值的起源

## （一）道：物与精；真与信

对于道的阐述，中国古代起源很早。最初的道是道路之道，与行有关，如《易经》说："履道坦坦。"（《易·上经》）当人们将道与天体自然结合起来时，道就开始具有了"形而上"的意义，所以《易经》说"形而上者谓之道"。（《周易·系辞上》）老子的《道德经》为我们留下了最为经典的道论。老子说："道之为物，惟恍惟惚。惚兮恍兮，其中有象；恍兮惚兮，其中有物；窈兮冥兮，其中有精；其精甚真，其中有信。"（《道德经》第二十一章）从老子的道论来看，"道"是一种存在，"独立不改，周行不殆"（《道德经》第二十五章），尽管"不知其名"，但其中有"象"。象就是"表象"，有"大象"和"小象"之分，其中"大象无形"（《道德经》第四十一章），是现象的总体，而"小象"则有形有态即具体的"物态"，所以"其中有物"。这里的物就是"形而下"之物了。除了"物"之外，其中还有"精"。"精"就是"精气"。"精"与"物"不同，物是物质的，精则是精神的。"其精甚真，其中有信。"信与真有关，真既是"形而下"的真实，又是"形而上"的真理，正是因为真才值得人们去信。信对于对象物来说就是信任，对于自身来说就是诚信，将其推至最高处则升华为信仰。在中国上古时代，信仰并未分为世俗信仰和宗教信仰,而是一种综合的“信”。从“物”到“精”,从“精”到“信”,就一步步进入了价值层面。可见，老子的道，是一种存在，包括物质的和精神的，因而也是价值的。

从“物”的方面看，老子说:“有物混成，先天地生。寂兮寥兮！独立不改,周行不殆。可以为天下母。”(《道德经》第二十五章）道“象帝之先”,“似万物之宗”(《道德经》第四章),为“玄牝之门，是谓天地根”(《道德经》第六章)。既然道是“先天地生”，那就成了宇宙万物之本源。老子认为，这个宇宙万物之本源就是“无”。但这个“无”并不是“真空”，而是“无限”，一方面是说所有的万物即“有”都是从这个“无”衍生出来的,另一方面是说这个“无”包括了无限的“有”。所以老子说:“天下万物生于有，有生于无。”(《道德经》第四十章）道既然是“无”，那就必然是无限的，一方面是空间意义上的，即无限大，“天下皆谓我道大，似不肖。夫惟大，故似不肖。若肖，久矣其细也夫!”(《道德经》第六十七章）另一方面是时间意义上的，即无限久，唯其“寂兮寥兮”，故能“独立不改，周行不殆”(《道德经》第二十五章)，所以道“大盈若冲，其用不穷”(《道德经》第四十五章)。

从“精”的方面看，老子把“道”与“天”相接。这里的天既是自然之天也是人格之天。老子说:“天将救之，以慈卫之”(《道德经》第六十七章)；“天之所恶，孰知其故?”(《道德经》第七十三章）这样，“道”就具有了人格意志的特征。“天”既如是，“道”亦如是,从而就有了“天道”。老子认为,天是有知的,也是有德的,更是有情的，“天道无亲，常与善人”（《道德经》第七十九章），“天之道，利而不害”。（《道德经》第八十一章）但天道之存在和变化以及好恶，是不以人的意志为转移的。“天之道，不争而善胜，不言而善应，不召而自来，繟然而善谋”（《道德经》第七十三章），“同于道者，道亦乐得之；同于德者，德亦乐得之”（《道德经》第二十三章）。道“生而不有，为而不恃，功成而弗居”（《道德经》第二章），“万物恃之以生而不辞，功成而不有。衣养万物而不为主，可名于小；万物归焉而不为主，可名为大。以其终不自为大，故能成其大。”（《道德经》第三十四章）因为天道不仅是自然之道，还是人格之道。所以天道不仅有意志而且知善恶、通神灵。“神得一则灵”，“神无以灵，将恐歇”（《道德经》第三十九章），“以道莅天下，其鬼不神”（《道德经》第六十章）。

在老子看来，道这个东西不可见、不可触，因而也不可名，似乎无所作为。但它又无处不在，并且在无形之中支配着天地万物和人类社会，即“道常无为而无不为，侯王若能守之，万物将自化”。（《道德经》第三十七章）所以人类社会必须尊道而行。另一方面，尊道也是一种有德的行为，即“孔德之容，唯道是从”（《道德经》第二十一章）。进一步讲，求道更是一种价值追求，是君子所为：“上士闻道，勤而行之；中士闻道，若存若亡；下士闻道，大笑之。不笑不足以为道！”（《道德经》第四十一章）人们追求道必须坚持“信”即坚持对道的信仰，以道为真亦即真理，对真理则要坚信不疑。尽管理想与信仰幽隐而高远，但我们必须保持坚定的信仰并付诸实践，这就是价值理想。但人类追求道并不能要求圆满，正因为不圆满，才激起人们对道的不懈追求，从而不断走向新的境界。也就是老子所说的："保此道者，不欲盈。夫惟不盈，故能敝而新成。"（《道德经》第十五章）所以，道是君子的价值追求，而求道、尊道更是君子品格。

## （二）道体：天地与人

道是宇宙万物之源，也是价值之源。道是一种存在，而首先是一种客观存在即作为客体的存在，而作为价值则体现为客体与主体的关系，即客体对主体的价值。所以，道首先要有道体，也就是价值基础，然后才有价值。

第一，道体是道的体现，是道所依存的实体，也就是价值之本体。道是一种"形而上"的存在，是"不可道"的，即不可言说或不可表述的。但是"不可道"之道必须有"可道"之道来体现，这就是道体。道体是有形的，因而是"可道"的。这种有形的、"可道"之道体，就是天地与人。孔子在《易传·说卦》中说："立天之道曰阴与阳，立地之道曰柔与刚，立人之道曰仁与义。"这里指明了天地之道和人之道。但是天地与人并不相分而是"天人合一"，所以天地之道也就是人之道，人之道也就是天地之道。所以程颐说："道未始有天人之别，但在天则为天道，在地则为地道，在人则为人道。"（《河南程氏遗书》卷二十二上）然而，"天地人只一道也"。（《河南程氏遗书》卷十八）人在天地之间，人是万物之灵，有人才有灵，有灵才有价值。如果仅仅是天地万物而没有人的存在，天地也就失去意义，因而也就无所谓价值。就是说，有人才有价值，一切价值都是对人而言的，没有人一切事物的价值都无从谈起，也就都没有价值。所以，人才是价值之源。但是人并不是抽象的人，而是整体的人，也就是社会的人，并且是在一定社会关系之下，在一定的政体之下。所以，这里的人也就是人民，而天地与人亦即天地与人民共同构成的实体就是道体。

第二，价值是人与天地的关系，这种关系的核心就是仁，所以道体就是仁体，亦即“仁之体”。人是万物之灵，有人才有价值。但是人自身并不能构成价值,价值源于人与事物的关系。这就是说，人在天地之间，天地也就有了价值，而天地与人共同构成价值主体，亦即道体。道体是天地人，但并不仅是天地人的实体，还包括人与天地的关系，只有这种关系才构成价值。天地本无价值，但人“为天地立心”，亦即赋予天地以价值；“为生民立命”，有了人的生命，天地才有生命，才有“心”，才有价值。然而，天地与人存在一个意识的沟通，也就是天道与人道的沟通，这需要人对于天地自然的认识。然而，“天道远，人道迩，非所及也，何以知之?”（《左传·昭公十八年》）这就需要将天地之道转为人之道。孔子说:“君子务本，本立而道生。孝悌也者，其为仁之本欤。”（《论语·学而》）孟子说:“仁也者，人也。合而言之，道也。”（《孟子·尽心下》）到了宋代，理学家进一步将天地万物与人合为一体并赋予“仁”的价值含义。这就是程颢所说的:“仁者，以天地万物为一体”（《河南程氏遗书》卷二上），即认为仁是天地之生机，天地之心，亦即宇宙之道体。

在这里，道体就是仁体，仁是生生之意，既是无声无臭之天，也是“纯亦不已”的万物一体，即天地一体之仁。

第三，道体流行也就是价值实体的变化，构成价值流变的基础，这种价值流变经过一定时期的历史传承就成为文化和道统。“天不变道亦不变”，但天地与人的关系是可变的，所以说道体是变化的。既然道体变化就有道体之流行。道体流行“如水之流而不息，便见得道体之自然”(《朱子语类》卷三十六《论语》十八)。在宋儒看来，道体就是仁体，而道体流行也就是宇宙间的道德秩序的生成和演变。“理不可见，因其爱与宜，恭敬与是非，而知有仁义礼智之理在其中，乃所谓‘心之德’，乃是仁能包四者，便是流行处，所谓‘保合太和’是也。仁是个生理，若是不仁，便死了。”(《朱子语类》卷二十《论语》二）人们虽然不能直接感知未发的仁性自身，但通过已发的爱与适宜、恭敬、是非的生气流行完全可以推知，是所谓“心之德”也。仁作为“爱之理”，“正谓仁是未发之爱，爱是已发之仁尔。只以此意推之，不须外边添入道理。若于此处认得‘仁’字，即不妨与天地万物同体。若不会得，便将天地万物同体为仁，却转无交涉矣”。(《朱子语类》卷二十《论语二》)《易》中“保合太和”的意义，就在仁德生气流行的“全体”中得到最为真切的发明。所以，道体流行决定价值思想的流变，亦即以“仁”为中心的价值思想的流变。这种价值思想的流变，经过一定历史时期的传承，最后汇结为中国传统社会的意识形态，并构成历史上的价值传统即道统。

第四，道是人类必法之道，人类从异化到回归，就是从必然王国到自由王国的回归。在人类历史之初，人与自然合而为一，这是最接近于道的状态，“天大，地大，道大，人亦大”。（《道德经》第二十五章）董仲舒指出：“古之造文者，三画而连其中，谓之王；三画者，天地与人也，而连其中者，通其道也，取天地与人之中以为贯，而参通之，非王者庸能当是。”（《春秋繁露》卷十一）就是说，既然天地与人共同构成道体，那么人与天地就处于平等地位并承担着核心角色。但随着人类的发展和进步，即随着人的社会化和人的欲望的展开，人出现了异化，人的本来状态逐渐消解，人与道开始分离，似乎具有了对抗天地的能力。这实际上也正是人与自然矛盾的开始。随着科学技术的发展，人似乎具有了控制自然、征服天地的能力，这就进一步加速了人的异化，结果是人与自然的矛盾日益激化，人与道渐行渐远。但事实上，“人法地、地法天、天法道、道法自然”，这是一个颠扑不破的真理，也就是人类必法之道。就是说，自然进化的人类永远也脱离不了天地之道。人只有尊道循道，敬畏自然，不断地异化也不断地回归，回归于朴，回归于婴儿状态，才能与自然融为一体，与道合二为一，成为法地、法天、法道、法自然的人，从而实现人的自由和圆满，也就是从必然王国回归到自由王国。

### （三）道心：人心、仁心、民心

道体是天地人的总称，天在上，地在下，人在其中。天可以“形而上”为神和天帝，地可以“形而下”为器和物，而人则是万物之灵，是价值形成的核心。《礼记》说：“人者，天地之心也。”（《礼记·礼运》第九）没有人一切都无从谈起，一切价值都不存在。但人的价值依附于天地，没有天地，人的价值就没有基础，就无所依托。道是“形而上”之道，而道体是可见、可触、可名的实体。道体由天地与人构成，由于有人在天地之间，天地就有了灵，也就是有了心。但是天地之心源于人心，天地之心必须通过人心来表达。这就有了人心与道心的分别。在人与自然为一体之时，人心就是道心。但随着人的异化，随着人的行为轨迹逐渐脱离自然轨迹，人心也就逐渐脱离了道心。程颐说：“人心，私欲也，危而不安；道心，天理也，微而难得。”（杨时编《二程粹言》卷下·心性篇》）这就是《尚书》所说的“人心惟危，道心惟微”。程颐进一步指出：“人心私欲，故危殆。道心天理，故精微，灭私欲则天理明矣。”（《二程遗书》卷二十四）所以，人心要向着道心。

朱熹认为，“道心”和“人心”并不是两个“心”，而只是一个心，“知觉从耳目之欲上去，便是人心；知觉从义理上去，便是道心。人心则危而易陷，道心则微而难著”。（《朱子语类》卷七十八）朱熹还说：“人心便是饥而思食，寒而思衣底心。饥而思食后，思量当食与不当食；寒而思衣后，思量当著与不当著，这便是道心。”（《朱子语类》卷七十八）道心又称为“义理之心”（《朱子语类》卷六十二），是“天命之性”；人心则是“形气之私”，生于“血气形体”，属于“私有底物”。（《朱子语类》卷六十二）朱熹认为，“人心不全是不好”，人心能无过无不及，能得其正而不偏者即为道心。道心只有在与物相接的人心中才能显现出来。虽“上智”之人亦不能无人心，虽“下愚”之人亦不能无道心。但道心微妙难见，人心易流于人欲，故人人当精察于二者之间，以“守其本心之正”，“使道心常为一身之主，而人心每听命焉”。（《朱子语类》卷六十二）这就需要“革尽人欲，复尽天理”。（《朱子语类》卷十三）

王夫之进一步讲明了人心与道心的辩证关系。他说：“性有自质，情无自质”，“情便是人心，性便是道心。道心微而不易见，人之不以人心为吾俱生之本者鲜矣。故普天下人只识得个情，不识得性，却于情上用工夫，则愈为之而愈妄”。（王夫之：《读四书大全说》卷十）他还说：“喜、怒、哀、乐之与性，一合一离者是也。故恻隐、羞恶、辞让、是非，但可以心言而不可谓之情，以其未发时之所存者，只是一个物事也。性，道心也；情，人心也。恻隐、羞恶、辞让、是非，道心也；喜、怒、哀、乐，人心也。”（王夫之：《读四书大全说》卷八）“唯性生情，情以显性，故人心原以资道心之用。道心之中有人心，非人心之中有道心也。则喜、怒、哀、乐固人心，而其未发者，则虽有四情之根，而实为道心也。”（王夫之：《读四书大全说》卷二）

总之，人心是世俗之心，是可变之心，因而代表可变价值；而道心不变，是恒久不变的价值，所谓道心永恒。人心必须符合道心，必须向着道心。但是道心不可见，必须通过民心来体现。老子说：“圣人无心，以百姓心为心。善者，吾善之；不善者，吾亦善之；得善。信者，吾信之；不信者，吾亦信之；得信。圣人在天下，怵怵；为天下，浑其心，百姓皆注其耳目，圣人皆孩之”。（《道德经》

第四十九章）他主张“不见可欲，使民心不乱”。(《道德经》第三章）孟子将人心分为“恻隐之心”、“羞恶之心”、“恭敬之心”、“是非之心”,将其称为“四端”。(《孟子·告子上》)他认为此“四端”“非由外铄我也，我固有之也”。但是，随着社会的发展变化，人心与道心分离了，而要使人心合于道心，就必须发扬人的“四端”，并将人心上升为“仁心”，具体说就是仁、义、理、智“四德”。这就是使源于个人本性的“人心”成为具有社会价值的“仁心”。孟子说：“得天下有道：得其民，斯得天下矣；得其民有道：得其心，斯得民矣”(《孟子·离娄上》),“得乎丘民而为天子”。(《孟子·尽心下》)他认为,“桀纣之失天下也，失其民也;失其民者，失其心也”。(《孟子·离娄上》）所以他主张施仁政，得民心，治天下。他说:“人皆有不忍人之心。先王有不忍人之心，斯有不忍人之政矣。以不忍人之心，行不忍人之政，治天下可运之掌上。”(《孟子·公孙丑上》)这种以“不忍人之心”而行的“不忍人之政”便是“仁政”。这就是说，民心代表天意，施仁政就是合民心，合民心就是合天地之道。总之，人心合于民心才能符合道心，这种一致性就是“仁心”。

# 二　中国价值的传统

## （一）价值传统与价值轴心

社会历史发展依道而行。道是客观存在的规律，社会发展必须遵循这个规律。但另一方面，社会发展并不单纯地是一个客观的过程，还受到人们的主观意识影响。社会大多数人的主观意识决定人们的共同行动，而共同行动则构成社会发展和运动。但人们的主观意识是由人们的价值思想决定的，所以，在社会历史发展过程中，可以看到人们的价值思想与人们的社会活动之间相互影响的互动关系：社会变革与发展遵循的是道，治道围绕不变的天道，时而偏离时而回归，从而形成一个历史轴心线。另一方面，我们还可以看到，价值思想的演变也遵循着一个道，这个道与天道一致，但是以价值核心形式显示，社会价值围绕着这个道变化，时而偏离时而回归，这个从偏离回归再从回归到偏离的过程，最终形成一个循道运行的轨迹，即形成一条价值轴心线。这就是道统。

任何社会都必须有一个价值系统的支持。这个价值系统包含着一个核心价值，这个核心价值决定整个价值系统的运行和发展，并主宰着社会的运行。在中国历史上，这个价值系统源于“前轴心时代”的上古先民先圣的社会实践和生命体验，并经历“三代”而最终形成，这就是体现为周礼的国家意识形态体系。而在“轴心时代”即春秋战国时期，经孔孟等进一步系统化，这个价值系统演变为以仁为核心的价值体系，并最终形成了代代相传、不绝于缕的价值传统即中华道统。

中国历史上的价值轴心就是儒家的仁义道德即“仁道”。韩愈说：“夫所谓先王之教者，何也？博爱之谓仁，行而宜之之谓义，由是而之焉之谓道，足乎己无待于外之谓德。其文，《诗》、《书》、《易》、《春秋》；其法，礼、乐、刑、政；其民，士、农、工、贾；其位，君臣、父子、师友、宾主、昆弟、夫妇；其服，麻丝；其居，宫室；其食，粟米、果蔬、鱼肉。其为道易明，而其为教易行也。是故以之为己，则顺而祥；以之为人，则爱而公；以之为心，则和而平；以之为天下国家，无所处而不当。是故生则得其情，死则尽其常，郊焉而天神假，庙焉而人鬼飨。”（《韩愈集》卷十一）所谓“先王之教”，就是一种传承已久、世代接续的信仰体系，这种信仰体系的核心价值就是“仁”，其道即为“仁道”，其统即为“仁统”。这就是中华道统。

《礼记·中庸》说：“道也者，不可须臾离也，可离非道也。”社会发展必须依道而行，即必须始终符合道的要求和规范，与道保持一致。与道保持一致就是“得道”，否则就是“失道”。只要依道而行社会就会顺利发展，否则就会停滞或混乱。孔子针对春秋时期“礼崩乐坏”的现实，提出得道与失道的标准，即“天下有道，则礼乐征伐自天子出；天下无道，则礼乐征伐自诸侯出。自诸侯出，盖十世希不失矣；自大夫出，五世希不失矣；陪臣执国命，三世希不失矣”。(《论语》八）荀子说：“先王之道，礼乐正其盛者也”(《荀子·乐论》)；“古者先王审礼以方皇周浃于天下，动无不当也”(《荀子·君道》)；“先王之道，仁之隆也。”(《荀子·儒效》）西汉儒家公孙弘说：“仁者爱也，义者宜也，礼者所履也，智者术之原也。致利除害，兼爱无私，谓之仁；明是非，立可否，谓之义；进退有度，尊卑有分，谓之礼；擅杀生之柄，通壅塞之途，权轻重之数，论得失之道，使远近情伪，必见于上，谓之术：凡此四者，治之本，道之用也，皆当设施，不可废也。得其要，则天下安乐，法设而不用；不得其术，则主蔽于上，官乱于下。此事之情，属统垂业之本也。”(《汉书·公孙弘传》)事实上，各朝各代都有各自的“礼”，尽管各朝各代的礼有所不同，但都必须符合道，否则必然走向衰败。所以荀子说：“道存则国存，道亡则国亡。”(《荀子·君道》)

## （二）价值传承与中华道统

### 1. 道统之谱系

道统的本质是道体之流行，亦即道体流行而形成的历史上绵延不绝的主流价值观。道统是传统的轴心，在中国历史和思想史上具有极为重要的意义。不论是治统还是学统，都要围绕这个主流价值，尽管治统和学统有时会偏离道统，但终究要回到固有的主体轨道上来，即回归主流，也就是回归道统。

孔子在《论语·尧曰》中引述《尚书》的历史记载：“尧曰‘咨！

尔舜！天之历数在尔躬，允执其中。四海困穷，天禄永终。’舜亦以命禹。”这里是说，尧、舜、禹的传承是“天之历数”，而所传承的价值就是“允执其中”，只有坚持这个价值，才能保证社会安定，人民幸福，永享天禄。这应该是中国价值传统的源头，也就是中国道统的起点。孟子倡导王道和仁政，提出圣人传道的路径：“由尧舜至于汤，五百有余岁，若禹、皋陶，则见而知之；若汤，则闻而知之。由汤至于文王，五百有余岁，若伊尹、莱朱则见而知之；若文王，则闻而知之。由文王至于孔子，五百有余岁，若太公望、散宜生，则见而知之；若孔子，则闻而知之。由孔子而来至于今，百有余岁，去圣人之世，若此其未远也；近圣人之居，若此其甚也，然而无有乎尔，则亦无有乎尔。”（《孟子·尽心下》）这里，孟子沿着孔子所述的统绪，再次提出了圣人的传授次第。汉代董仲舒也说：“禹继舜，舜继尧，三圣相受而守一道。”（《汉书·董仲舒传》）可见，关于中国道统的认识早在孔孟时就已形成并被汉儒所继承和延续了。

但确实的道统之说始于唐代韩愈。韩愈痛感佛老兴盛、儒学衰微，力图复兴儒家学说，重建儒家道统。韩愈明确提出，儒家有一个始终一贯并有别于佛老的“道”。这个“道”就是作为儒家价值思想核心的“仁义道德”。韩愈说：儒者之道，即是“博爱之谓仁，行而宜之之谓义，由是而之焉之谓道，足乎已无待于外之谓德。仁与义为定名，道与德为虚位”。（韩愈：《韩昌黎全集》卷十一《原道》）他进一步指出：历史上“尧以是传之舜，舜以是传之禹，禹以是传之汤，汤以是传之文武、周公，文武、周公传之孔子，孔子传之孟轲，轲之死，不得其传焉。”（韩愈:《韩昌黎全集》卷十一《原道》)。这个价值思想的传承统绪亦即由各代圣贤构成的谱系就是“道统”。然而，孟子以后，当儒学演变为经学，成为官方意识形态以后，就逐渐成了人们博取功名的工具，也成为阻碍思想创新的禁锢，因而挡不住佛老二教的冲击，从而不断走向衰落。到韩愈的时代，儒家之千年道统已经衰微至极，并非一个道统说就能够救得了，真正的儒学复兴还需要创新和发展。

儒学的根本创新发生于宋代的理学革命，其中“二程”具有奠基作用。程颐曾把其兄程颢尊为道统的正宗传人。他在《明道先生墓表》中说:“周公没，圣人之道不行；孟轲死，圣人之学不传。道不行，百世无善治；学不传，千载无真儒。无善治，士犹得以明夫善治之道，以淑诸人，以传诸后;无真儒，天下贸贸焉莫知所之，人欲肆而天理灭矣。先生生千四百年之后，得不传之学于遗经，志将以斯道觉斯民。天不慭遗，哲人早世。乡人士大夫相与议曰：道之不明也久矣。先生出，倡圣学以示人，辨异端，辟邪说，开历古之沉迷，圣人之道得先生而后明，为功大矣。于是帝师采众议而为之称以表其墓。学者之于道，知所向，然后见斯人之为功;知所至，然后见斯名之称情。山可夷,谷可堙,明道之名亘万世而长存。”(《伊川先生文集》卷七《明道先生墓表》)

朱熹也认为是二程兄弟接续了孟子之后的儒家道统。他在《中庸章句序》中说:“异端之说日新月盛，以至于老佛之徒出，则弥近理而大乱真矣。……故程夫子兄弟者出，得有所考，以续夫千载不传之绪;得有所据,以斥夫二家似是之非。”(《四书章句集注》《中庸章句序》）朱熹还从《尚书·大禹谟》中选出十六字作为儒家道统之“道”：“盖自上古圣神，继天立极，而道统之传有自来矣。其见于经，则‘允执厥中’者，尧之所以授舜也；‘人心惟危，道心惟微，惟精惟一，允执厥中’者，舜之所以授禹也。尧之一言，至矣尽矣。”（《四书章句集注》《中庸章句序》）鉴于朱熹对儒家学说的贡献，朱熹的门人进一步将朱熹也列入道统之序。黄干在《徽州朱文公祠堂记》中说：“尧、舜、禹、汤、文、武、周公生，而道始行；孔子孟子生，而道始明；孔孟之道，周、程、张子继之；周、程、张子之道，文公朱先生又继之。此道统之传，历万世而可考也。”（《勉斋集》卷十九）

### 2. 道统与治统

道统主要是文化传承，是核心价值的传承统绪。治统也称政统，指“政治形态”或政体发展之统绪。[①] 治统的核心在于传统的政治合法性。治统围绕道统，以道统为核心。王夫之认为，“道”是与“儒者之统”联系在一起的，所以称“道统”；而“治”是与“帝王之统”联系在一起的，所以称“治统”。一个政权是否具有合法性，不仅要看宗法关系，还要看是否符合道统。王夫之说：“天下所极重而不可窃者二：天子之位也，是谓治统；圣人之教也，是谓道统。治统之乱，小人窃之，盗贼窃之，夷狄窃之，不可以永世而全身；其幸而数传者，则必有日月失轨、五星逆行、冬雷夏雪、山崩地坼、雹飞水溢、草木为妖、禽虫为蠥之异，天地不能保其清宁，人民不

---

① 牟宗三：《略论道统、学统、政统》，载牟宗三：《生命的学问》，广西师范大学出版社，2005。

能全其寿命，以应之不爽。道统之窃，沐猴而冠，教猱而升木，尸名以徼利，为夷狄盗贼之羽翼，以文致之为圣贤，而恣为妖妄，方且施施然谓守先王之道以化成天下;而受罚于天,不旋踵而亡。”（王夫之:《读通鉴论》卷十三）

在中国历史上，道统与治统呈现出亦分亦合、相辅相成、互为作用的关系。一般认为，春秋以前，道统与治统是合一的。黄帝、尧、舜、禹、汤、文、武、周公都是圣王一体的，是道统与治统合一的人格体现。在这种情况下，“官师治教合，而天下聪明范于一，故即器存道，而人心无越思”。（章学诚:《文史通义》卷二《内篇二》）春秋以后，圣与王一分为二，道学在师儒，治权在帝王，道统与治统也自然分离。

春秋战国时期，诸子百家只有儒家从名实两方面都承继了尧、舜、禹、汤以及文、武、周公的政治和文化思想。所以，儒家基本上代表了中国的道统。但是在两千多年的历史上，道统与治统的离合，君主与士人之间、君主与人民之间，始终充满着矛盾和紧张。道统与治统的分离，一方面表明圣王分工发展导致的政治制度演变，天地圣王，官师治教，各自掌握各自的资源，共同治理天下;另一方面也决定道统与治统之间，亦即圣王之间开始了长期的紧张和纠缠，形成了困扰中国政治的一个基本矛盾:儒家主张民为道体，以民为本，民贵君轻;而现实的政治实践却是君权神授，君为臣纲，君上民下。所以，从孔子开始，历代儒者总是希望“天下以道而治”并为“王者师”。如孔子作为圣贤，以道事君，前提是共遵天道，敬天保民，以民为本，维护道体。但无论如何孔子仍是臣子，并不掌握权柄，也不能决定君主是否依道而行，如果不能尽臣之道，也只能“无道则隐”。所以孔子说:“所谓大臣者,以道事君,不可则止。”(《论语・先进》)这既反映了儒者对君权的无奈，也反映了道统与治统的矛盾。孟子较孔子激进一些。他认为,在“道统”与“治统”之间,道高于势、德尊于位。他说:“君子之事君也,务引其君以当道,志于仁而已”;“君子之事君也，君有过则谏，反复之而不听，则去。”(《孟子・万章下》)荀子更明确地提出“道高于君”，“道存则国存，道亡则国亡”(《荀子·君道》),主张“从道不从君”。(《荀子·子道》)

到了西汉中期，一方面，汉武帝“罢黜百家，独尊儒术”，进一步将以儒家为主的思想作为正统思想；另一方面，儒家群体秉承先圣遗训，推崇古代圣王，重视王道政治，追求德政合一。而在道统与治统分离的情况下，儒家的理想是用自己的道统来规范和指导帝王的治统，以实现德政合一。为了建立道统的权威和信仰，董仲舒提出“天人感应说”:“为人君者，其法取象于天”(《春秋繁露》卷十七)，“国家将有失道之败，而天乃先出灾害以谴告之，不知自省，又出怪异以警惧之，尚不知变，而伤败乃至。”(《汉书・董仲舒传》)他甚至提出“有道伐无道”的思想,认为“夏无道而殷伐之,殷无道而周伐之,周无道而秦伐之,秦无道而汉伐之。有道伐无道,此天理也。所从来久矣,宁能至汤、武而然耶?”(董仲舒:《春秋繁露》卷七)可见，董仲舒是将“道”与“天”相接，假天道赋予儒家道统以至上的权威，试图用天道制约君道，用道统规范治统。

入宋以后,政治重心与文化重心进一步分离,更加剧了“道统”与“政统”之间的分立与抗衡。宋代的士人提出以普遍适用的“道”

或“理”作为自然与社会的基本法则，对君主行为和现实社会进行批评和纠正，其想法仍是以道统统摄治统。[1]他们自觉“以天下为己任”，以政治主体自居，虽然都寄望于“得君行道”，却并不承认自己只是皇帝的“工具”，而要求与皇帝“同治天下”。他们认为，尽管最高的权力仍掌握在皇帝手上，但“治天下”之“权”并不能为皇帝独占，而必须与“士”们共享。他们理想中的“君”是“无为”的虚名，实际政权则应由得“道”的士人来具体运用。[2]

总的来看，在中国历史上，尽管道统与治统总体上是分离的，但历朝历代人们的普遍共识仍是道统高于治统，道统涵摄治统。当然，历史上还是大量出现过本末倒置、治统凌驾于道统之上的情况。但这种现象的出现，往往导致国家政治的昏暗、社会秩序的混乱、人民生活的困窘。例如，魏晋以来玄学盛行，道统衰微，乃至治统脱离道统制约，治统不符合道统之精神，君主统治的合法性自然丧失，其结果就是华夷异位、王朝更替、天下大乱。王夫之说：“魏、晋以降，玄学兴而天下无道，五胡入而天下无君，上无教，下无学，是二统者皆将斩于天下。”（王夫之：《读通鉴论》卷十五）事实上，道统与治统必须是相辅相成的，一方面，道统代表社会的价值标准，治统必须受到道统的规范；另一方面，道统的价值实现也离不开治统的践行。但是，道统绝不是完全依存于治统，道统作为道的传承具有自身的存在价值和生命力。就如王夫之所阐述的：“儒者之统

---

① 韩星：《道统的失落与官本位之兴盛——基于中国传统政治文化的思考》，《学术前沿》2013年第4期上。

② 余英时：《中国文化史通释》，生活·读书·新知三联书店，2012，第18页。

与帝王之统并行于天下，而互为兴替。其合也，天下以道而治，道以天子而明。及其衰，而帝王之统绝，儒者犹保其道以孤行而无所待，以人存道而道不可亡。”（王夫之:《读通鉴论》卷十五）

### 3. 道统与学统

道统作为文化之统绪，必然以学术形式出现和传播。这就是文以载道。而这种学术思想的传承体系就是学统。文以载道是中国传统士人所承担的社会责任和历史责任。早在战国时代，随着新士人阶层的兴起，这种士人意识就开始觉醒。如《荀子·儒效》说:“圣人也者，道之管也:天下之道管是矣，百王之道一是矣。故《诗》《书》《礼》《乐》之道归是矣。《诗》言是其志也，《书》言是其事也,《礼》言是其行也,《乐》言是其和也,《春秋》言是其微也。故《风》之所以为不逐者，取是以节之也;《小雅》之所以为《小雅》者,取是而文之也;《大雅》之所以为《大雅》者，取是而光之也;《颂》之所以为至者，取是而通之也。天下之道毕是矣。”(《荀子·儒效》) 刘勰说:“道沿圣以垂文，圣因文以明道”（刘勰:《文心雕龙·原道》)。中国古代士人的这种担道意识是中国学统传承的根本基础。

在经历儒道衰微、佛老兴起的历史之后，唐宋士人试图通过文化运动复兴传统儒学。柳冕说:“夫君子之儒，必有其道，有其道必有其文。道不及文则德胜，文不及道则气衰。”（柳冕:《答荆南裴尚书论文书》,载《全唐文》卷五百二十七）韩愈明确提出“文以贯道”,意在提倡“古道”,恢复自魏晋以后中断了的儒家“道统”。他说:“愈之所志于古者，不惟其辞之好，好其道焉耳。”(《韩愈集》

卷十六）。柳宗元说："圣人之言，期以明道，学者务求诸道而遗其辞。辞之传于世者，必由于书。道假辞而明，辞假书而传。"（《柳河东集》卷三十四）宋代欧阳修提出从日常百事着眼，"履之以身，施之于事，而又见于文章"。（《欧阳文忠公文集》卷六十六）宋周敦颐说："文所以载道也，轮辕饰而人弗庸，徒饰也。况虚车乎？文辞，艺也；道德，实也。美则爱，爱则传焉。贤者得以学而至之，是为教。故曰：'言之不文，行之不远。'然不贤者。虽父兄临之，师保勉之，不学也；强之，不从也。不知务道德而第以文辞为能者，艺焉而已。"（《周敦颐集》文辞第二十八）这都表明了传统士人"文以明道"、"文以载道"的担道意识。

"文以载道"指的是学术的意义和使命。事实上，传统士人各个学派所持的学说，无不以阐释道体道心为己任，无不将自己的学术思想传承作为目标，各个学派无不建立自己的学统。所以，有不同的学派就有不同的学统。就学术思想而言，横向看就是学派，纵向看就是学统。中国历史上有不同学派，如儒家、道家、法家、墨家、阴阳家等，他们各有自己的学统。这些学派的思想在不同时代有兴有衰，但又绵延不绝；有分有合，但又基本认同主流。这就导致各个学派学统的交叉与合流。尽管如此，还是存在着主流和支流之分。从中国历史看，儒家始终占据主流，儒家学统基本代表了中国的道统。儒家学者"祖述尧舜，宪章文武"，以"四书五经"为学术经典，并通过经传阐释和师承关系建立学术传统。尽管在儒家历史上，不同阶段仍有不同学派，但他们都认同儒家正宗，不同学派根据不同时代的需要发展了儒家思想。其他学派在一定历史时期也建立了自己的学统，并以各种形式使学统得以延续。

学派可有百家，每一学派都可有自己的学统，但道统只能有一个。这个道统是以儒家之学为核心，综合百家而形成的统一思想。学术思想可有“诸子百家”，学统自然也可有“百家”；但道统不可有“百家”，只能有一家。战国时期百家争鸣是不同学派之争，但是到了一定时期，如秦汉，国家统一，思想也需要统一，尽管仍可有不同学派之不同学统，但必须形成共同的道统，道统必须是统一的。道统之统一就是在道体基础上的统一。道体作为价值的基础，作为价值的承载实体，就是天地与人。儒家之所以能够代表道统,就是因为儒家将“仁”作为自己的核心价值,即“以人为本”,也就是“以民为本”。道的阐释必须符合人民的愿望，符合民意。民意就是道心。儒家讲“人心惟危，道心惟微”。道统之乱，不仅学统杂乱，更可导致治统脱离道统，社会偏离常道，甚至可能导致正统之废而出现闰统，其最恶劣的结果就是篡逆。顾炎武认为，学者的使命在于“明学术，正人心，拨乱世以兴太平”。(《亭林文集》卷二）李颙也说:“夫天下之大根本，莫过于人心；天下之大肯綮，莫过于提醒天下之人心。然欲醒人心，惟在明学术。”（李颙:《二曲集》卷十二）

反过来看，学统之正有助于维护治统之正和道统不乱。汉末和魏晋南北朝时期，玄学兴起，佛道风靡，学统之乱导致治统之乱。从唐宋时期开始，中国士人道统意识重新觉醒，对于儒家以外的非正统学术进行批判以拨乱反正。与此同时，他们的学统观念也日益增强，自觉地归于儒家道统，并自觉地维护儒家学统。明代陶望龄说:“天位尊于统，正学定于宗。统不一则大宝混于余分，宗不明则圣真奸于曲学。”（陶望龄:《圣学宗传序》）明末孙奇逢指出:“学之有宗，犹国之有统，家之有系也。系之宗有大有小，国之统有正有闰,学之宗有天有心。今欲稽国之运数,当必分正统焉。”（孙奇逢:《理学宗传》自序）“然人心之不正，由于道统之不明;道统之不明，由于学术之不端。”（熊赐履:《学统》序）所以,必须辨圣学,分正统。为此，以儒学道统为主线撰述学术史的著作纷纷而出，自觉地将延续道统作为著述之本旨，而且将学统与道统统一起来，以学统体现道统。如清初熊赐履著《学统》,“断自洙泗，暨于有明，为之究其渊源，分其支派，审是非之介，别同异之端，位置论列，宁严勿滥”，其目的就是要“继正脉而扶大道，阐千圣之真谛，正万古之人心，直与日星河岳同垂不朽”。（熊赐履:《学统》序）

总的来看，不同历史时代思想发展呈现不同格局，有时统一，有时分化。学术自由时期，学派辈出，百花齐放，社会思想异彩纷呈。这种异彩时代的思想，是思想创新阶段，也就是“诸子时代”。但是经历自由讨论后，人们的思想会趋向于统一。这是因为，在社会价值中，会有一种价值成为具有最大公约数的价值，在各种思想中，会有一种思想获得社会最普遍的认同，这种价值思想就成为统一社会的价值思想。从学术史角度考察，这一过程就是学术综合过程，学派统一成为主要趋势，结果是“百家”归一。但是,“归一”并不排斥“百家”,“百家”仍在自由思考，一方面从各自不同的角度对社会变化提出各自不同的见解，另一方面为新的社会变革和历史发展做思想储备。总的来看，在历史上各种学派与儒家学派分分合合，大势上还是以合为主。所以，中国学术思想的主体是儒家，儒家学统基本上代表中国学统，各个朝代大多以儒家为国家意识形态，儒学也因而基本上就是国学。

### 4. 经典文本与价值传承

文本是道统的重要载体，即所谓文以载道。不论是道统、治统还是学统，必然由一条主线贯穿，这条主线就是“经”，而构成这条经线的主流学说就是“经学”。中国古代的经应该是源于最早的官方文献，后来遗留下来的大概有六种，即所谓“六经”。西周晚期，天子失官，经典失散，道术之为天下裂。在这种历史背景下，各家思想对于经典的认识有所不同，对经典的重视也有所不同。以孔子为代表的儒家以“正统”自居，所以极力维护周礼的地位，高度重视经典，直接继承了这些文献，并在此基础上发展了儒家思想体系。随着社会发展演变，人们对经典重新认识，回归经典，回归传统，也就是回归正统，回归道统。而这种回归的结果就是汉武帝时期“罢黜百家，独尊儒术”的文化复兴建设。以后，儒家思想进一步制度化，儒学转变为经学，六经也就成为儒家的经典文本。

从中国文化思想史来看，六经是中国传统文化的基础文本。尽管在六经之前就已经存在各种其他文本，但并没有保存下来，所以六经作为传统文化的基础文本是肯定的。章学诚认为，“六艺皆周公之政典，故立为经”（章学诚:《文史通义》卷一《内篇一》），“周公成文、武之德，适当帝全王备，殷因夏监，至于无可复加之际，故得藉为制作典章，而以周道集古圣之成，斯乃所谓集大成也”。（章学诚:《文史通义》卷一《内篇一》）。他认为，“《易》掌太卜，

《书》藏外史，《礼》在宗伯，《乐》隶司乐，《诗》颂太师，《春秋》存乎国史”。(《校雠通义》内篇一）尽管有的学者认为章氏的说法有一定臆测成分，但基本上还是靠谱的。

春秋晚期，孔子耗毕生精力，收集鲁、周、宋、杞等故国文献，编撰六经，使之成为儒家经典。《庄子·天运》记载孔子说自己“治《诗》、《书》、《礼》、《乐》、《易》、《春秋》”，从此有“六经”之说。刘歆在《七略》中将六经之序定为《易》、《书》、《诗》、《礼》、《乐》、《春秋》，说：“六艺之文：《乐》以和神，仁之表也；《诗》以正言，义之用也；《礼》以明体，明者著见，故无训也；《书》以广听，知之术也；《春秋》以断事，信之符也。五者，盖五常之道，相须而备，而《易》为之原。故曰‘《易》不可见，则乾坤或几乎息矣’，言与天地为终始也。至于五学，世有变改，犹五行之更用事焉。”(《汉书·艺文志》) 汉武帝“罢黜百家，表章六经”，将儒家思想作为官方意识形态，《易》、《书》、《诗》、《礼》、《春秋》便由儒家的教材升格为“经”，立于学官，成为“经典”。此时《乐经》已经失传，故设五经博士，“六经”变为“五经”。此后，儒家经典的变化体现为文本序列的延长，到唐代已增加为“九经”，包括《易》、《诗》、《书》、《周礼》、《仪礼》、《礼记》和《春秋》三传。唐文宗开成年间于国子学刻石，所镌内容除“九经”外，又增加了《论语》、《尔雅》、《孝经》，共为“十二经”。

“五经”到“十二经”是儒学史上的经学阶段。“五经”到“十二经”的变化，既表明经典序列的延长，也表明经典出现的混乱。经典混乱事实上反映的是思想的混乱。特别是魏晋南北朝以后直到唐代期间，佛教和道教的兴起对儒家主流思想提出挑战。而应对佛老挑战主要是两个问题，一个是道统问题，一个是心性问题。朱熹认为，只有孔、曾、思、孟传续道统，而四位圣人的著作即《论语》、《大学》、《中庸》和《孟子》正确反映道统传承，同时这四部书也构成儒家心法的传授系统。因此，朱熹以《礼记》中的《大学》、《中庸》与《论语》、《孟子》并列构成《四书》。这样，孟子也上升为经并加入经典序列。至此确立了儒家的十三部文献的经典地位。

从“五经”到“四书五经”的变化，并不仅仅是儒家文本序列的变化。儒家在各历史阶段都根据新的社会现实而更新其价值系统，使之能继续发挥对社会的引导或规范作用。章学诚说：“夫道备于六经，义蕴之匿于前者，章句训诂足以发明之；事变之出于后者，六经不能言，固贵约六经之旨，而随时撰述以究大道也。”（章学诚:《文史通义》卷二《内篇二》）自汉武帝确定儒学独尊始，儒家经学系统占据国家意识形态舞台长达一千多年。尽管经典序列不断延长，但并没有发生重大的飞跃，因而不能适应历史的变化并应对佛老的挑战。到宋代，一批学者经过百余年努力，终于发展了独具价值的思想体系，从而实现了儒学到理学的重大转变和飞跃。元仁宗延祐元年（1314 年）确定以朱熹《四书章句集注》作为科举考试的标准，“四书”事实上取代了“五经”的地位。至此，儒家的经学系统转为理学系统，成为中国具统治地位的价值形式或意识形态。

# 三　中国价值的革命

## （一）价值革命的发生

价值革命就是价值传统从破坏到重建的过程。一个民族经过一定历史时期的发展和沉淀，必然形成一定的文化传统。文化的核心就是价值，因而也可以说，价值传统构成文化的基本传承。但是，随着社会发展变化，社会价值也会发生变化，原有的价值传统不适应新的社会需要，因而会发生价值失衡、倾斜、颠覆，直至瓦解和崩溃。在这一历史过程中，新的价值会在这种社会变迁和价值倾覆过程中萌生、发展直到成熟，并成为新的社会主流价值并归入价值传统。然而，经过一定的历史发展和变迁，不仅新的社会矛盾会不断产生，而且某些历史的旧有的矛盾仍会不断再现，在这种情况下，人们会发现传统的价值，即传统价值对解决现行社会矛盾的作用，这样就会出现传统的回归亦即价值传统的复兴。这是价值演变历史的基本规律。

价值革命的发生开始于社会与价值之间的失衡。当社会剧烈变动结束逐渐转向稳定之后，社会价值思想的剧烈变动也基本停止了，从而进入一个稳定阶段，社会就在这个稳定状态下平稳发展。社会和思想基本稳定表明社会利益结构基本稳定，并且在一个相当长的时期内不会发生大的变动。一方面，一定的价值思想形成以后会进一步系统化。这种系统化的过程也就是学术化的过程。价值思想一经学术化，就进入一个相对稳定的阶段。稳定的价值思想和学术体系，与相对稳定的社会需要是一致的。但另一方面，价值思想转变为学术思想，学术思想转变为纯粹的学术过程，也就是价值祛除过程。代表价值思想的学术发展到一定程度，必然出现的结果就是价值祛除：在学术发展阶段，学术将价值思想系统化、深入化、并形成一个庞大的系统。这样，价值思想转变为学术思想。而随着学术的进一步发展，学术思想转变为纯粹的学术，即只有"学术"而无"思想"。至此，价值祛除过程就完成了。

在社会稳定和价值思想稳定状况下的学术发展，直到价值祛除的完成，事实上标志着一个思想创新周期的终结。学术体现价值思想，但其任务不是创新。而在相对稳定的社会阶段，学术发展也进入一种"温水青蛙"状态，即渐渐地丧失创新力，成为简单循环的自我论证，即转变为一个"逻辑"过程。尽管社会价值思想转变为学术从而陷于停滞了，固化了，但社会仍在变化，这种变化每时每刻都在发生，特别是在人们毫无察觉的情况下发生。而当人们发现这种变化的时候，社会就已经进入矛盾结集和事故频发时期，而原有的价值思想体系往往很难适应，即不能合理地阐释和提供解决问题的方案，就出现了价值失衡。价值失衡表现为两个方面：一方面是已经学术化的价值思想对变化了的社会现实丧失了阐释能力和解决能力，从而丧失了人们对其的信仰；另一方面是价值思想本身发生异化，即体现正能量的价值思想很可能在一定情况下转向反面，从而成为社会发展的观念性障碍。这就埋下了价值革命的种子。

任何一个社会都必须有一个价值体系的支持。这是因为价值关乎“道”。价值是“道”的灵魂。“道可道非常道”，不可道之道才是常道。但是这种不可道之道，是以价值来体现的。对一个民族或国家来说，道具有生死攸关的意义，就如荀子所说：“道存则国存，道亡则国亡。”（《荀子·君道》）价值的瓦解和崩溃也就是道之将亡。当价值从倾斜到瓦解直到崩溃时，这个现有政体也就面临解体，改朝换代甚至天崩地解的社会巨变也就在酝酿之中了。

## （二）价值革命的方式

社会变化导致原有社会价值的失衡、倾斜，直至瓦解和崩溃，价值革命也就发生了。但是价值革命并不是一朝一夕的事，而是一个漫长的历史过程，并且可以观察到一个有规律性的价值变革周期。而在这个历史过程或变革周期上，价值革命或价值变革往往经历了不同的阶段并采取了不同的方式。

### 1. 价值重估

价值重估是所有价值革命的起点。价值重估就是对原有价值体系进行彻底的否定和消解。一般来讲，原有价值体系往往形成一个稳定的结构，包括价值内核和文本体系，以及一个竭力维护这个价值体系的群体。事实上，现有的价值体系是现存的社会利益结构的反映。为了维护现有的社会利益结构，价值思想体系的代表者们也要自我维护。而价值革命就是要彻底重估这个价值体系，彻底否定这个价值体系。如春秋晚期礼崩乐坏，天下大乱，道术之为天下裂，人们否定周礼，批判封建制度，为儒家革命创造了条件；汉末魏晋时期，出现反名教任自然的玄学思潮，到宋代出现的疑经、辩经、惑经甚至改经等，也是否定原有价值体系从而为理学革命扫清了障碍。中国文化重历史，重经典，崇尚三代，形成了习惯性的“回头看”的思维方式。同样，要对现有的制度文化提出批判，也必须经历“回头看”阶段，即“疑古”。在中国价值思想史上，疑古是价值革命的第一步。通过这种疑古的方式，对现有价值体系进行彻底的批判，从价值基础、价值内核等各个方面进行解构，直到彻底消除人们的价值信仰。通过疑古、解构等方式，彻底否定旧有的价值体系，结果往往起到“清零”之效。也就是说，不破不立，不对原有的价值体系进行彻底的批判和清除，新的价值思想就不可能建立和发展起来。

### 2. 价值损益

《易经》说:“损益，盛衰之始也。”（《易经·杂卦传》）《道德经》说：“物或损之而益，或益之而损。”（《道德经》第四十二章）由于社会总是在变化着，所以要求价值思想也相应地变化，就必然出现价值思想的损益过程。所谓价值之损就是原有价值的减损，所谓价值之益就是新的价值增益，一损一益，构成价值革命的方式。孔子说:“殷因于夏礼，所损益，可知也；周因于殷礼，所损益，可知也。”（《论语·为政》）孔子在他的时代，研究了夏代社会价值的损益，经历了周代社会价值的损益，并在此基础上创造了以仁为核心的儒家价值学说。

从中国价值思想史看，各朝各代都出现不同程度的价值损益，并由此发生新旧价值的转型。帛书《要》篇引孔子曰："《益》之始也吉，其终也凶。《损》之始凶，其终也吉。损益之道，足以观天地之变而君者之事已。"[①] 关于价值损益，也需辩证看待，即在一定历史阶段，价值之益看起来是好事，但结果可能导致整个原有价值体系的瓦解；同样，价值之损并不是坏事，没有旧价值之损，就没有新价值之益。一般来讲，价值损益过程是价值革命的中间阶段。这是因为，经历了价值重估的阶段，原有价值已经遭到彻底的消解从而丧失了社会作用，而新的价值正是在这样的背景下增长，并逐渐成为主流的社会价值。价值损益即此道消而彼道长正是这个阶段的特点。

### 3. 价值回归

经历了价值重估和价值损益过程，旧的社会价值作为阻碍社会发展的价值体系瓦解了，但是新的社会价值仍在增长过程中，并没有形成完整的价值体系。所以，社会出现主体价值的"空窗期"。在这一阶段，新的价值尚不成熟，尽管带来了社会发展的动力，但是在社会规范方面往往效力不足。在价值重估阶段往往需要"矫枉过正"，而在价值损益阶段却往往"过犹不及"。这就导致社会出现新发展时期的混乱，也就是一种常见的社会"成长痛"。在这种情况下，人们往往"回头看"，希望能够从过去的经验和价值中寻找到解决方案。既然新的价值带来了一系列负面的效应，而在新的社会价值中还找不到有效的解决方案，那么回顾历史从前人的经验中

---

① 转引自刘彬《帛书〈要〉篇校释》，光明日报出版社，2009，第16页。

寻找答案，就是十分正常的需要了。这样就出现了回归传统的思潮。这就是以复古为解放，以复古为创新，实际上是从历史中寻找今天的答案。事实上，在“矫枉过正”和“过犹不及”的背景下，回归传统往往是有效的解决方法。但“复古”并不是目的，创新才是目的，即以古为新。所以，复古或价值回归绝不是简单的“复古”，也不是真的回到过去，回到“三代”，更不是汉服唐装，而是“复古创新”。

### 4. 综合创新

综合创新是价值革命的结束阶段。经历价值重估和价值损益，又经过“回头看”的“价值回归”过程，人们对新价值和旧价值都有一个客观的评价和判断，到最后就需要进行综合了。中国最久远和最重要的一个思想方法就是“执两用中”。到这个阶段，对于一个社会来讲，既经历了“矫枉过正”也经历了“过犹不及”，即进行了正反两方面的社会实践，而新旧价值思想已进行了长期的较量，也经历了此消彼长的过程，此时则需要回归“中道”，实现“中和”。在价值思想的变化过程中，“中”实际上也就是“综”，“中和”也就是“综合”。在原有价值体系崩溃以后，价值思想的创新可能有多个源头，从而形成多个思想流派，往往出现一个百家争鸣的局面。这些思想流派之间存在着竞争，在竞争的同时也相互影响、相互学习、相互促进，所以在这个过程中也就存在着融合趋势。任何思想家及其流派都希望被社会承认并作为社会的主导思想。但是，随着社会从剧烈变动趋于稳定，社会思想也逐渐汇集趋向于统一。这是因为社会发展趋势已经转变为定局，社会价值思想也自然趋于一致。这样，多个思想流派逐渐汇集，从而出现综合创新。这就是将自价值重估以来的价值思想，包括外来的、新创的、传统的等几个方面的思想来一个综合。一般来讲，这种综合创新往往发生在思想创新的最后阶段，即将这一历史阶段出现的各种思想做一个总结，并形成核心和体系。所以，综合创新也就是总结式创新。但是“综合”并不是“终结”，还有创新精神存在，“综合”不过是创新的一种形式，创新才是社会进步的本质和精神内核。在综合创新完成以后，社会价值体系将在一个相当长的时期里保持相对稳定，社会也将在这种价值思想支持之下保持不断创新和稳定发展。所以，“综合”是创新的特定历史阶段的特定方式，而创新是一个社会保持健康和进步的始终状态，即社会常态。相反，如果社会停止了创新，社会进步也就停滞了，社会矛盾就会不断积累从而走向衰落。

## （三）价值革命的思想资源

任何时代的价值革命都不可能凭空产生，一方面要有社会时代需要，另一方面要有一定的思想资源。所谓社会需要就是源于历史发展过程中人民大众的利益诉求，这种人民大众的利益诉求转变成社会思潮，并经过思想家的思维创造成为某种价值思想和学说。这就是“礼失而求诸野”。但是，在社会历史过程中，原有的价值体系具有一定的稳定性，而在社会变革需要面前往往以保守的思想力量出现，所以，原有的价值体系的打破可能需要借助于外来思想。这就是“礼失而求诸夷”。经历一系列思想变革，社会变迁可能出现“矫枉过正”和“过犹不及”现象，这必然导致社会对于过去的回顾，从而导致回归传统思潮的出现。这就是“礼失而求诸史”。这就是价值革命的三种文化思想资源，也是思想变革的方式。

### 1. 礼失而求诸野

天地人民共同构成道体，因而人民是真正的社会主体也是历史主体。所以，一切价值思想都源于人民和人民的社会实践，即道统在民。但是，人民大众的生活日用和利益诉求并不直接就是价值思想，而必须经过一个整理、归纳和提炼的过程。这就如章学诚所说：“圣人求道，道无可见，即众人之不知其然而然，圣人所藉以见道者也。故不知其然而然，一阴一阳之迹也。学于圣人，斯为贤人；学于贤人，斯为君子；学于众人，斯为圣人。非众可学也，求道必于一阴一阳之迹也。”（章学诚：《文史通义》卷二《内篇二》）就是说，“形而下”的器物需要归纳成为制度文化，“形而上”的“道”需要转变为“可名”、“可道”的“道理”。而在这个“形上”和“形下”的过程中，思想家和人民群众之间会发生多次的反复，即从群众中来，到群众中去。

经过夏商西周三代人的努力，中国上古时代人民的政治经济和文化生活被归结为封建和礼乐制度，并于西周时代趋于完善。但是，到了春秋时期，由于社会生活发生了变化，对社会价值思想产生影响，进而导致原有价值的失衡乃至倾覆，原有的制度文化也丧失作用。这就是所谓的“礼崩乐坏”。礼本来是周朝官方制度，有关礼的典籍都藏于国家重要的地方，而重要的礼仪还要按规定经常演示。但是在周王室东迁过程中，大量典籍散失，到了春秋晚期，演礼的仪式已经很少举行了，礼作为典籍和仪式也流失到各诸侯国去了。这就是所谓的“礼失”。另一方面，礼制作为社会规范的作用越来越有限，人们的行为也不再依礼而行即不再“循礼”。这也是一种“礼失”甚至是更严重的“礼失”。然而，社会变革需要变革的思想理论，而在当时的情况下，周朝政府是不可能提供这种社会变革和变革思想的，那么新的价值思想和制度文化只能来自于民间。也就是说，这些新的思想只能来自于“野”。总之，在“天子失官，学在四夷”的历史背景下，社会变革所需要的思想资源就只能是“求诸野”了。

“礼失而求诸野”首先是求诸社会实践。就社会变革规律来看，首先发生变化的是经济社会变化，其根本原因就是生产力的发展。尽管在一定历史阶段生产力也是相对稳定的，但是进步总是在发生，日积月累的变化最后终究会与现有生产关系发生矛盾。人们在生产实践过程中发现生产关系的不适应，因而提出变革生产关系的要求。其次，“礼失而求诸野”就是求诸社会大众。不论在何种时代，大众的利益和诉求都是思想的基础。任何思想或主张如果不符合民众的意愿也是不可能流行的。在中国历史上最显著的变化发生在春秋战国时期。此时，社会变迁引起社会思想的变化，但周王朝自身已经丧失了思想创新能力，新思想大都来自民间。包括以老子为代表的道家、以孔子为代表的儒家、以墨子为代表的墨家以及主张变法的法家等。因此，出现了百花齐放、百家争鸣的局面。最后，“礼失而求诸野”就是求诸新兴的社会力量。社会变革的动力源自新的生产力，因而代表新的生产力的社会阶级成为代表社会进步的力量。尽管社会各个阶层都可能提出自己的变革要求，但只有代表先进生产力阶级的诉求才能最终成为主流社会思潮。所以，礼失而求诸野也就是求诸新兴阶级的价值思想。以后，随着他们掌握国家政权，这些价值思想也就成为国家意识形态。

道统所含的价值思想总是以国家意识形态出现的。这是因为只有成为国家意识形态，才能体现大多数人民的意志。但是，这种价值思想并不可能一开始就能成为国家意识形态，而是要经历一个艰难的过程。在社会变革时期，各种社会力量之间进行竞争，同样，代表这些社会力量的思想也在进行竞争。各种社会力量和各种价值思想所代表和反映的社会历史趋势是一致的，最后只有代表先进生产力的社会力量才能胜出，同样也只有代表先进生产力的价值思想才能最后胜出。当这种价值思想在民间的时候，其代表阶级仅仅是百家中的一家，只有在该阶级最终成为统治阶级的时候，这种价值思想才能成为主流价值思想并上升为国家意识形态。

任何一种社会价值思想，要成为主流思潮并成为国家意识形态，不仅要符合先进生产力阶级的意志，还要符合社会历史发展的趋势。而“圣人”即思想家的思想也只有在反映这种历史趋势的情况下才能成为社会的主流思想并最终成为国家意识形态。《中庸》说：“君子之道费而隐”，王阳明说：“与愚夫愚妇同的是谓同德”（《阳明先生文集》传习续录卷下），都是“圣人学于众人”的观念。钱穆在《论春秋时代人之道德精神》中说：在有孔子儒家以前，忠孝两德，早在中国社会实践人生中，有其深厚之根柢。孔子亦仅感激于此等历史先例，不胜其深挚之同情，而遂以悬为孔门施教之大纲。

若谓孔子在当时，乃无端凭空提倡此一种理论，而始蔚成中国社会此后之风尚，而始目之曰道德，此则远于事理，昧于史实。试问孔子亦何从具此大力，一凭空言，而获后世人人之乐从乎？[①] 总之，圣人的思想也是源于人民大众的。

### 2. 礼失而求诸夷

外来文化即源于“夷”的文化思想也是中国价值革命的思想资源。中华民族本来就是民族融合的结果，如孟子曰：“舜生于诸冯，迁于负夏，卒于鸣条，东夷之人也；文王生于岐周，卒于毕郢，西夷之人也。”（《孟子·离娄下》）可见中国文化对待“夷狄”是采取平等和包容的态度的。历史上中国从不以血缘论民族而是以文化分夷夏，认为“诸侯用夷礼，则夷之；进于中国，则中国之”。（《韩愈集》卷十一）也就是说接受华夏文化就是华夏，接受夷狄文化就是夷狄。这种态度充分显示了中华民族的文化自信。在中国历史上，周边民族和文化对中原文化的影响从来没有中断，中原文化正是在周边文化影响下并与之融合而形成和发展的。春秋晚期，在中原地区“礼崩乐坏”之际，夷狄文化的影响自然逐渐扩大并与中原文化发生融合。这种大规模的文化融合直到汉代才基本稳定下来。但长期形成的文化包容传统，决定中国并不排斥外来文化，而是继续相信既可“以夏变夷”也可“以夷变夏”。所以在中国历史上，从少数民族文化中汲取新的文化养分的例子比比皆是。另一方面也必须看到，历史上每次少数民族大规模进入中原，都是由于中原文化本

---

① 钱穆：《论春秋时代人之道德精神》，载《中国学术思想史论丛》一，三联书店，2009，第204页。

身出现颓势，需要新的文化成分来激活。事实上，每次少数民族与中原汉族冲突的结果，都导致民族和文化的双重融合。

“礼失而求诸夷”也是中国文化史上反复发生的现象。当中华民族和中华文化基本形成和稳定以后，曾发生过两次大规模的外来文化影响，并导致中国文化出现新的跃进。一次是魏晋南北朝时期的佛教西来，另一次是明末以后出现的西风东渐。

春秋战国是中华文化的轴心时代，产生了一批文化巨人，他们通过“百家争鸣”的讨论和竞争，最后综合成为以儒家思想为核心的主体文化。儒家思想由孔子创于春秋晚期，经曾子、子思、孟子、荀子等人发展逐渐形成流派，经过一系列综合创新，到汉代终于成为国家意识形态。但是，儒家思想源于中华民族的生活日用和政治生态，“形而上”不够，心性能力不足。到了汉末和魏晋时期，儒家思想不能适应社会变化，阐释力和解决问题的能力遭到挑战。在这种情况下佛教传入中国，带来了“形而上”思维方式，并为人民提供了可供信仰的文化。所以，佛教对中国传统文化产生了极大的冲击。魏晋时期的玄学是对佛教冲击的一种反应。这是儒学主动接受和适应新思想的一种方式。不过，玄学多少有些离经叛道，从而对儒学产生解构作用，这就给后来佛教大举进入打开了一个门缝。但是佛教进入中国正如春秋战国时期夷狄“进于中国则中国之”一样，逐渐与中国的传统儒学发生融合并中国化。特别是华严宗和禅宗的出现，使佛教完全成为“中国的佛教”。另一方面，中国儒学也主动吸纳佛教思想出现“形而上”的飞跃，并加速了理学的突破。可见，中国文化正是通过“礼失而求诸夷”实现了自身的突破和飞跃。

宋明理学通过综合儒释道成为中国主体文化以后，中国文化又出现了基本稳定状况。尽管仍有理学自身的异化即阳明心学的出现，但仍属于自我的调整完善，并没有出现根本性的变化。到了清代，理学转变为实学，实学发展为朴学，最终出现价值祛除倾向，使得中国文化进入最后的衰退期。在这种历史背景下出现了“西风东渐”。从历史上看，西风东渐从明末就开始了。此时，中国传统文化已经丧失了内在的创新能力开始走向衰落，而西方在中世纪结束后出现了一系列文化变革，如文艺复兴、宗教改革和思想启蒙等，并最终导致资本主义和工业革命的发生。西方文化具有中国文化所最为缺乏的两项，即科学理性和市场理性。到明清时期，四书五经和八股取士进一步限制了中国文化的活力，特别限制了科学和理性的萌芽与发展。当西方文化进入中国之时，曾遭到中国传统文化的顽强抵抗。然而，一种落后的本土文化无论如何也敌不过外来的先进文化，在西方坚船利炮的冲击下，中国传统文化和体制很快土崩瓦解。在这种情况下，一些有识之士提出“师夷以制夷”，开始学习和引进西方先进技术和文化，到了五四时期更明确提出引进“德先生”和“赛先生”，以后又进一步引入了马克思主义，从而开启了新的更重大的变革时代。这就是中国文化史上第二次“礼失而求诸夷”。

事实上，任何一种文化的自我创新能力都不可能是无限的，不断吸收外来文化营养是文化创新的重要方式。然而，接受外来文化并吸收外来文化，必然对自己的文化基因产生影响，即产生文化变异。这就是中国历史上反复出现的“以夏变夷”和“以夷变夏”现象。究竟是“以夏变夷”还是“以夷变夏”，要取决于两个方面的因素：一是自身文化基因的稳定性，二是对外来文化的兼容性。中华文化基因的稳定性是经历数千年历史考验的。这就是说，经过漫长的“以夏变夷”和“以夷变夏”过程，中华民族和中华文化形成了极为稳定的基因，即使面对大规模的外来文化冲击仍不能改变。佛教西来和西风东渐两次外来文化冲击，不仅没有使中华文化发生根本性的变异，相反，两种文化与中华文化的融合，使得中华文化生命力更加强大。另一方面，由于中华民族对自己的文化具有高度的自信，所以能够始终保持开放性，即便有一个短时期的排外倾向，但只要认识到外来文化的优点就敞开胸怀吸纳进来。正是由于这种文化基因的稳定和对自己文化的自信，决定在“礼失而求诸夷”的过程中，中华民族才能够始终保持自己文化的主体性。

### 3. 礼失而求诸史

中国传统文化是思想创新的根本资源所在。中华民族重历史因而重传统。既然重历史和传统，在思想创新上就必然从历史传统入手。这就是“礼失而求诸史”，即从传统文化获得价值思想创新的资源。

在中华民族的文化传统中，祖先崇拜要重于宗教信仰。而祖先崇拜的具体化就是对三代和上古帝王的崇拜，事实上这也是对于理想社会的追求。三代特别是尧舜时代，历史上并没有多少资料可以佐证。将三代作为理想社会，既可以根据当代人的价值来构建，也同样难以用实证来质疑。所以，历代思想家都以三代作为理想社会的样本。这就是“礼失而求诸史”的根源。不过，人们对所求之“史”也是有选择性的。这是因为不同的思想家对他们各自的理想“古代”有不一样的认识。周文时代思想家往往追溯上古的唐尧，而春秋时代的孔子则“郁郁乎文哉，吾从周”，墨子则主张“背周道而用夏政”（《淮南子·要略》），老子更希望回到“结绳而用”的时代。但“祖述尧舜，宪章文武”的孔子，基本代表了中华民族的文化倾向，所以儒家代表了中国价值思想的主流，孔子考订的儒家经典也就成为后世“求诸史”的思想资源。

中国的文化精神源于自身的悠久历史。然而，这一文化历史的源头是跟史官、占卜官等密切相关的。先秦时代是先有“史”然后才有“经”，六经作为古代政典，既是经也是史，即所谓“六经皆史”。汉明帝授命班固编《汉书》，通过历史体现国家统一的价值思想和意识形态，由此确立由国家任命史官著史之成例。《汉书》撰成后，“当世甚重其书，学者莫不讽诵焉”（《后汉书·班彪列传》），“自章（帝）、和（帝）以后，图籍盛于东观。凡撰汉纪者，相继在乎其中”。（《史通》卷十一）以后，每次改朝换代都要由后世编写前代历史，对前朝的兴衰原因进行研究并为本朝立鉴，与此同时，统治者的价值思想也通过著史来体现。北宋时司马光主持撰著《资治通鉴》，宋神宗亲自为其作序：“《诗》、《书》、《春秋》，皆所以明乎得失之迹，存王道之正，垂鉴于后世者也”，故赐名《资治通鉴》，并盛赞该书“所载明君、良臣，切摩治道，议论之精语，德刑之善制，天人相与之际，休咎庶证之原，威福盛衰之本，规模利害之效，良将之方略，循吏之条教，断之以邪正，要之于治忽，辞令渊厚之体，箴谏深切之义，良谓备焉”。(《资治通鉴》序）历史和经典在中国文化中所具有的重要意义由此可见。

祖先崇拜和对历史的高度尊重，决定经典的神圣地位。所以，任何思想创新必定从经典出发。从经典出发的思想创新包括三种方式：

第一，对经典系列的调整。从历史上看，经典本身并不是固定的，随着社会变化和社会治理的需要，可以对经典系列进行增添或删减。例如，西汉的经学变革体现为《公羊春秋》与《谷梁春秋》之争，到东汉时则主要是今文经学和古文经学之争，结果是谷梁和古文经跻身经典系列。更为显著的变化是经典系列从五经到十三经，再从十三经到四书五经的变化。这种经典系列的变化反映出人们对“求诸史”的不同态度。

第二，对经典的重新阐释。自从汉代设五经博士，五经被确定为国家经典以后，注家辈出，不仅五经博士可以注解，民间学者也可以进行解。而随着社会变化和社会治理的需要，各注家对经典的解也不断更新，思想创新也自然由此而出。从历史上看，对经典的解可有两类，一类是“我注六经”，另一类是“六经注我”，前者是对经典或注或疏，但“注不离经”，“疏不破注”，仅仅做学术上的功夫；后者则是利用经典来阐述自己的观点，即在“我注六经”的基础上，打通经文与经文之间的思想壁垒，对原有的经文加以引申、发挥，提出建设性的学术观点，建立新的价值体系。

第三，对经典的彻底否定。不论是“我注六经”还是“六经注我”，都离不开经典。这样，在一定条件下经典就构成对思想创新的束缚。

所以到一定阶段也须对经典进行否定和批判，即以否定经典的方式进行思想创新。事实上，否定经典的意义也正是来自人们对经典的信仰。也就是说，正是由于人们对经典的高度信仰，否定经典才能对人们的思想观念产生更大的冲击力。对于中国文化来说，在一定历史阶段上，历史的积淀也是历史的包袱，必须进行彻底清理才能继续发展。所以，否定经典和消解传统也是思想创新必经的过程。

对祖先的崇拜，对历史的尊重，对经典的信仰，导致了中国人民“回头看”的习惯。尽管可以经历社会革命和价值颠覆，但仍需“回头看”，这就是传统的力量。对经典系列的调整，对经典的重新阐释，甚至对经典的否定和批判，都是一种“回头看”的方式。这种“回头看”的思想方式并不是一种倒退，而是一种解放和创新。梁启超在《清代学术概论》中将清代三百年学术思潮概括为“以复古为解放”：“第一步，复宋之古，对于王学而得解放。第二步，复汉唐之古，对于程朱而得解放。第三步，复西汉之古，对于许郑而得解放。第四步，复先秦之古，对于一切传注而得解放。”① 而当我们进一步回到三代之前，那么就进入一个可以自由思想的时代，亦即那个“大道之行，天下为公”的时代。所以，“礼失而求诸史”实质上是“与古为新”，以复古为创新，“求诸史”实际上正是“求诸新”。

① 梁启超：《清代学术概论》，中华书局，1954，第 6 页。

# 四 价值传统与民族兴衰

## （一）中国价值传统的多元统一

中华民族并非一个源头而是多个源头，但在心理上从一开始就有一个共同的“中心”，在地理上始终存在一个共同的“中原”，在政治上必须承认一个共同的“中央”。各个民族都可以到“中原”这个舞台来展示，并占据“王者”的位置，但只能承认一个共同的文化。中华民族形成的这种历史特点，决定中华文化不仅是源远流长，而且是多源汇流，百川灌河，最后形成一条“大河文化”。中华文化的这种历史特点，决定中华文化的包容性和兼容性，也决定中华文化的多元统一性。所谓多元性，就是统一的价值中包含有各个民族所带来或贡献的因素；所谓统一性，就是各个民族的文化都要归于中华文化的主流之中。这种多元统一性，是中华文化的最根本特点和根本优势所在。如果没有统一的价值形态，不仅文化会分化，国家也会分裂，就没有持续的文化和文明；相反，如果没有多元的价值因素，就不可能有丰富多彩的文化生活，文化就会退化，民族就会衰落。所以，这种价值的多元统一性也是中华文化持续发展的根本原因。

文化的多元价值源于不同民族产生发展过程中的文化基因。从中华民族的历史上看，中华文化的价值有多元时期也有统一时期。最初的价值思想是多元的。这源于中国文化发轫时期的“万方”格局。但是随着民族朝向统一发展，统一的文化思想也随之产生了。特别是到了周代，通过制礼作乐形成了统一的价值思想和文化。不过这种统一格局不可能长久持续，因为在统一思想下仍有不同思想出现，特别是在政治格局发生变化的情况下，必然有创新思想出现因而也必然有多元格局出现。这就是春秋战国时期的百家争鸣。在以后的历史上，这种“百家争鸣”现象也不断地出现，将中国的价值思想和文化不断地推向前进。这是因为，多元时代是思想创新时代，统一时代是思想成熟和创新终结的时代，也是经过综合后的统一时代。反过来说，统一价值思想的解体，也就是思想束缚的解除，这给思想创新留下了空间，所以构成了思想创新的环境条件。多元时代也是思想竞争时代。不同的价值思想在一起冲突、碰撞，最终是不断更新和优胜劣汰。但是竞争的结果不可能还是多元或百家并存。在竞争过程中，有的思想胜出了，有的思想被淘汰了，有的思想被兼容了，最后形成一个具有最大公约数的价值思想，并成为统一的价值思想。但是被淘汰的思想并不是永远退出历史舞台，而是融入了这个统一的思想体系，并且始终作为未来创新思想的基因而存在着。

合久必分，分久必合，这是历史的一般规律，也是思想史的一般规律。中国历史上“合”的时间多于“分”的时间，中国的思想史也是如此。价值思想的统一是竞争的结果。这是因为社会思想最终会形成一个可以统辖各种思想的总体纲领。价值统一伴随着国家统一。中国历史证明，合有合的道理，分有分的意义，但总的来看是合优于分。这已经成为民族共识。而为了实现政治统一和保持统一，在思想上也需要统一。统一的价值思想一方面是实现统一的工具，另一方面也是维护统一的工具。中国历史上价值思想统一的时代包括西周、秦汉、唐宋、明清等强盛的王朝，而思想纷争的时代往往伴随着分裂格局或偏安的小朝廷。但是思想统一并不是绝对的，即使在大一统格局下也仍有不同思想存在。这些不同思想一方面存在于社会的不同层面，另一方面存在于历史发展的不同阶段。事实上，这些不同思想的存在也是思想创新的基因。在不同的历史阶段，由于社会面对着不同的问题，主体思想往往不能及时调整和应对，而这些非主体思想的价值可能因为适用性更强而得到应用。但是，非主体思想的应用总是在某个特定时期针对某些特定问题提出解决方案，实际上是一种历史过程中的“微调”，最终还是要回到价值思想的主流。

中国作为一个幅员辽阔的多民族国家，要实现统一，没有统一的价值思想是不可能实现的。同样，中国作为一个幅员辽阔的多民族国家，不存在多元的价值思想也是不可能的。中国大一统时代是主流，思想文化统一也是主流。但中国的文化统一并不影响多元价值的存在。事实上，多元与统一并不矛盾。从纵向的历时性角度来考察，每个时代都有每个时代的特点，由此决定每个时代的不同社会需要。根据不同时代的社会需要，价值思想可能需要统一，也可能需要多元。所以，从价值思想发展的历史来看，有多元时代也有统一时代。从横向的共时性角度考察，在价值多元时代，各种思想竞争总是朝向统一发展，即存在着一个统一趋势；而在一个统一时代，也并不排斥其他思想的共存，不过是在不同层面上共存。因为统一时代有一个思想总纲，一个总体思想，而其他思想只能是在其他层面上存在，共同构成社会的文化生活。在这个统一时代，事实上应有的思想格局是统一的归统一，多元的归多元，即所谓“道并行而不相悖”。这是因为，社会的不同群体都应该有自己独特的文化生活方式。这就是社会价值的多元统一。

## （二）中国价值传统的基本特征

总的来看，在数千年历史过程中，中华民族和历代先贤们通过一系列价值变革，建立了独特的价值传统。从另一方面看，不同历史阶段的价值传统，通过历史的选择和积淀，最后形成了中国的传统价值。所谓传统价值是经历史上的价值变革而形成的价值，是价值传统延续提升和积累而形成的价值体系。中国价值传统可以概括为以下几个方面的特征。

第一，天人合一，以人为本。

《周易·文言》说：“夫大人者与天地合其德，与日月合其明，与四时合其序，与鬼神合其吉凶，先天而天弗违，后天而奉天时。”这就是天人合一。中国古代哲人很早就指出：“惟人万物之灵”（《尚书·泰誓》），“天地之性人为贵”（《孝经·圣治章》）。但中国人并不是把人看作与自然对立的主体，而是将人看作世界的一个部分，追求一种“天人合一”之境界。在这种状态下，人们重人伦，重情分，泛爱众，追求一个“天下归仁”的仁爱世界。在这里，仁性源于人性，但不等同于人性，仁性是经教化而得到升华的人性，既源于普世的爱，更是最高的善。所以，“以人为本”也就是“以仁为本”。这种“仁性”系统，经“形而上”的理性化过程上升为以“天理”为最高价值，以性理、情理、事理为世俗价值的“理性”系统，并进一步融入天人之境。

第二，自强不息，厚德载物。

天地万物，人在其间。“天人”问题实质上是人与自然的关系问题，其核心则是人之“生命”问题，也就是人的生命创造和人的价值问题。然而，一切“生命”都源于“自然”。人的存在首先是生命的存在，也就是自然的存在。“天地氤氲，万物化醇；男女构精，万物化生”（《易经·系辞下》），这是一个自然的过程。但“万物化生”之后，即生命一旦产生就有了人与自然的关系问题。在远古先贤的表述中，这种关系就是天人关系或人地关系。于是就有了“天行健，君子以自强不息。地势坤，君子以厚德载物”的说法。这是从天地万物和人的生命本质作为逻辑出发点来阐释的道理，简单地说就是“生生之德”：生命起源，生命延续，生命价值。人类源于天地自然，天地运行，滋养万物，也孕育人类。这就是天地之德。天与人的生命及其意义是密切相关的，人应当像天那样对待生命，对待一切事物。这样，“天”就不仅具有自然意义，而且具有生命和伦理意义。天不仅是宇宙万物的生命本体，而且是人伦道德性命的价值之源和终极依托。这就赋予天地以道德生命。但是反过来人类也要承纳天地之道德。这种天地之道或天地之德，就是自强不息，厚德载物。这也正是一个民族不断延续和不断发展所必备的内在素质及其外部延展。一方面，只有自强不息才能使民族具有不断进取的动力；另一方面，只有厚德载物才能保持民族的内部团结和外部和谐。这种和谐包括人与自然的和谐、人与人的和谐，以及人与历史的和谐。在人类历史的长河中，有不少民族的历史中断了，甚至完全消失了，但中华民族有一个不间断的历史，其根本原因就在于中华民族自身的性格，即自强不息，厚德载物。

第三，乐天知命，率性自由。

孔子说："道之将行也与，命也；道之将废也与，命也。"（《论语·宪问》）孟子说："莫之为而为者，天也；莫之致而至者，命也"（《孟子·万章上》）；"求之有道，得之有命"。（《孟子·尽心上》）这里的命，一方面是"自我之命"，另一方面是"在天之命"。人总是希望通过"自我之命"来通达"在天之命"。这种知命的渴望影响人们的快乐和幸福，即所谓"乐天知命"。孔子说，人五十而知天命，六十而耳顺，七十而从心所欲，不逾矩。就是说通过"知天命"、"顺天命"，而后才能"从心所欲，不逾矩"。《礼记·中庸》说："天命之谓性，率性之谓道，修道之谓教。"郭店楚简《性自命出》："道始于情，情生于性"，"性自命出，命自天降。"孔子说："饭疏食饮水，曲肱而枕之，乐亦在其中矣。不义而富且贵，于我如浮云。"（《论语·述而》）孔子还说："暮春者，春服既成，冠者五六人，童子六七人。浴乎沂，风乎舞雩，咏而归。"（《论语·先进》）《庄子·应帝王》说："立乎不测，而游于无有者也"，"游心于淡，合气于漠，顺物自然而无容私焉。”可见，乐天知命的感性生活，实际上是一种自由状态。更进一步讲，命还可以分为个体之命和共同体之命。每个个体之命，必然与共同体之命融为一体。中华民族作为共同体有一个共同的命。《诗经》说“周虽旧邦，其命维新”，这个命就是中华民族的共同使命，在当今即中华民族的伟大复兴。

第四，中庸中道，和而不同。

中国价值传统是长期形成的，每次价值革命都通过损益而得到进一步提高和升华。《中庸》说：“致中和，天地位焉，万物育焉。”可见中和是古人所追求的一种理想状态。“中也者，天下之大本也。和也者，天下之达道也。”（《中庸》）在这里“和”是价值，是目的，而“中”既是方法也是价值。一方面，“和”必须通过中庸之道达成，而中庸也只有在“和”的状态下实现。另一方面，所谓“致中和”，就是将目的、方法和过程统一起来看，“中”也就具有了价值意义，即“中庸之为德也”。（《论语·雍也》）但要通过“中”庸之道实现“和”，就必须承认“不同”为前提，即“和而不同”，只有“不同”，才有“和”，正所谓“和实生物，同则不继”。（《国语·郑语》）所以，中国传统承认价值的多元性，使人们各得其所，各得其乐，合作而不争，从而实现和谐发展。

第五，克己复礼，天下归仁。

孔子将仁作为做人的原则和政治实践的目标。孔子说：“为仁由己，而由人乎哉？”（《论语·颜渊》）又说：“我欲仁，斯仁至矣。”（《论语·述而》）孔子说：“仁者不忧”（《论语·子罕》）、“仁者乐”（《论语·雍也》）。孔子将仁作为人类社会的最高理想，所以并不是个人处世的匹夫之仁或小恩小惠的妇人之仁，而是治理有方、为民造福的大义大仁。孔子生在礼崩乐坏的时代，即将进入大争之世，人与人之间竞争激烈，为了私利人们毫不留情。在这种历史背景下，孔子提出“克己复礼为仁”。所谓“克己”就是克服个人的私欲、利欲、权欲，孔子认为克己复礼，仁在其中，“一日克己复礼天下归仁焉”。（《论语·颜渊》）宋明理学实现了仁的“形而上”飞跃。宋儒首先把仁与天地自然接起来。张载说：“乾称父，坤称母”、“民吾同胞；物吾与也。”（王夫之：《张子正蒙注》乾称篇第十七）提出以天地为父母，要“体天地而仁民爱物”（转引自王夫之《张子正蒙注》）。这种仁，既是对同类的仁爱，也是对天地万物的仁爱。宋儒还进一步将“仁”与“理”接起来。程颐曾说：“医家以不认痛痒谓之不仁，人以不知觉不认义理为不仁。”（《河南程氏遗书》卷二上）“故仁，所以能恕，所以能爱。恕则仁之施，爱则仁之用。”（《河南程氏遗书》卷二第十五）

价值指引人民，价值指引中国。一方面，中华民族经数千年来反复磨砺，形成了自身独特的价值传统；另一方面，这一价值传统指引中华民族不断进化和发展，形成独特的民族性格，它已融入中华民族的血液中，形成独特的文化基因。

## （三）中国价值传统的重建与中国现代化

价值传统决定一个民族的存亡和兴衰。从外在方面说，价值传统是一个民族的标识，这是一个民族区别于其他民族的主要方面。民族差异最早源于血缘和地理环境，从而产生的是一个血缘集团和地域集团。随着文明的发展，民族的标识主要转向文化，不同民族主要以文化区分。而文化的内核就是价值传统。所以，从内在方面说，价值传统是一个民族的灵魂，具体说就是一个民族的心理特征。一个没有价值传统的民族是不可能得以存续和发展的。同理，一个民族如果丧失价值传统实际上也就失去了作为一个民族存在的理由。这就是说，一个民族，如果丧失了与其他民族的差别，说明这个民族已经被其他民族所同化。所以，价值传统的保持和发扬对于一个民族来说至关重要。

价值传统也是民族复兴的条件。每个个体的人都是有生命和寿命的，作为一个民族也是有生命周期的。一个具有悠久历史的民族，可能经历过不止一次的兴衰，从中可以观察到价值传统与民族兴衰的关系。对于一个民族来说，价值传统的保持决定一个民族的存续。对于一个民族来说，存续比发展更重要，只要存续下来，即便经历多少磨难也有复兴的机会。价值传统保持下来，等于民族存续下来。反之，如果价值传统丧失了，民族被同化了，就再无复兴的可能。在中国历史上，出现过无数次改朝换代，也出现过数次非汉族的统治。中国价值传统却一直保存下来，民族也因而得以存续。这种价值传统，通过以儒家为主的思想体系，浸透在人们的生活日用之中，并逐渐形成文化基因使之能够世代传递。这是中华民族得以世代延续的根本原因。

一个民族的衰落，首先是文化的衰落，关键是价值传统的衰落。

价值是引领社会的。但是，如果长期形成的价值传统不能跟上时代的脚步，不再适应时代的需要，既不能解释发生变化的社会现实，也不能解决社会所面对的新矛盾，那么价值传统就必然成为社会发展和进步的障碍。于是，人们不再对这种价值传统保持信仰，民族精神淡化，社会缺乏凝聚力。所以，价值传统的衰落必然导致这个社会和整个民族走向衰落。同样，一个民族的复兴，必然经历一场价值观念的巨变。这是因为价值传统与经济发展之间存在着一个或正或反的相关关系。就是说价值传统并不总是适合于经济社会发展的。中国古代崇尚仁义道德，反对功利主义，不以利为先，经济发展缺少人性的内在动力，始终维持在简单再生产水平，生产规模的扩大基本取决于人口的增长和外部因素的影响。然而，随着人口增加对原有的资源基础形成越来越大的压力，在生产技术为一定的情况下，经济停滞导致社会矛盾的扩大。而原有的价值系统对这些矛盾不能合理地阐释和解决，导致人们对原有价值信仰的崩溃。随着原有价值传统的崩溃，阻碍经济发展的各种观念约束被打破，经济出现快速发展，并进一步促进社会其他方面的发展。而在经济社会发展的基础上，通过价值重估、价值重构和价值创造，从而出现新的适应社会经济发展的价值体系。至此也就完成了一个社会发展的历史周期。

经济兴起前必然经历价值观念的巨变，价值衰落后面必然跟随着经济社会衰落。这是一个周期性规律。经济社会衰落首先是这个社会的价值失衡以致衰落。历史上出现盛世，这个盛世的重要标志就是经济的高度繁荣，相应的指标为国家强大，社会稳定，人民安乐。但是，正是在这种盛世之下，社会价值发生转变，优良的价值传统不能坚持，文化转为文粹等。所以，理解当代中国的崛起过程，首先是经济方面的，但是，经济的兴起仅仅是一个基础而已，真正的民族复兴还在于价值创新和文化复兴。这是因为，经济发展并不能构成不同民族兴起的标识，而只有文化才是民族差别的内容。现代化不是文化。在人类社会发展的不同阶段，有不同的发展和进步形式，而现代化不过是特定阶段的进步形式。任何民族都需要现代化，并且通过现代化实现发展和进步。但是现代化具有显著的同化功能。由于现代化源于西方，所以带有西方文化的特点。随着现代化的进行，西方文化也同时得到了传播和强化。所以，现代化的同时很难避免西方化的结果。有的民族在现代化过程中，不能保持自己的文化，丧失了自己的价值传统，所以现代化完成之日也就是民族消亡之时。从现代化的几百年历史经验来看，西方文化已经吞噬了大批文明和民族，只有儒家文化、伊斯兰教文化和印度文化，由于自身的特点突出，难以融入西方文化，所以在现代化的同时能够存续并且获得发展。

20 世纪初李大钊提出，中国农业文明“衰颓于静止之中”，而西方工业文明“疲命于物质之下”，世界文明的未来必有赖于“东西文明真正之调和”的“第三新文明之崛起”。[①] 如今，距离李大钊的时代已经过了近百年。经过这百年奋斗，中国吸纳了西方文明，同时也保留了自身的文化元素，形成了不同于西方的文明社会。从

① 《李大钊文集》上，人民出版社，1984，第 560 页。

现在来看，这种新文明体的初级形式就是有中国特色的社会主义。“天行健，君子以自强不息。”中华文明历来强调奋斗进取、革故鼎新。随着有中国特色社会主义的发展，随着中国人民在发展过程中认知水平的不断提高，一定会走出一条中国式道路，创造出一种全新的文明。

# 第二章

## 中国价值传统的形成

中国价值源于“前轴心时代”上古先民的生命体验和社会实践，经过三次价值革命构成“一以贯之”的价值传统。第一次价值革命为周文革命，通过制礼作乐，形成以“德”为核心、以“礼乐”为形制的价值体系。第二次价值革命是儒家革命，经过综合百家，形成以“仁”为核心，以“伦理纲常”为形制的价值体系。第三次价值革命是理学革命，经过综合儒释道，最终形成以“理”为核心，以“天理人心”为形制的价值体系。在这一历史过程中，中国士人以天下为己任，为天地立心，为生民立命，兴灭继绝，使中国价值得以薪火相传，不绝如缕。然而，到了传统社会后期，中国价值传统逐渐走向衰落，从经世致用转向烦琐学术，从价值理想转向形而上学，趋向于空疏化和去价值化，不能继续承担引导人民和社会发展的使命，因而面临新的价值革命。

长期以来，人们对中国传统社会的印象是长期停滞。这种停滞既包括生产力方面的停滞，也包括制度文化方面的停滞，而核心则是价值思想方面的停滞。但这是不符合历史事实的。中国历史上出现过多次短暂的停滞，但从未真正有过长期的停滞，仅仅是相对于近代以来的现代化起步较晚而已。从中国传统社会历史看，先后经历了三次重大社会变革，而每次社会变革都发生相应的社会转型和生产力的发展。与社会变革历史相应的是价值思想的变革，这就是周文革命、儒家革命和理学革命，中国价值传统正是通过这三次价值革命得以形成。

## 一　第一次价值革命：周文革命

### （一）殷周社会变革

历经夏商两代的发展，中国农业已有了相当基础，并开始向定居农业转变。在此之前，农业与游牧业和狩猎业并无本质区别，都要随水草而居。这种产业状况下不可能有城邑，不可能有国家制度，更不可能有文化积淀。中国定居农业出现于殷商时代，是世界上出现较早的定居农业。定居农业是整个农业文明的基础。在定居农业模式下，人们发明灌溉、施肥、轮作等，尽管还是十分原始，但技术进步大大加快了。与此同时，“商人”在自己的土地边界上与其他部族经常地进行交换，有时要从事长途贩运，到商代中晚期甚至出现了交易市场，出现了第一个商品经济高潮。有了定居农业就有了城邑，国家制度健全了，文化也开始积淀，礼乐制度已具雏形。西周通过封土建国奠定了封建国家的基本制度。这一制度的基本特征是中央国家与诸侯国家并存。如果说此前的国家形态是一种“邦联”的话，那么此时的国家已发展到“联邦”阶段。这无疑是一种较高级的国家形态。

夏商两代经过一系列制度文明的创制和实践经验的积累，形成比较稳定的“国家制度”以及较高水平的“文化模式”。但是在夏商两代的晚期，由于统治者倒行逆施，导致人民的反抗，出现严重的统治危机。正是这种危机促使统治者改变治理方式，实现社会转型，这就是“汤武革命”。

经历殷周变革，周人从殷人对于天命的迷信中得到解放，使人性得以彰显。他们认为天意取决于民意，作为统治者既要听从天意也要听从民意。而可以沟通天命与民意之间的媒介或者说天命与民意的结合就是“德”。史称周文王“明德慎罚”，“亲亲尚贤”，使得“民明教,通于四海”,海外来服。(《大戴礼记·少閒》) 周公认为，夏殷两朝，由天命而王，但由于后来“惟不敬厥德，乃早坠厥命”(《尚书 · 召诰》)，而周朝“嗣受厥命”，但要想“祈天永命”就必须“王其德之用”，就必须“施实德于民”、“保惠于庶民”、“敬德保民”。对此，王国维指出:“周自文王以后，世载其德，自西土邦君，御事小子，皆克用文王教，至于庶民，亦聪听祖考之彝训。是殷、周之兴亡，乃有德与无德之兴亡；故克殷之后，尤兢兢以德治为务。”（《殷周制度论》，载《观堂集林》卷十）可见，德成了西周初期国家的意识形态，成为社会的核心价值。这样一来，周人的统治就更具合法性：一方面，他们没有否定“天命”，也用“天有十日”来论证“人有十等”的神意性；另一方面，他们又强调“民意”的重要，通过“德”将天命与民意统一起来，“无德者”失天下，“有德者”得天下，“德”就成了他们配享天命的依据。①

周人还将德作为礼制的核心，建立了“亲亲”与“尊尊”的道德准则。王国维说：“故知周之制度、典礼，实皆为道德而设。而制度、典礼之专及大夫、士以上者，亦未始不为民而设也。周之制度、典礼，乃道德之器械，而尊尊、亲亲、贤贤、男女有别四者之结体也。此之谓民彝。其有不由此者，谓之非彝。”（《殷周制度论》，载《观堂集林》卷十）这就奠定了中国数千年宗法伦理的道德基础。

## （二）周初制礼作乐

周初政治家提出敬天保民，以德治国，倡导人文，推行教化，即所谓“关乎人文以化成天下”。而在“文化”过程中，周公制礼

① 参见王四达《从“神本”到“君本”——试析中国古代“人文”的渊源流变及其本质》，《哲学研究》1999年第9期。

作乐是具有决定性意义的制度文化创设，是“周文革命”的制度化过程。据《礼记》记载：“周公践天子之位以治天下，六年，朝诸侯于明堂，制礼作乐，颁度量，而天下大服。”（《礼记·明堂位》）制礼作乐的目的，就在于谋求政成民化，达到上下和谐的理想之治。

周礼规定了周代各种政治制度和社会制度，包括分封制、宗法制、等级官制等许多礼制，以君君、臣臣、父父、子子为核心，确定了“君臣上下，父子兄弟，非礼不定”（《礼记·曲礼上》）的社会等级秩序。另一方面，礼还规定了广大人民日常生活中的行为规范，所谓“在礼，家施不及国，民不迁，农不移，工贾不变，士不滥，官不滔，大夫不收公利”。（《左传·昭公二十六年》）。因此，礼的作用就是“经国家，定社稷，序民人，利后嗣”（《左传·隐公十一年》）。《左传》说：“夫礼，天之经也，地之义也，民之行也。”“礼，上下之纪，天地之经纬也，民之所以生也。”（《左传·昭公二十五年》）就是说，“礼”在国家政治和人民生活中具有重要作用，并成为指导和规范人们日常思想、行为、言行的准则。总之，礼从形式上体现了西周时代的社会普遍价值。

乐与礼并称，是礼乐制度的另一重要部分。《吕氏春秋》记载：昔古朱襄氏之治天下也，多风而阳气畜积，万物散解，果实不成，故士达作为五弦瑟，以来阴气，以定群生。黄帝令伶伦作为律，确立“黄钟之宫，律吕之本”。后帝尧立，乃命质为乐。质乃效山林溪谷之音以歌，乃以麋輅置缶而鼓之，乃拊石击石，以象上帝玉磬之音，以致舞百兽。商初，汤王“命伊尹作为大护，歌晨露，修九招、六列，以见其善”。（《吕氏春秋》卷五）以后，随着社会文明的发展，乐作为制度确定下来，并与礼相称。《礼记》称："凡音者，生于人心者也。乐者，通伦理者也。是故知声而不知音者，禽兽是也。知音而不知乐者，众庶是也。唯君子为能知乐。"（《礼记·乐记》第十九）这就赋予音乐以伦理价值和文化意义。

从中国"礼乐文化"形成的历史来看，是先有"乐"而后有"礼"，最早是"乐"重于"礼"，而后才发展为"礼乐"并重，甚至"礼"重于"乐"。《周礼》中有很多关于男巫、女巫、司巫、卜师、占人的地位和作用的记载，表明"礼乐"制度中的人神关系及天人思想。随着社会的发展进步，礼乐制度中不论是自然和声还是巫术礼仪，都越来越多地反映出人的自我意识和人本意识的逐渐觉醒。

礼与乐相辅相成。"天高地下，万物散殊，而礼制行矣。流而不息，合同而化，而乐兴焉。春作夏长，仁也；秋敛冬藏，义也。仁近于乐，义近于礼。乐者敦和，率神而从天；礼者别宜，居鬼而从地。故圣人作乐以应天，制礼以配地。""礼以道其志，乐以和其声"（《礼记·乐记》第十九）"礼"的精神代表天地自然的秩序，"乐"的精神代表天地自然的和谐，"乐者为同，礼者为异。同则相亲，异则相敬。""乐至则无怨，礼至则不争。揖让而治天下者，礼乐之谓也。"（《礼记·乐记》第十九）

"制礼作乐"是中国历史上一次重要的制度文化创设。首先，"制礼作乐"本质上是国家意识形态建设，一方面要确立周朝统治的合理性与合法性相统一的阐释方式，另一方面也要建立起周朝贵族对于社会统治的价值体系。其次，制礼作乐是要建立起程式化的、繁复的贵族文化系统，其内核为贵族等级秩序，其形式为各种仪式、文化符号与话语系统，其功能则是沟通人与神、人与人之关系，使既有政治等级秩序获得一个看上去庄严、肃穆、神圣的外在形式，从而对这种秩序起到巩固、强化的作用。[①] 最后，“礼乐制度”本身也是国家制度的组成部分。礼乐制度与刑、政相配合，达到“经国家、定社稷、序民人、利后嗣”的目的。礼、乐、刑、政四者，共同构成了周朝统治者的治国之道。据《史记·周本纪》记载：“成王自奄归，在宗周，作《多方》。既绌殷命，袭淮夷，归在丰，作《周官》。兴正礼乐，度制于是改，而民和睦，颂声兴。”成王去世之后，康王即位，康王“遍告诸侯，宣告以文武之业以申之，作《康诰》。故成康之际，天下安宁，刑错四十余年不用”。

## （三）王官之学的确立

先秦时期人们认为，对于夏商文化，“周人修而兼用之”。（《礼记·王制》）对此孔子早有论述，他说：“殷因于夏礼，所损益，可知也；周因于殷礼，所损益，可知也；其或继周者，虽百世可知也。”（《论语·为政》）就是说，西周的制度文化是在继承夏商文明的基础上建立的，并为以后的“百世”发展奠定了基础。可见，周代的文化建设，是通过整理前代典籍并从中提炼新概念和新思想的方式

---

① 参见李春青《从王官之学到诸子之学——论中国古代文艺思想发展史上第一次转折》，《人文杂志》2011 年第 5 期。

完成的。古代统治者无不重视历史和历史记述，从而积累并形成各种文化典籍。这与古代先民的敬祖传统有关。这种传统的延续则体现为对文化典籍的高度重视，以及思想创新无不从对典籍的重新阐释开始。这就是所谓的“祖述尧舜，宪章文武”。

西周时代学在官府。由于当时没有私人著述，史官作为掌握历史记述和各种文化典籍的官员，成为垄断思想和学术的“王官”。“王官”将保存在官府的资料分门别类整理汇编而成的典籍就成为“六经”的来源。其中《诗》为宫廷和民间搜集的诗歌;《书》为国家政令、国君言论记录等档案材料;《易》是与卜筮有关的材料;《礼》是典章制度与各种礼仪;《乐》是能歌唱的乐谱;《春秋》则是编年史资料。“六经”典籍一般藏于秘图即国家图书馆，也可能藏于太史之家。因此，官方所掌握的思想、学术和知识，就被称为王官之学。狭义的王官之学指的是《诗》、《书》、《礼》、《乐》“四术”。广义的王官之学还包括《周礼》、《逸周书》、《竹书纪年》等文献，以及其他一些重要典籍。

学在官府还指官府完全控制学校和教育。掌管王官之学的官吏同时又是负责教育贵族子弟的教师。负责教育贵族的学校被称为“国学”，由大司乐主持。大司乐是国家最高礼乐官，负责祭祀和国家典礼，兼管国学教育事务。据《周礼·春官》和《周礼·地官》记载，大司乐属下的一些官员，如师氏、保氏、大胥、小胥、乐师等都是国学的教师。“国学”既是施教的场所，又是国家举行重大礼仪活动的地方，如祭祀、乡射、献俘等活动都在“国学”进行。学在官府和建立王官之学，目的在于确立国家意识形态并以此教育贵族和指导国家治理，因而《诗》、《书》、《礼》、《乐》成为国学教育的主要内容。《礼记》记载："乐正崇四术，立四教，顺先王《诗》、《书》、《礼》、《乐》以造士。春秋教以《礼》、《乐》，冬夏教以《诗》、《书》。"（《礼记·王制》第五）《国语·楚语上》记载，楚庄王就教育太子箴之事请教申叔时（申公），申叔时说："教之《春秋》，而为之耸善而抑恶焉，以戒劝其心；教之《世》，而为之昭明德而废幽昏焉，以休惧其动；教之《诗》，而为之导广显德，以耀明其志；教之《礼》，使知上下之则；教之《乐》，以疏其秽而镇其浮；教之《令》，使访物官；教之《语》，使明其德，而知先王之务用明德于民也；教之《故志》，使知废兴者而戒惧焉；教之《训典》，使知族类，行比义焉。"这里提到了九种古籍：《春秋》《世》《诗》《礼》《乐》《令》《语》《故志》《训典》，包括后来"六经"的主要部分。

政府通过王官之学的教育和训练，培养治理国家的有用之才，而通经致用、遵守礼乐成为选择人才的标准。公元前633年，晋国作三军要选择元帅，赵衰推荐郤縠，说："臣亟闻其言矣，说礼乐而敦《诗》《书》。《诗》《书》，义之府也。礼乐，德之则也。德义，利之本也。"（《左传·僖公二十七年》）另一方面，通过王官之学的教育和训练，提高封建贵族的个人修养和道德情操，使他们饱读诗书，通晓礼乐，文质彬彬，成为引导社会风尚的楷模。

## （四）中华道统的形成

中国上古文明，上自神农、黄帝、尧、舜，下至夏商周三代，禹、汤、文武、周公，已有二千年以上历史，中华文化正是在这段历史中发育成型。这种成熟的标志，就是中国人民基本价值思想的形成。就是说，正是沿着这条上古圣王的历史谱系，对上古先民的社会实践和原创文化进行综合与集成，文武周公通过制礼作乐完成周文革命，中华道统也由此形成。

第一，制礼作乐是上古文明的全面综合。孔子说："殷因于夏礼，所损益，可知也；周因于殷礼，所损益，可知也。"（《论语·为政》）可见，礼乐制度并不是周代才有的，而是经过上古先民和圣贤不断创造，不断积累，最后经文武周公综合而完成的。"礼"是夏商周三代创造的文化积成，也是中华道统形成的标志。《汉书·礼乐志》记载："周监于二代，礼文尤具，事为之制，曲为之防。故称礼经三百，威仪三千。于是，教化浃洽，民用和睦；灾害不生，祸乱不作；囹圄空虚，四十余年。孔子美之曰：'郁郁乎文哉！吾从周。'"可见，经历千年发展和进化，中华文明已经蔚为大观，至此华夏文明达到一个巅峰。王国维论说："殷、周间之大变革，自其表言之，不过一姓一家之兴亡与都邑之移转，自其里言之，则旧制度废而新制度兴，旧文化废而新文化兴。又自其表言之，则古圣人之所以取天下及所以守之者，若无以异于后世之帝王；而自其里言之，则其制度文物与其立制之本意，乃出于万世治安之大计，其心术与规摹，迥非后世帝王所能梦见也。"（《殷周制度论》载《观堂集林》卷十）

第二，制礼作乐是一场文化制度革命。周初政治家倡导人文，推行教化，即所谓“关乎人文，以化成天下”。这种文明教化的集中体现就是礼乐制度。《汉书·礼乐志》说：“乐以治内而为同，礼以修外而为异。同则和亲，异则畏敬。和亲则无怨，畏敬则不争。揖让而天下治者，礼、乐之谓也。二者并行，合为一体。畏敬之意难见，则著之于享献、辞受，登降、跪拜；和亲之说难形，则发之于诗歌、咏言，钟石、管弦。盖嘉其敬意而不及其财贿，美其欢心而不流其声音。故孔子曰：‘礼云礼云，玉帛云乎哉？乐云乐云，钟鼓云乎哉？’此礼乐之本也。”同时，礼乐还塑造了周代贵族的君子风格：自重高贵、优雅得体，文质彬彬。正如孔子所言：“兴于诗，立于礼，成于乐。”（《论语·泰伯篇》）周礼反映了周人的尚“文”风气，并进而深刻地影响着周人的生活方式，大大提高了周人的文明程度。周文革命是对原始蒙昧的革命，是一场思想文化变革，中国数千年文化即由此奠基。

第三，制礼作乐是民族文化标识的创建。随着礼乐制度的建立，礼乐文明也就成为中华民族的文化标识。“礼”是社会的典章制度、道德规范和行为准则，是社会政治制度的体现，是人与人交往的基本方式，也是君王和各级贵族的行为标准。“乐”是人们表达情感和意志的方式，也是人与神，人与自然和人与人之间的沟通方式。《尚书·舜典》说：“诗言志，歌永言，声依永，律和声。八音克谐，无相夺伦：神人以和。”《礼记·乐记》说：“德者，性之端也；乐者，德之华也；金、石、丝、竹，乐之器也；诗，言其志也；歌，咏其声也；舞，动其容也。”礼和乐相辅相成，“礼、乐皆得，谓之有德。德者，得也”。

（《礼记·乐记》）因此，礼乐制度就成为中国制度文明的基础，同时也就成为夷夏之别的标准。《春秋左传正义》说："夏，大也。中国有礼仪之大，故称夏；有服章之美，谓之华。华、夏一也。莱是东夷，其地又远，'裔不谋夏'，言诸夏近而莱地远；'夷不乱华'，言莱是夷而鲁是华。二句其旨大同，各令文相对耳。"（《春秋左传正义·定公十年》）后来韩愈说："孔子之作《春秋》也，诸侯用夷礼则夷之，进于中国则中国之。"（《韩愈集》卷十一）。程颐也说："礼一失则为夷狄，再失则为禽兽。圣人恐人之入夷狄也，故《春秋》之法极谨严。"（《河南程氏遗书》卷二上）正是礼乐制度将华夏与夷狄区别开来，而华夏正是依靠这种"文德"的力量吸引四裔，协和万邦。

第四，制礼作乐是中华民族生活方式的基本规范。对此，《礼记·乐记》有一段极好的描述："人生而静，天之性也；感于物而动，性之欲也。物至知知，然后好恶形焉。好恶无节于内，知诱于外，不能反躬，天理灭矣。夫物之感人无穷，而人之好恶无节，则是物至而人化物也。人化物也者，灭天理而穷人欲者也。于是有悖逆诈伪之心，有淫佚作乱之事。是故强者胁弱，众者暴寡，知者诈愚，勇者苦怯，疾病不养，老幼孤独不得其所。此大乱之道也。是故先王之制礼乐，人为之节。衰麻哭泣，所以节丧纪也；钟鼓干戚，所以和安乐也；昏姻冠笄，所以别男女也；射乡食飨，所以正交接也。礼节民心，乐和民声，政以行之，刑以防之。礼乐刑政，四达而不悖，则王道备矣。"

可见，礼乐制度的建立同时也就确立了中国数千年的文化道统。这个道统，一方面成为中华民族的一以贯之价值传统，另一方面成为中华民族的文化符号或标志，并持续地为各代提供凝聚民族的核心价值。

# 二　第二次价值革命：儒家革命

## （一）春秋战国变革

殷周社会变革是中国历史上的第一次伟大变革，相应的制度文化创设就是制礼作乐，而最终的成果就是礼乐制度的建立。周礼的建立不仅奠定了西周数百年社会和平与稳定的制度基础，也为中国以后三千年的文化制度发展创造了前提。但另一方面，周礼是在监于夏商两代近千年社会文明成果和社会治理经验基础上形成的，它的完美性和普适性都达到了前所未有的水平。也正是因为如此，周礼以及以周礼为核心的文化制度能在相当长的历史时期里保持了稳定不变，从而建立起人们对周礼的制度自信和文化自信。但是，也正是因为如此，这种制度的与时俱进能力也就在这种自信状态下逐渐丧失，随着制度效率的递减和社会矛盾的积累，制度文化本身的生命力也必然减弱从而走向衰落。

西周封建制度到春秋时就开始转衰，而在战国时就逐渐瓦解了。这个历史过程就是春秋战国变革。首先，西周封建制度的瓦解始于井田制的崩溃。农业技术的进步，特别是铁制农具的使用，大大提高了生产效率，使共耕制度丧失了基础，而建立在共耕基础上的井田制，也自然趋于衰落。最后，以土地“共有”为特点的井田制逐渐被私有土地制度取代，家庭生产成为主要的经济模式。其次，西周时代工商食官制度废除后私营工商业迅速发展，出现历史上新的商品经济高潮。而商品经济发展加速了封建制度的解体，也加速了社会阶级结构的变化。一方面，封建诸侯国的不平衡发展，导致诸侯实力超过周王室的实力，周王室失去控制能力，而“失控”后的“天下”则出现长期的兼并战争以及政治结构的重组。另一方面，原有的社会各阶级实力也发生了变化，有的封建贵族丧失了封土和封爵成为平民，工商业者作为一个独立的阶级出现了，井田制度下的村社农民成为独立小农，“士”作为一个依附于贵族的阶层也独立出来，成为一个重要的社会角色。从而出现了士农工商的职业划分。这一系列变化最终演变为秦的国家统一和新的社会经济制度的建立。

经济社会变革导致相应的制度文化和思想意识变革。西周时期“学在官府”，学术是由官方垄断的。这种垄断有两方面意义：一方面是官方利用政府的力量维持思想文化的发展，另一方面是通过学术垄断维护贵族利益。在这样的制度下，掌握学术思想的学者即当时的史、祝、祭等都是世袭职业，自然形成了一个学术垄断群体。他们为官方的目的而“治史”，传达官方的意旨，并构建官方的意识形态。这样就不可能有思想自由，真正的学术也难以发展。文化思想和意识形态的垄断，尽管在一定时期适应了天下一统的需要，但这种官方意识形态，不能从广大的社会群众和广泛的社会意识吸取新的营养。所以到了春秋时期，以周礼为代表的学术和思想都出现停滞，对社会变化的阐释能力下降，更不能为社会矛盾提供新的解决方案，其结果就是“周文疲敝”。[①] 在这种历史背景下，文化思想的创新和发展只能是“礼失而求诸野”了。

## （二）道术将为天下裂

西周时期的思想文化既是统一的也是多元的。这里的“统一”体现为周公创制并为社会普遍遵守的礼乐制度，而“多元”是指这种流行的礼乐制度在不同地区又与当地风俗文化相结合。春秋以后，周天子的统治能力逐渐减弱，统一的礼乐制度在各地也先后废弛，体现在思想领域则是诸子百家“多得一察焉以自好”，却“皆以其有为不可加矣”，各个“自我观之，仁义之端，是非之涂，樊然肴乱”。(《庄子·齐物论》) 不仅如此，诸子百家“各引一端，崇其所善，以此驰说，取合诸侯”。(《汉书·艺文志》) 这更加剧了政治思想的混乱。但另一方面，这种思想混乱状况，表明原来的思想学术垄断已被打破，新的思想也随之而出了。

春秋战国时代的社会思想状况，总的来看有以下几个特征：

第一，天子失官，学在四夷，礼失而求诸野。周代“学在官府”，“王官”掌握着丰富的官方典籍，并承担着历史文化保存和延续的使命。在周平王东迁的动乱过程中，周王室的文物典籍和礼器几乎

① 牟宗三：《中国哲学之重点以及先秦诸子之起源问题》，载牟宗三：《中国哲学十九讲》，上海古籍出版社，1997。

全都丧失，而在东迁后，周王室力量衰微，无力维持庞大的政府机构，一些王室职能不能按规定正常执行。如《史记·历书》记载："幽、厉之后，周室微，陪臣执政，史不记时，君不告朔，故畴人子弟分散，或在诸夏，或在夷狄，是以其禨祥废而不统。"这就是所谓的"天子失官，学在四夷"。既然"天子失官"，"王官之学"必废，私人办学因而兴起，很多新的学术思想也来自民间，甚至很多来自社会下层，亦即"礼失而求诸野"。

第二，价值重估，颠覆周礼，百家往而不反。随着"周文疲敝"，原有的统一意识形态解体；各种思想观点异彩纷呈，百花齐放，百家争鸣。从春秋晚期开始直到战国时期，中国思想界出现的思想流派主要有儒家、墨家、道家和法家，还有阴阳家、名家、农家、纵横家等。这些学派中，只有儒家坚定地维护周礼，其他各派都从各个角度对周礼进行了批判。他们还提出各自的社会改革方案，如法家提出的社会变革方案是法治，"任法而治"，"任法去私"；而儒家提出克己复礼，兴灭国，继绝世，举逸民；墨家提出"兼爱"和"非攻"以实现社会和平；道家则采取一种逆向思维，认为回归自然才是出路。这种思想杂驳和多元状况，就如庄子所叹："天下之人各为其所欲焉以自为方。悲夫！百家往而不反，必不合矣！"（《庄子·天下》）

第三，思想解放，百家争鸣，转向诸子时代。随着"周文疲敝"，原有的统一意识形态解体，学术思想垄断丧失，不能再阻止各种新思潮的出现。诸子百家在自由争论中提出了很多新的思想，"其言虽殊，辟犹水火，相灭亦相生也"。（《汉书·艺文志》）所以春秋战国时期成为中国历史上思想最为活跃的时期，即第一个"诸子时代”或者说是伟大的“轴心时代”。

春秋战国时代的思想变革，王官之学转向诸子之学，表明中国历史上道统与治统的首次分离。《中庸》说:“非天子，不议礼，不制度，不考文。今天下车同轨，书同文，行同伦。虽有其位，苟无其德，不敢做礼乐焉；虽有其德，苟无其位，亦不敢作礼乐焉。”这就是说，只有有德有位者才能制礼作乐，承继道统。道统源于尧舜和周文王武王和周公，此时道统与治统是合一的，也就是说代表正统的思想意识和政治统治都由官方掌握，其具体代表就是帝王。这些帝王的权力来源,上自“天帝”下自“人民”,“天帝”与“人民”作为意识形态也是统一的。“王官之学”就是这种意识形态的载体，即代表帝王通过一定的文本形式反映了“天帝”与“人民”的意志。但随着礼崩乐坏，周文疲敝，“有德者”与“有位者”分离了，进一步讲，也就是道统与治统的分离。

## （三）儒家的核心价值

事实上，孔子明白，要真正恢复过去的礼乐制度是不可能的。因为这些制度不符合历史发展的潮流。所以,他所要恢复的礼与“周礼”并非完全等同。他总结三代制度变迁规律时指出:殷因于夏礼，有损益，周因于殷礼，有损益。所以恢复周礼也是要有所损益的。面对礼崩乐坏的社会变化，孔子提出“克己复礼”，实际上不仅是对社会现状的批判,也是对礼乐制度的重构。孔子批判现实,说:“天下有道，则礼乐征伐自天子出；天下无道，则礼乐征伐自诸侯出。”（《论语·季氏》）而对于礼制不合时代发展的部分，孔子也有清醒的认识，说：“礼云礼云，玉帛云乎哉？乐云乐云，钟鼓云乎哉。”（《论语·阳货》）孔子曾说过：“麻冕，礼也；今也纯，俭，吾从众。拜下，礼也；今拜乎上，泰也。虽违众，吾从下”（《论语·子罕》）。林放问“礼之本”，孔子说：“大哉问！礼，与其奢也，宁俭；丧，与其易也，宁戚。”（《论语·八佾》）可见，他对周礼并不是照单全收，全盘照搬，而是有批判、有继承，有创新、有发展。

在这个礼崩乐坏的时代，孔子对于礼的形式上的不适合已经有足够的认识，而更主张发扬礼乐精神。孔子对礼乐精神的重大发展是“仁”的提出。儒家慎思追远的思想传统，决定孔子仍然要在周礼之损益的基础上，提出更高级的道德目标和价值理想。孔子说：“克己复礼为仁，一日克己复礼，天下归仁焉。”（《论语·颜渊》）这就是说，孔子在克己复礼的基础上提出了“仁”，对周礼既继承又扬弃从而发展了周礼的精神，其目的是使周礼能够与时俱进，适应新的社会发展需要。“克己复礼为仁”既把“仁”推向最高处，也给礼以更新的内涵进入更高的境界。

孔子认为，仅仅将礼作为一种礼仪形式是没有价值的，认为礼的核心价值在于“仁”。孔子说：“人而不仁如礼何，人而不仁如乐何？”《论语·八佾》，没有“仁”礼乐制度就没有其真正的价值。他提出克己复礼的目的，并不仅仅是“兴灭国，继绝世，举逸民”，更是为了实现“仁”的价值理想。在“仁”和“礼”之间，孔子并不是以“礼”为先，而是将“仁”作为核心，“礼”是实现“仁”的手段和途径，以达到“天下归仁”的目的。这就是说，孔子明白，恢复周礼的理想是不现实的，即“道不可行”，所以提出“仁”作为新的价值理想的核心。另一方面，“克己复礼为仁”是对“德”的提升和对礼的突破。周礼的核心价值是“德”，而孔子提出的是“仁”。儒家的“仁”与周初所提出的“德”有所不同。“德”是统治者的治国治世之道，主要讲的是统治者与被统治者的关系，但“仁”讲的是人与人之间的关系，反映了周朝统治和礼乐制度瓦解之后社会关系的变化。可见，“仁”的概念也在一定程度上包含了平等和民主的价值。所以，仁在中国价值思想史上具有承前启后的意义。

孔子说：“克己复礼为仁，一日克己复礼，天下归仁焉。”对此，朱熹阐释说：“克是克去己私。己私既克，天理自复，譬如尘垢既去，则镜自明；瓦砾既扫，则室自清”，“克己复礼，间不容发，无私便是仁。”（《朱子语类》卷四十一）又曰：“天理人欲，相为消长，克得人欲，乃能复礼。”（《朱子语类》卷三十）可见，不论是“复礼”还是实现“仁治”，都有一个重要的前提，即克己，克服人们的私欲。诸侯间的兼并战争，是诸侯有私欲造成的；大国强国，以大欺小，以强凌弱，于是便有了不顾礼义的侵吞兼并；诸侯国内部，权臣势大，便要犯上作乱，赶走甚至杀掉君主，篡权夺位；家庭内部，同样因为个人私念的缘故，父子成仇、夫妻反目、兄弟相残。所以，只有克制住私欲，才能回归周礼。在这里，“克己”是内修，而“复礼”则是外治，孔子的理想人格是内修为圣，外治为王，即通过克己实现自身的改造，在此基础上实现“天下归仁”的价值理想。

然而，在当时的社会环境下，这种道德理想主义是行不通的，没有任何一个当权者会接受孔子的思想和建议。所以奔波了半生的孔子，发出了“道之不行，吾知之矣”的感叹。他回到鲁国后，一面开门办学，教书育人，一面利用鲁国的文物典籍“整理国故”。《史记·孔子世家》记载：孔子之时，周室微而礼乐废，诗书缺。追迹三代之礼，序书传，上纪唐虞之际，下至秦缪，编次其事。曰：“夏礼吾能言之，杞不足征也。殷礼吾能言之，宋不足征也。足，则吾能征之矣。”观殷夏所损益，曰：“后虽百世可知也，以一文一质。周监二代，郁郁乎文哉。吾从周。故《书传》、《礼记》自孔氏。”孔子语鲁大师：“乐其可知也。始作翕如，纵之纯如，皦如，绎如也，以成。”“吾自卫反鲁，然后乐正，雅颂各得其所。”古者诗三千余篇，及至孔子，去其重，取可施于礼义，上采契后稷，中述殷周之盛，至幽厉之缺，始于衽席，故曰“《关雎》之乱以为《风》始，《鹿鸣》为《小雅》始，《文王》为《大雅》始，《清庙》为《颂》始”。三百五篇孔子皆弦歌之，以求合《韶》《武》《雅》《颂》之音。礼乐自此可得而述，以备王道，成六艺。孔子晚而喜《易》，序《彖》、《系》、《象》、《说卦》、《文言》。读《易》，韦编三绝。曰：“假我数年，若是，我于《易》则彬彬矣。”总之，《诗》、《书》、《礼》、《乐》、《易》，皆为孔子修订。

## （四）儒学独尊与纲常构建

春秋战国时期，天下无主，征战不断，人民涂炭。所以，当时最关键的问题是解决和平与统一问题。而国家统一问题的解决，同时也就是和平时期的到来。针对这个问题，各个思想流派提出不同的主张。如儒家提出实行王道，以德统一天下，墨家提出非攻，主张和平统一天下，而道家则主张无为，以实现无为而治。但事实上，没有任何一个诸侯可能主动退出历史舞台。所以，无为、非攻、王道都不能解决问题。而法家提出耕战，不靠德而靠力来解决问题。这个主张得到大多数诸侯的赞同，先后开始变法。但是，只有秦国实行了最为彻底的商鞅变法，以“力”为基础推行“霸道”，不仅推动了秦国经济发展，实现了秦国的强盛，还通过兼并战争最终实现了国家统一。

国家统一也需要思想统一。春秋战国时期百家异说，既是思想创新也是思想混乱。思想创新为国家统一和社会治理提供了新的价值思想，而思想混乱也导致国家政令分歧，社会无可适从。到战国后期，人们普遍意识到思想混乱的后果，从庄子、韩非和李斯等人的著述中，都可以看到他们对百家异说局面的不满。这表明思想整顿和文化一统也是顺应民心和天下大势的。所以，当秦始皇实现国家统一后，采纳李斯的建议，“以法为教，以吏为师”，“一断于法”，并实行“罢黜百家，独尊法术”的思想文化政策。这也是保证国家统一的重要举措。但是另一方面就，由于整个社会处在法家强权主义的控制下，这种发展与秩序实际上潜伏着严重的危机。荀子对这种潜在的危机早有预感。他在列举秦政的良绩之后指出：“虽然，则有其諰矣。兼是数具者而尽有之，然而县之以王者之功名，则倜倜然其不及远矣！是何也？则其殆无儒邪！故曰：粹而王，驳而霸，无一焉而亡。此亦秦之所短也。”（《荀子·强国篇》）历史事实也正如荀子所预判的，秦实行高度的集权和专制主义，实行暴虐的对内政策，耗竭民力，引起民众反抗，导致二世而亡。

到了西汉，由于长期战乱，经济凋敝，既要维持法制，又需要与民休息，所以采纳了黄老之术。这种转变看起来反差很大，但事实上，汉承秦制，主要的制度仍然是战国以后直到秦形成的新制度。汉初之所以选择黄老之说，一方面是汲取秦二世而亡的教训，人们对秦之暴政深恶痛绝，法家思想丧失了信仰；另一方面，是因为经过长期的战乱，人心思定，人心思安，谁都不希望再“折腾”。所以说汉初统治者选择了黄老，不如说是社会和历史选择了黄老。然而，“黄老无为”政策实行了七十余年，表面上看实现了“文景之治”，但潜在的矛盾在逐步积累。除政治上国内诸侯挑战中央和匈奴屡屡犯境外,社会问题也越来越突出。经过数十年的和平发展，社会经济得到很大的进步，但是由于长期以来礼崩乐坏，社会道德风尚却并没有好转。所以汉武帝产生了恢复礼乐的愿望。而礼乐的思想资源主要蕴藏在儒家经典中。要复兴礼乐，就必须表彰六经，实际上就是表彰儒家，复兴儒家思想。建元元年（前 140）冬十月，武帝下令诏举贤良方正直言极谏之士，问以古今之治道，对者百余人。其中博士董仲舒连对三策，明确建议:“《春秋》大一统者，天地之常经，古今之通谊也。今师异道，人异论，百家殊方，指意不同，是以上无以持一统，法制数变，下不知所守，臣愚以为诸不在六艺之科、孔子之术者，皆绝其道，勿使并进。邪辟之说灭息，然后统纪可一而法度可明，民知所从矣。”（《汉书·董仲舒传》）就是说，要以儒家经典《春秋》统一思想，“罢黜百家，独尊儒术”。

建元六年（前 135）五月，“窦太后崩，武安侯田蚡为丞相，绌黄老、刑名百家之言，延文学儒者数百人。”（《史记·儒林列传》）翌年，即元光元年冬十一月，汉武帝从董仲舒之言令郡国举孝廉；五月，诏举贤良文学之士百余人，策问古今之治道，如建元元年故事。至此，儒家学说终于成为国家统一意识形态。

儒家之所以成为汉代的国家意识形态，首先是由于儒家是周文正统的继承者。经三代综合创新而成的周文思想体系，为百家思想创新提供了丰富的资源。例如，周文兼有礼乐刑政，“故礼以道其志，乐以和其声，政以一其行，刑以防其奸。礼乐刑政，其极一也，所以同民心而出治道也”。(《礼记·乐记》)就是说，周文的治理理念，不仅靠礼乐教化一手，也强调刑政支持一手，是两手都硬。但自从春秋以来，周文失之于“夷野”，散落为“百家”，而百家各执一孔，将其夸大，而不能兼顾其余。只有儒家祖述尧舜，宪章文武，主张执两用中，兴礼作乐，兼用礼乐刑政，施行综合治理，制度建设和文化建设并重。不仅如此，在百家之中，只有儒家最完整地掌握了周文的经典文本即六经，儒家“以六艺为法”，“游文于六经之中，留意于仁义之际，祖述尧舜，宪章文武，宗师仲尼，以重其言，于道最为高”。(《汉书·艺文志》）就是说，只有儒家真正掌握了周文的核心价值并代表了周文正统的延续和发展。所以，汉武帝选择儒家作为全社会的指导思想。

儒家之所以成为汉代的国家意识形态，还是由儒家学说自身的特点或者说由儒家的方法论所决定的。因为儒家思想具有最活的灵魂，这就是“易道”和“中庸”。一方面，任何一种意识形态都不可能恒久不变，必须根据历史需要而调整。这正是“易”的核心思想，也是中国价值传统的活的灵魂。另一方面，不论到什么时候，都不可能专注于某一种意识形态而忽视其他方面，而必须“两手抓”。这就是中庸。中庸的重心不是“中”而是“两”，是“执两用中”，是两手平衡而至于中。中庸使儒家能够和其他思想融合，能够更加容易地根据时势调整或转变。从春秋战国到秦汉，由于周文疲敝丧失了统一思想和提供思想武器的作用，社会放弃了传统的德治转而拼用武力。在这方面秦国领先于其他诸侯国，因而秦国得以统一天下。但是，利用法家思想武器实行改革和统一天下的秦，由于过于相信武力结果是二世而亡。这不能不引起后来的汉代统治者的反思。他们反其道而行之，采用黄老学说，与民休息，从而取得文景之治的成就。但是到了武帝时，一切都在变化，不能继续实行黄老无为政策，必须对社会经济实行有效的管理和干预，转而采用儒家思想。这种思想和政策的变化就是“执两用中”的政策调整过程。总之，儒家学说到了汉武帝时期，已经实现完整的综合，儒家革命也到此完成了。事实上，“孔子为汉立法”之说指的就是儒家思想在武帝时期通过综合创新完成了各种思想的整合，从而上升为国家意识形态。

儒家革命的最终完成和儒学成为国家意识形态，具体体现为以儒家思想治理国家。在汉武帝时期，国家制定了大量制度和政策，使中国成为儒家化社会。儒家的制度化集中体现为纲常伦理，即“三纲五常”和“孝治天下”。“三纲五常”是董仲舒在传统儒家思想基础上，结合阴阳家思想而提出来的，大部分算是他的原创。他从天人关系出发，根据“天尊地卑”思想明辨“三纲”。他在《春秋繁露·基义》中说：“凡物必有合……阴者阳之合，妻者夫之合，子者父之合，臣者君之合”，“君臣父子夫妇之义，皆取诸阴阳之道。君为阳、臣为阴；父为阳、子为阴；夫为阳，妻为阴……是故臣兼功于君，子兼功于父，妻兼功于夫”。在《春秋繁露·顺命》中说：“天子受命于天，诸侯受命于天子，子受命于父，臣妾受命于君，妻受命于夫。诸所受命者，其尊皆天也。虽谓受命于天亦可。”董仲舒把儒家的几个核心概念“仁义礼智信”概括为“五常”。他在汉武帝一次策问中说：“夫仁义礼智信，五常之道，王者所当修饬也。王者修饬，故受天之佑，而享鬼神之灵，德施于外，延及群生也。”（《汉书·董仲舒传》）到东汉章帝时的白虎观会议上，三纲得到进一步强调。《白虎通义·三纲六纪》称“三纲者何谓也？……君为臣纲、夫为妻纲、父为子纲”。后来马融将“三纲”同“五常”相提并论，合称为“三纲五常”。总之，“三纲”是用以区分社会等级的尊卑制度和行为标准，而“五常”则是整个社会的伦理本位和道德价值标准。

儒家认为，对社稷和君主尽忠与对父母尊长尽孝是一致的，只有在家尽孝者方能在朝廷尽忠。所以，汉代除了将三纲五常作为国家法律和社会行为规范强制施行外，还将孝作为良好风尚大力推行。然而，如果“以孝治天下”仅仅是政府的一种倡导而没有制度保证的话，那么“以孝治天下”仍不过是空谈，尽管政府提出一系列榜样来宣传，但“天下”人并不一定都会效仿。这就是教化功能的有限性。而汉代国家提出“以孝治天下”是有制度保证的。

首先，汉代制定了大量关于“孝亲”的立法。武帝继位即下诏：“古之立教，乡里以齿，朝廷以爵，扶世导民，莫善于德。然即于乡里先耆艾，奉高年，古之道也。今天下孝子、顺孙愿自竭尽以承其亲，外迫公事，内乏资财，是以孝心阙焉，朕甚哀之。民年九十以上，已有受鬻法，为复子若孙，令得身帅妻妾遂其供养之事。”（《汉书·武帝纪》）朝廷要求严格执行“受鬻法”，使孝子顺孙“得帅妻妾遂其供养之事”。

其次，也是最为重要的就是建立举孝廉制度。《汉书·武帝纪》载，元朔元年冬十一月，武帝下诏：“公卿大夫，所使总方略，壹统类，广教化，美风俗也。夫本仁祖义，褒德禄贤，劝善刑暴，五帝、三王所由昌也。朕夙兴夜寐，嘉与宇内之士臻于斯路。故旅耆老，复孝敬，选豪俊，讲文学，稽参政事，祈进民心，深诏执事，兴廉举孝，庶几成风，绍休圣绪。夫十室之邑，必有忠信；三人并行，厥有我师。今或至阖郡而不荐一人，是化不下究，而积行之君子雍于上闻也。二千石官长纪纲人伦，将何以佐朕烛幽隐，劝元元，厉蒸庶，崇乡党之训哉？且进贤受上赏，蔽贤蒙显戮，古之道也。其与中二千石、礼官、博士议不举者罪。”这是说“孝”者不仅得到政府的表彰，而且能入仕做官。武帝七年五月“初令郡国举孝廉各一人”。（同上）从此“举孝廉”被正式确定为用人制度。

最后，为了使“孝”能够深入人心，政府提倡人人读《孝经》。依汉制，经学博士不必通晓五经，只要求通一经即可，但《孝经》

是人人都要读的。《汉书·匡张孔马传》载，匡衡曾上疏成帝说:"及《论语》、《孝经》,圣人言行之要,宜究其意";《后汉书·儒林列传》载:章帝时,"自期门羽林之士,悉令通《孝经》章句,匈奴亦遣子入学"。《后汉书·百官》说:"《孝经》师主监试经。"可见，当时《孝经》已被确定为重要的国家考试内容。[①]

① 孙景坛:《汉代"以孝治天下"初探》,《中共南京市委党校南京市行政学院学报》2002年第1期。

# 三　第三次价值革命：理学革命

## （一）唐宋社会变革

秦汉直到隋唐这一历史时期，中国传统社会的特点是世族地主成为占据统治地位的阶级。春秋战国的社会变革，一方面导致了土地私有制的出现，并创造了广泛的自耕农和小农；另一方面，在土地私有和土地买卖制度下，产生了一个稳定据有大地产和长期控制国家机器的世族地主阶级。世族既源于世家大族也源于士族。世家大族即豪强，从战国一直延续到秦汉，尽管一直遭到政府打击但依然层出不穷。而士族则是通过读经入仕制度形成的一个实际上世代相袭的门阀贵族。世族地主通过土地兼并的方式扩大自己的地产，而为了经营这种大规模的地产还必须稳定地占有劳动力。他们利用传统的宗族联系和战乱机会，将大批独立小农转变为各种形式的依附农，包括部曲、佃客和奴婢等。他们利用自己的经济实力，参与国家的权力分配，甚至在自己实力强大时控制国家机器。因而他们不仅在经济上是世族地主，而且在政治上是世族官僚。世族地主为了维护本阶级的世袭统治，一方面积极参与国家权力分配，另一方面严别士庶以维护本阶级的特权。因而他们作为社会统治阶级，既与朝廷矛盾也与中小地主矛盾，更与广大农民包括依附农和自耕农构成的阶级对立。

世族地主经济的基础是大地产制度。世族的大地产既是通过政府创设而形成的，也是通过竞争和土地兼并而形成的。所谓政府创设就是政府以政治权力分配土地，而在这种土地分配中，世族地主阶级获得多得多的土地和依附农。这使他们可以进一步通过自己掌握的经济和政治特权，通过土地兼进一步扩大地产。但是，世族地主的经济政治条件越是优越，他们自身的能力就越是下降，特别是随着科举制度的施行和国家土地制度的衰落，世族地主最终不能不走向没落。随着中唐以后均田制的瓦解，依靠国家创制田制和长期维持土地占有的世族地主丧失了经济基础，国家政治也从世族地主控制下彻底解脱出来，他们的统治地位被齐民地主所取代。

在社会变革的同时，国家制度文化和思想意识也发生重要的变化。东汉末，中国的社会体制陷入自身的矛盾和危机之中，最终导致统一国家的分裂和社会的长期动荡。国家分裂和社会动荡与思想文化混乱是相互关联的。所以，这一历史时期统一经学出现分化和解构，为佛老兴起留下了空间。随着汉朝覆灭以后大一统政权的崩溃，特别是战争频仍，政治混乱，社会动荡，人们的正统观念发生巨大的变化。原来由儒家思想建立起来的一套人伦关系，一套行为规则，一套是非标准，已经不能适应变化了的现实生活，从而导致社会价值的倾斜和颠覆。也就是说，两汉以来所确立的对儒家道德伦理和价值理想的信仰崩溃了，人们特别是士人心中出现了价值真空。于是，以《老子》、《庄子》、《周易》为宗的魏晋玄学应运而生，佛教思潮也乘虚而入。但是，佛老思想并不是可以经世致用的思想，他们所给出的“空”、“无”并不能真正解决人们思想的空虚，反而加剧了社会的价值虚无趋势。中华道统的衰微失去了对人们思想和行为的规范，致使社会道德沦丧日益严重。这种情况到了五代时期达到了极点。一方面，“天下大乱，戎夷交侵，生民之命，急于倒悬”（《新五代史》卷五十四），另一方面，“干戈兴，学校废，而礼义衰，风俗隳坏”（《新五代史》卷三十四），演绎出了一幕幕纲常倾覆、道德沦丧、士人无行的乱世场景。总之是“乱与坏相乘，至荡然无复纲纪”（《新五代史》卷四十六）。这就导致中国的道统危机。

### （二）为往圣继绝学

在这种局面下，正统的儒家思想要重新夺回失去的阵地，必须采取“礼失而求诸史”的方式。而在这个过程中，韩愈挺身而出，力辟佛老，弘扬“道统”，自誓曰：“使其道由愈而粗传，虽灭死，万万无恨。”（《韩愈集》卷十八）他更提出儒家的道统谱系：“尧以是传之舜，舜以是传之禹，禹以是传之汤，汤以是传之文武周公，文武周公传之孔子，孔子传之孟轲。轲之死，不得其传焉。”（《韩愈集》卷十一）一方面，韩愈认为必须以儒学的伦理纲常代替佛老的消极出世思想，另一方面，他也认识到儒家经学自身的异化问题，主张恢复孔孟儒学的本来面目。这一伟大历史使命落在宋代士人身上。他们将重建道统为己任，决心励精图治，革新儒学，收拾精神，自作主宰，为往圣继绝学，为万世开太平，开始了一场艰巨而漫长的文化重建运动。这就是理学革命。

但是，如果没有新的理论，道统重建不过是一句空话。在宋儒看来，道统重建最重要也最艰巨的任务，首先是抵御佛老的进一步浸染。但他们手中并没有新的思想武器，这个新的思想武器不能是外来的而必须是本土的，所以他们试图从古代文献中寻找思想创新的资源。他们在重建道统的过程中，经历了从复古到疑古再到变古的过程，使原有的汉唐经学经历了一个脱胎换骨的变化，从而涅槃式地重生，最终完成经学到理学的转型。实际上这也是儒学的一场自我改造和自我更新运动。

理学创新看起来采取的是“复古”方法。宋初学者深刻地认识到儒家的衰败在于自身向谶纬神学的异化和受到魏晋玄学的阉割，要复兴儒学就必须消除异化并完善自身。所以，他们承继了韩愈的复古主义方法，主张恢复儒家的本来精神。不过，宋代儒者们的复古与韩愈的复古有所不同，他们并不是简单地以儒家经典批判佛老，而是进一步以批判和扬弃精神重新诠释儒家经典。

他们所做的第一步工作是“疑传”，即“尊经”和“疑传”。事实上，复古与疑古是一体两面的过程。在儒家经学对经典绝对尊崇的传统束缚之下，思想创新只能从“疑传”开始。所以他们采取的具体方法是疑传尊经，即矛头指向汉代以来经学家们对儒家原典所做的传注。他们认为，中国道统是由儒家传承的，只有儒家原典才是儒学正宗，才能真正地体现道统的精神内核。汉代以来经学家们在解经注经的过程中，歪曲了儒家经典的本旨，随着经学距离儒家原典渐行渐远，也越来越偏离儒家的真正价值。而他们所要承担的历史使命，就是“为往圣继绝学”，重建儒家道统，这就必须从“疑传”开始，以重新探索儒家元典的本来意旨。这一运动由孙复肇始。他开宗明义地说：“吾之所为道者，尧、舜、禹、汤、文、武、周公、孔子之道也；孟子、荀卿、扬雄、王通、韩愈之道也。”（《孙明复小集》信道堂记）为了摆脱汉唐注疏方法的束缚，他提出“舍传以求经”的治经方法，即根据社会需要直接从儒家经典中寻求有用之道，并以自己的理解进行重新阐释。他明确提出治经的目的在于正君臣之分，明大一统之义。他指出：《春秋》之所以书“王正月”，就在于“夫欲治其末者，必先端其本；严其终者，必先正其始。元年书王，所以端本也；正月，所以正始也。其本既端，其始既正。然后以大中之法，从而诛赏之，故曰元年春王正月也”。（《春秋尊王发微》卷一）他的这种方法实际上是儒学研究的一种范式革命，其本身的意义不在于儒学的复兴而在于儒学的创新。孙复所开风气造成很大影响，被研究《春秋》的学者相继效法，特别是经石介、范仲淹、欧阳修等人的发展，至庆历年间进一步开始了由疑传向疑经的转变。

第二步是“疑经”，即从“疑传”向“疑经”深化。疑经本来是孟子留下的传统。孟子通过“疑经”对孔子时期的儒学进行了创新，实现了儒学从孔子时代向孟子时代的跨越。到汉代儒学演变为经学，成为国家意识形态。魏晋南北朝直到隋唐的数百年期间，尽管儒家正统地位受到佛老的挑战，但仍在继续发展之中，并且不时地出现小的阶段性高潮。不过这种发展是十分有限的，主要是文本上的功夫，而绝少思想上的突破。特别是唐代，《五经正义》经最高统治者"钦定"为标准文本，其他人则不敢越雷池了。以后，治经方法严格限于"注疏"范围，即"注不离经、疏不破注"。而宋儒要实现创新发展，就必须打破这种禁锢，直接与先儒对话并直接对经典提出疑问。最初，宋初学者先提倡"尊经"，这是为了抵制佛老，因为只有将儒家经典重新奉为最高经典才能与佛老争地位。但是，宋初学者非常清楚，汉唐经学已经到了病入膏肓的地步，不来一个脱胎换骨的变化，是不能战胜佛老的。所以，他们逐渐从"疑传"转向"疑经"。

宋儒的疑经之风始于庆历，以范仲淹为代表的士人首开自由议论之风，从而导出了新的思想和新的学术。他们不仅对汉唐经师所做的注疏及所阐发的经义提出质疑，进而对部分经书的作者甚至对经典本身提出疑义。如欧阳修首先对儒家经典的可信度提出质疑。他指出："世无孔子久矣，六经之旨失其传，其有不可得而正者，自非孔子复出，无以得其真也。儒者之于学博矣，而又苦心劳神于残编朽简之中，以求千岁失传之缪，茫乎前望已远之圣人而不可见，杳乎后顾无穷之来者，欲为未悟决难解之惑，是真所谓劳而少功者哉。然而六经非一世之书也，其传之缪非一日之失也，其所以刊正补缉亦非一人之能也。使学者各极其所见，而明者择焉，十取其一，百取其十，虽未能复六经于无失，而卓如日月之明。然聚众人之善以补缉之，庶几不至于大缪，可以俟圣人之复生也。然则学者之于经，其可已乎？"（《欧阳修集》卷四十七）他在《易童子问》中，率先提出"《系辞》而下，皆非圣人之作"的观点，直接质疑《易传》的真实性。他在《毛诗本义》中对历来认为是子夏、毛公所作的大、小《诗序》提出怀疑，他甚至表达了对《周礼》的怀疑，这就大大推动了儒学的创造性转变。

在宋初的疑传疑经思潮中,刘敞的《七经小传》具有重要意义。他打破专事训诂名物的汉学习气，以自己的认识和体会，对经书重新加以解说，开始了以意解经的新方法。他还根据自己的理解对经典进行修改，如将《尚书》中的“愿而恭”改作“愿而荼”;将《周礼》中的“士田贾田”改作“工田贾田”，考《尚书·武成》一篇先后而移其次序等。及至王安石时，汉唐经学方法进一步式微，他所著《三经新义》对《书》、《周礼》、《诗》三大经典做了全新的阐释，从根本上结束了汉儒传注经学的垄断。南宋王应麟说:“自汉儒至于庆历间,谈经者则守训故而不凿。《七经小传》出,而稍尚新奇矣;至《三经新义》行,视汉儒之学若土梗。”(王应麟:《困学纪闻》卷八)至于后来朱熹的改经、王柏的删经，则是疑经惑传发展到高潮时期的产物。

第三步是“经学变古”。宋儒们并不满足于对经学传注和儒家经典的全面怀疑和批判，随着他们对自然和社会以及历史的认识，开始用自己的理解对儒家经典做全新的理解和阐释。这个过程可以分为两方面的转变：一方面是从“宗经”到“重道”的转变，另一方面是从“我注六经”到“六经注我”的转变。

从“宗经”到“重道”。疑经改经之风与经学变古是同步的，疑经改经也正是经学变古的重要内容和必然产物。宋代疑古思潮涉及经、史、子、集各个领域，而以疑经为核心。既然怀疑经典的正确性，就有必要恢复经典的本来面目即重释元典。而对于经典的态度从根本上看就是“宗经”与“重道”问题。从儒家经学发展的历史看，从汉到唐出现“疏不破注，注不驳经”的自我禁锢方法，结果导致儒家经学不能与时俱进，对现实的阐释力逐渐递减。在宋儒看来，汉唐学者严格遵守注疏方法，其实是为了“宗经”而舍离了“重道”。而宋儒就是要打破注疏禁区，重视对经典中所蕴含的“圣人之道”的发掘和阐发，从“宗经”转为“重道”。二程在继承韩愈等“文以载道”传统基础上进一步提出“经以载道”。他们在处理经典文本与圣人之道的关系时，除强调文本的重要性外，更主张“以心明经”，即在经典之外去探求“圣人之心”。朱熹认为，读书穷经必须始终围绕“求道”这个中心，否则就会陷入以“涉猎该博”为能的“俗学”之流，只有以“求道”为目的才能脱“俗”而入“道”。

从“我注六经”到“六经注我”。宋儒为了求道不惜偏离经典甚至疑经改经，对儒家经典进行全面的重释和改造，而这种全新阐释和改造的基本原则就是他们心中的“道”。不过这个“道”不是汉唐经学家所阐释的“旧道”，而是与时俱进的“新道”。他们对于“新道”的探究和表述实际上采用的是两种方法，第一种方法是对儒家经典进行新的阐释，使之具有新的含义。这就是“我注六经”。第二种方法则是“六经注我”，即利用儒家经典来阐明自己的观点。陆九渊认为，自汉代以来，传注解经、著书立说、考据训诂的学术风气日益盛行，先秦儒家的性命之学渐渐湮没。他说：“学苟知本，六经皆我注脚。”（《陆九渊集》卷三十四）为此他提出了“六经注我”的口号，力图恢复儒家的本来精神并有所创新和发展。陆九渊说："六经注我，我注六经"，"韩退之是倒做，盖欲因学文而学道。欧公极似韩，其聪明皆过人，然不合初头俗了。"（《象山语录》卷一）在他看来，韩愈和欧阳修都是"我注六经"，而他的方法则是"六经注我"。他说："收拾精神，自作主宰。万物皆备于我，有何欠缺？"（《象山语录》卷一）正是在这种"六经注我"和"自作主宰"的精神之下，宋代儒家完成了自己的历史使命。

但是在理学创建过程中，仍受到释道两家的深刻影响。一方面，儒家经学衰落为佛老兴起提供了历史和逻辑条件，但另一方面，佛老的传播和影响也为理学创立提供了历史和逻辑条件。中国传统儒学的世俗性特点，决定它存在一个很大的缺陷，即忽视人的心性和信仰。这使中国儒学难以实现"形而上"的跨越和进入人们的内心世界。正是传统儒学的这个缺陷使得佛老两教趁经学衰落之际逐渐兴起。但是到了理学时代，儒释道融合，儒家回归，却很难回归到原始儒家了。理学创建的初衷是复兴儒家思想，重建中华道统。所以对于他们来说，一个核心的任务就是去佛老化。但事实证明，去佛老化是十分艰难的，其结果也只能是兼容佛老并在此基础上重建儒学。一方面，理学家大都有过出入佛老的经历，这就使他们的思想不可避免地带着佛老的印记，这种文化基因同样不可能彻底摆脱。另一方面，中国传统儒学的中庸特性，决定其可以自如地出入佛老而最终又回归自身。中庸本来不是道，但受佛老影响最后转变为"中庸之道"了，而理学也在很多场合被称为道学。在中国，原教旨的佛老并不存在，真正存在并影响中国学术的是儒释道融合的精神。事实上，在中国学术思想发展过程中，佛老基因时隐时现，一直延续到明清甚至民国，并深刻地影响了中国人民的社会生活方式。

## （三）理学的核心价值

理学的核心概念是“理”。理学家之“理”所用范围极广，包括天即理、性即理、心即理，以及礼即理等，可以说是“泛理主义”，但其中之枢纽则是“天理人心”。

第一，天即理：理与天道的结合。理学的真正奠基者是二程。他们以儒家伦理思想为基础，发挥孟子至周敦颐的性理之学，吸取佛道的某些思想素养，建立了以“天理”为核心的理学体系。程颢曾说“吾学虽有所受，天理二字却是自家体贴出来”。（《二程集·外书》卷十二）二程认为，天即是理，“理”是万物的本原，阳阴二气和五行只是“理”创生万物的材料。他们将理进一步上升为“天理”，把理与天结合起来，给理赋予至高无上的价值。这样，“理”就成了自然界和社会领域的最高原则。在他们看来，理既是自然之理也是社会之理。就自然之理而言，凡物皆有理，天地之间，万物之理，无有不同。“天之所以为天，本何为哉？苍苍焉耳矣。其所以名之曰天，盖自然之理也。”（《二程粹言》卷六）就社会之理而言，理包括“性理”和“义理”。性理指人的本性，“既为人，须尽得人理”（《二程遗书》卷十八）；“义理”指社会道德规范，“人伦者，天理也”，“父子君臣，天下之定理，无所逃于天地之间。”（《二程遗书》卷五）

朱熹继承二程的天理说，认为“宇宙之间，一理而已。天得之而为天，地得之而为地，而凡生于天地之间者，又各得之以为性。其张之为三纲，其纪之为五常，盖皆此理之流行，无所适而不在”。（《朱文公文集》卷七十）

第二，性即理：理与人性的结合。程颐认为，人的本性即人所禀受的理，所以“性即理也”。程颐说：“性即理也。所谓理，性是也。天下之理，原其所自，未有不善。喜怒哀乐未发，何尝不善？发而中节，则无往而不善。凡言善恶，皆先善而后恶；言吉凶，皆先吉而后凶；言是非，皆先是而后非。”（《二程遗书》卷二十二上）他认为，“性出于天，才出于气。气清则才清，气浊则才浊”；“才则有善有不善，性则无不善”。（《二程遗书》卷十九）朱熹也认为性即理，他说：“性，即理也。天以阴阳五行化生万物，气以成形，而理亦赋焉，犹命令也。于是人物之生，因各得其所赋之理，以为健顺五常之德，所谓性也。”（朱熹：《四书集注·中庸章句》）朱熹进一步认为“性即天理”：“天即人，人即天。人之始生，得于天也。即生此人，则天又在人矣。”（《朱子语类》卷十七）他进一步认为，“性即天理，未有不善者也”（《四书章句集注》卷十一）；“天地间只是一个道理，性便是理。人之所以有善有不善，只缘气质之禀各有清浊”。（《朱子语类》卷四）可见，朱熹是将人性、天性、天道结合在一起，统一归为一个理即天理，也就是将人的“性理”上升为“天理”。

第三，“心即性”与“心即理”：理与道德良心的结合。程颐说：“孟子曰：‘尽其心，知其性。’心即性也。在天为命，在人为性，论其所主为心，其实只是一个道。”（《二程遗书》卷十八）“在天为命，在义为理，在人为性，主于身为心，其实一也。”（同上）所以，“只心便是天，尽之便知性，知性便知天，当处便认取，更不可外求”。（《二程遗书》卷二上）朱熹也论述了心与性和心与理的关系，指出：“性即理也。在心唤做性，在事唤做理。生之理谓性。”（《朱子语类》卷五）“性只是此理”，“性是天生成许多道理”；“性是许多理散在处为性。”（《朱子语类》卷五）“性只是理，万理之总名。此理亦只是天地间公共之理，禀得来便为我所有，天之所命。”（《朱子语类》卷一百一十七）他还说：“心与理一，不是理在前面为一物。理便在心之中，心包蓄不住，随事而发。”（《朱子语类》卷五）朱熹弟子将朱熹的观点归结为“心即理”：“心即理，理即心，动容周旋，无不中理矣”（《朱子语类》卷十八），“理遍在天地万物之间，而心则管之；心既管之，则其用实不外乎此心矣。然则理之体在物，而其用在心也。”（《朱子语类》卷十八）陆九渊则绕开心性逻辑直接提出“心即理”之说：“盖心，一心也；理，一理也。至当归一，精义无二，此心此理，实不容有二。故夫子曰：‘吾道一以贯之。’”（《陆九渊集》卷一）所以，“人皆有是心，心皆具是理，心即理也。”（《陆九渊集》卷十一）

第四，礼即理：理与社会秩序的结合。宋儒还提出“礼即理”。如二程说：“视、听、言、动，非理不为，即是礼；礼即是理。”（《二程遗书》卷十五）吕祖谦说：“礼者，理也。理无物而不备，故礼亦无时而不足。”（《东莱外集》卷六）张栻说：“所谓礼者天之理也，以其有序而不可过，故谓之礼。”（《南轩集》卷二十六）朱熹最为精确地论述了“礼即理”的观点，他说：“礼只是理，只是看合当恁地”（《朱子语类》卷三十五）；“所谓礼乐，只要合得天理之自然，则无不可行也”（《朱子语类》卷八十七）；“礼之出于自然，无一节强人。须要知得此礼，则自然和。”（《朱子语类》卷二十二）这就是说，作为人类社会之行为规范的礼本源于自然，既本于天道自然，也本于人的自然本性，所以完全是符合天理人性的，人类依礼而行也就是循天理而行，完全是自然的，无所造作的。他指出：对于人和社会而言，礼体现为仁义礼智，是一种规范，所以“礼是严敬之意”（《朱子语类》卷二十二），但“礼之为体虽严，而皆出于自然之理”。（《论语集注》卷一）他说：“天理只是仁义礼智之总名，仁义礼智便是天理之件数。”（《朱文公文集》卷四十）“《六经》是三代以上之书，曾经圣人手，全是天理。”（《朱子语类》卷十一）总之，“天命之性，万理完具；总其大目，则仁义礼智，其中遂分别成许多万善”（《朱子语类》卷一百一十七）。

宋代理学讲“天即理”，“性即理”，“心即理”，就是要将天理与人心结合起来，进一步将天理人欲结合起来，并在此基础上提出“存天理灭人欲”。天理人欲之说源于《礼记·乐记》：“人生而静，天之性也；感于物而动，性之欲也。夫物之感人无穷，而人之好恶无节，则是物至而人化物也。人化物也者，灭天理而穷人欲者也。”这里说，人的感性欲望即物欲，乃是人的自然本性，在没有节制的情况下，将产生违背天理的行为。而宋代理学家则明确提出“存天理，灭人欲”。他们将人性分为“天命之性”和“气质之性”，前者源自天理，是至善无疵的，后者则由气化而生，受到“气”的侵蚀。

二程说:“人心莫不有知，惟蔽于人欲，则忘天理也”(《二程遗书》卷十一);“人心私欲，故危殆。道心天理，故精微。灭私欲则天理明矣。”(《二程遗书》卷二十四)朱熹进一步将天理人欲对立起来。他明确天理人欲的界限，指出:“饮食者，天理也；要求美味，人欲也。”(《朱子语类》卷十三)他认为“天理人欲,不容并立”(《四书集注·孟子集注》卷五),“人之一心，天理存，则人欲亡;人欲盛，则天理灭”(《朱子语类》卷十三),必须“革尽人欲,复尽天理”(《朱子语类》卷十三)。

宋代理学的创建是中国文化思想史上的大事，具有里程碑的意义。在中国文化史上，理学革命具有价值重建的意义。从学术发展本身意义上讲，理学使中国哲学思想出现了一次“形而上”的跨越，大大提高了中国人的思维水平，从而加深了对自然和社会的认知程度。但这仅仅是从学术思想角度来说的，而对于政治和社会来说，理学革命还具有更加现实的意义。首先，理学通过吸收佛教思想和道教思想，成功地实行了综合创新，将儒释道融合为一体，这就解决了长期以来的文化冲突，重建了主体文化。其次，将孟子的心性之学作为儒学的主流价值，并吸收佛道二教的内容，将人性与天理相接，为中国社会的道德重建提供了思想理论基础。最后，重建了儒家道统，使中国社会的主流价值思想全面回归，并为各朝政权提供了新的合法性依据。

### （四）文化合法性重建

汉武帝确定儒学为中国国家意识形态，事实上也就确定了中国的“国教”，儒家经学也就成了“国学”。这种文化政策持续了三百多年直到魏晋开始发生转变。这一方面是由于儒家经学自身的矛盾致使其逐渐走向衰落，从而玄学成为世族贵族的价值形态；另一方面是由于道教和佛教逐渐在中国民间传播开来，并且逐渐影响到上层社会。到南北朝和隋唐时期，儒释道三家都登上了政治舞台并展开激烈的意识形态争夺,这就产生了长达数百年的“国教”之争。总的来看，魏晋时期，儒家经学再也无力垄断国家意识形态，士人的经世精神逐渐丧失，玄学逐渐统治了世族贵族的精神。南北朝时期，由于国家分裂没有形成统一的意识形态，北朝则以信道为主，南朝以崇佛为主，但并不排斥儒学。到了隋朝，三教的次序是佛为先，道为次，儒为末。唐代统治者将老子奉为至尊，加倍抬高道教的地位，同时也采取了一些复兴儒学的措施，而对正处于鼎盛时期的佛教也不能忽视。武德八年（625 年）高祖李渊颁布《先老后释诏》，规定三教次序为“先老次孔末后释宗”(《集古今佛道论衡》卷丙)。唐太宗“锐意经术”，曾多次表态说:朕于佛教，非意所遵；(《资治通鉴》卷一九八）朕所好者，唯尧、舜、周、孔之道，以为如鸟有翼，如鱼有水，失之则死，不可暂无耳。(《资治通鉴》卷一九二）但出于对高祖的尊重和现实政治的考虑，他仍维持三教并立的格局。

中唐以后，佛教影响力逐渐减退，唐武宗和后周世宗两次灭佛事件，又使佛教受到极大打击。所以到宋初时，佛教依然不振，而儒学却有所回潮。如宋太宗任用儒臣执政，而宋真宗则直接提出“礼乐交举，儒术化成”，大力提倡儒术。但儒学毕竟已经历长期衰落且尚无新思想出现，还难以承担国家文化复兴之大任。另一方面，历经五代战乱，社会生产和社会秩序遭到严重破坏，需要“与民休息”，所以道家也颇受器重。从历史上看，宋初“清静致治”的为政方针，在恢复经济过程中发挥了重要作用，创造了数十年的和平发展和经济繁荣。但长期的“无为政治”使士大夫群体中出现因循持重、墨守成规、不思进取的习气。所以，官场上流行着“利不百，不变法”的说法，反对生事，反对变革，使北宋中期出现衰退迹象。在这种情况下，宋代一批有志之士，希望能通过变法来唤起社会的生力。这就是范仲淹主导的庆历新政和王安石主导的熙宁变法。

尽管庆历新政和熙宁变法都不够成功，但两次改革对宋代思想变革都产生了深远的影响，其中最重要的是儒家经学的变革。庆历期间，以范仲淹为代表的士人首开自由议论之风，从而导出了新的思想和新的学术风气。他们不仅对汉唐经师所做的注疏及所阐发的经义提出质疑，还进而对部分经书的作者甚至对经典本身提出疑义。王安石反对汉唐经学烦琐的章句传注陋习，主张打破疏不破注的成法，恢复经文本义，阐明经文义理。熙宁八年（1075 年），《周官新义》、《诗经新义》、《书经新义》完成，合称为《三经新义》，其中以《周官新义》最为重要，是熙宁变法的理论依据。尽管熙宁变法同样是不成功的，但荆公新学的独尊地位保持了很多年。南宋时陈渊记述：“自王氏之学达于天下，其徒尊之与孔子等，动之以卓诡之行，而矜之以华丽之文，如以锦绣蒙覆陷阱，悦而从之，鲜不坠者，行之六十余年。”（《默堂集》卷十二《十二月上殿札子》）直到北宋晚期这种情况才发生转变。钦宗时杨时曾上疏说：“今日之祸，实安石有以启之。”（《宋史》卷四百二十八《杨时传》）靖康元年二月起，宋钦宗解除元祐学术禁令，并复以诗赋取士，禁用庄、老及王安石《字说》，罢王安石配享孔子庙庭降为从祀，并下诏曰：“群臣庶士亦当讲孔、孟正道，察安石旧说之不当者，羽翼朕志，以济中兴。”（《宋史》卷二十三《钦宗本纪》）至此王安石新学失去了官学地位。

北宋后期党争激烈，新党与旧党之间经历了几个回合，其间新学与旧学也数次颠覆。例如，司马光当政禁止新学，后来新党上台又将旧党学术一律禁止。宋徽宗崇宁年间，蔡京为相，将司马光以下共 309 人称为“元祐党人”，并刻元祐党人碑，禁止元祐学术，以程颐为首的洛学也在所禁之列。到南宋朱熹时，尽管理学发展达到了学术上的成熟阶段，但在一个相当长的时期里不仅没有得到统治者的承认甚至还被视为异端。所以理学主要在民间发展和流传，书院成为他们切磋学术和教授思想的主要场所。这种局面直到南宋晚期才发生根本转变。淳祐元年（1241 年）宋理宗下诏，由周濂溪、二程、张载、朱熹五人从祀孔庙，撤销了王安石的从祀地位，并指责“王安石谓天变不足畏、祖宗不足法、人言不足恤，此三语为万世之罪人，岂宜从祀孔子庙庭，合与削去，于正人心，息邪说关系不小，令国子监日下施行”。（《咸淳临安志》卷十一《太学》）至此，理学确立了官学地位。

蒙古族文化落后，在极短的时期里迅速崛起并入主中国，还没来得及形成自己的意识形态。当时的北方大儒如赵复、姚枢、刘因、许衡等人都是著名理学家，所以元朝统治者所接触到的儒学，已经不是传统经学而主要是理学。元世祖忽必烈在各路、府、州、县广设学校，又增设国子监，立国子监七品以上官员的子弟为生员，主要以程朱理学为教学内容。元成宗时下诏崇奉孔子，武宗更加封孔子为“大成至圣文宣王”，仁宗时以周敦颐、二程、张载、邵雍、司马光、朱熹、张栻、吕祖谦及许衡从祀孔子庙。元仁宗皇庆二年（1313 年）开始在全国范围内实行科举考试制度，以朱熹集注的《四书》为所有科举考试者的指定用书，并以二程和朱熹注释的《五经》为增试科目的指定用书。

程朱理学在明初得到进一步尊崇并进入全盛时期。国家以立法形式规定：“国家明经取士。说书者以宋儒传注为宗。行文者以典实纯正为尚。今后务将颁降《四书》、《五经》、《性理大全》、《资治通鉴纲目》、《大学衍义》、《历代名臣奏议》、《文章正宗》及当代诰律典制等书，课令生员诵习讲解。俾其通晓古今、适于世用。其有剽窃异端邪说、炫奇立异者，文虽工弗录。所出试题、亦要明白正大、不得割裂文义、以伤雅道。”（李东阳编《大明会典》卷七十八《考法》）永乐十二年（1414 年），成祖命翰林院学士胡广、侍讲杨荣、金幼孜等纂修《五经大全》、《四书大全》及《性理大全》。永乐十三年（1415 年）九月，三部大全全部完成，明成祖亲赐书名并制序于卷首，命礼部刊行天下，作为权威典籍和科举考试的科目，并要求永为遵守成为进德修业的标准。从此“世之治举业者，以《四书》为先务，视《六经》为可缓：以言《诗》、《易》，非朱子之传义弗敢道也；以言《礼》，非朱子之《家礼》弗敢行也。推是而言之，《尚书》、《春秋》非朱子所授，则朱子所与也；……言不合朱子，率鸣鼓而攻之”。（朱彝尊：《曝书亭集》卷三十五《道传录序》）《大明律》还专设《禁止搬做杂剧律令》，不准艺人在民间戏曲中扮演程朱形象，违令者都按亵渎圣贤治罪。至此，程朱理学被奉为统治思想，不仅成为八股取士的唯一根据，更成为统一全民思想的工具。

# 四　中国传统价值的衰落

## （一）心学兴起与理学空疏

从南宋理宗开始，经历元代直到明初，程朱理学从确立学官到一家独尊，成为国家意识形态。尽管理学是儒家思想的新发展，较能够适应中国发展的历史和现实，但是一旦成为官学，成为政府思想垄断的工具，其创造性必然逐渐降低，最终滞后于社会发展。程朱理学成为官方学术，四书五经成为官方教科书，八股取士成为官方选择人才的基本方式，而“读书—科举—入仕”成为广大士人所共同追求的目标。在这种体制下，宋代范仲淹等倡导的士人精神已经逐渐耗尽，士子们沽名钓誉，依附权贵，独立人格丧失，思想的独立性也自然丧失，创造性就更谈不上了。就科举考试制度而言，宋代王安石废除了科举考试中的注疏传统，使治经方法出现根本转变，因而才有了思想解放和理学创新。但是到了明代，官方规定科举只以朱熹的《四书集注》为基本内容，还发明了八股作文，这种学术方法和考试方法对人们思想的束缚较之汉唐的注疏方法有过之而无不及。这样，士人精神和学术精神都堕落了，理学也自然走向衰落。

王阳明早年信奉程朱理学，自述在竹林中沉思冥想朱熹格物致知之学，“数年无所得。谪龙场穷荒无书日绎旧闻，忽悟格物致知当自求诸心，不当求诸事物，喟然曰：道在是矣。遂笃信不疑。其为教专以致良知为主，谓宋周、程二子后，惟象山陆氏简易直捷，有以接孟氏之传”。(《明史》卷一百九十五《王守仁》)王阳明宣称：“我的灵明，便是天地鬼神的主宰。天没有我的灵明，谁去仰他高？地没有我的灵明，谁去俯他深？鬼神没有我的灵明，谁去辨他吉凶灾祥？天地鬼神万物离却我的灵明，便没有天地鬼神万物了。我的灵明离却天地鬼神万物亦没有我的灵明。”（《传习录》卷下）王阳明从“心本体”出发，进一步建立自己的“致良知”学说。他说：所谓“良知者，孟子所谓‘是非之心，人皆有之’者也。是非之心，不待虑而知，不待学而能，是故谓之良知，是乃天命之性，吾心之本体，自然灵昭明觉者也”。(《王阳明集》卷二十六《续编一》)又说：“知是心之本体。心自然会知，见父自然知孝，见兄自然知悌，见孺子入井自然知恻隐，此便是良知，不假外求。”（《传习录》卷上）在他看来，“良知在人心，无间于圣愚，天下古今之所同也”。（《传习录》卷中）针对程朱理学万事拘泥于理的缺陷，他说：“心即理也，此心无私欲之蔽，即是天理，不须外面添一分。以此纯乎天理之心，发之事父便是孝，发之事君便是忠，发之交友治民便是信与仁，只在此心去人欲、存天理上用功便是。”（《传习录》卷上）所以说，“致良知”实际上就是要唤醒深藏于人们心底的道德良心，而这种道德良心是人人都具备的，即“良知良能，愚夫愚妇与圣人同”（《传习录》卷中），关键在于要唤醒这种本源于人们心中的道德自觉。

然而，阳明心学对于程朱理学的“矫枉”却是大大地“过正”

了。一方面，理学讲穷理尽性，阳明心学强调不穷理而尽性，即无“理”而“性”。另一方面，理学主张格物致知，但心学却不要格物，不求物理，只是片面地追求人的内心世界。总的来看，程朱理学强调人的理性却忽视人的感性一面，而阳明心学从人的良知出发唤起人们的感性，却忽视了人的理性一面。不仅如此，阳明心学忽视理性，不仅忽视人的利欲理性，而且忽视人的求知理性，即将格物致知也否定了。所以，阳明心学是去理性化的。而在去理性化的同时，王阳明高度强调良知，高度道德化，把道德修养推向一个“极高明”的巅峰，其结果也必然走向反面，成为空疏之学。尽管王阳明极力反对空疏无用的学术，他自认为他的心学完全是“致用”之学，他本人也是立功、立言、立德全能。但是到了阳明后学情况就逐渐转变了。阳明后学忘记了儒家经世致用的原则，追求个人的道德修养，而所采用的方法更是静坐静修，逐渐脱离了社会，脱离了现实，最后又回到了禅。

理学的空疏与衰落，与理学本身的佛老基因有关。理学家大都出入佛老，尽管他们都试图极力抵制佛老和消除佛老的影响，但事实上又不得不利用佛老的某些理论来弥补儒学的不足。宋儒自称承继道统，为往圣继绝学，但仍不可能免除佛老在他们头脑中留下的印记。所以有“朱子道陆子禅”之说。正统儒家主张亦文亦质。但儒家自溯源于周文，所以更偏重文。所谓“文”，其核心就是道德文章，发展过了头就是“文粹”。理学在程朱时期自然是亦文亦质，但是到了王阳明时期就开始偏向于文。在官场腐败、世风日下的历史背景下，王阳明自知自己的政治能力有限，无力补天，只好寄希望于教化，试图唤起人们心中的良知，当时还是有一定社会影响的。但到了王学末流，他们一味地内窥自心，甚至归隐山林，完全忘了社会责任，他们的学问也必然走向空疏。当然，这种空疏之风也反映了晚明时期部分正派士人的普遍思潮，事实上，他们是面对官场腐败，而自己无所作为，不得不选择逃离。在这种情况下，他们自己保持了清高，却将官场让给了奸臣宦党。至此，明朝的灭亡也就毫无悬念了。

## （二）汉学兴起与价值祛除

明亡清兴是中国历史上又一次"天崩地解"的大变局，促使中国士人对中国传统学术进行重新思考。在清初学者看来，宋明理学之所以越来越脱离以孔孟为代表的原始儒家，而日趋空疏虚无乃至诬妄空谈，其根本原因就在于深受佛老浸染。[①]费密说："自魏晋老氏之说始入于儒，吾道杂乱之所由起，浮虚之所由出也，儒说遂小而妄矣"；"自宋佛氏之说始入于儒，吾道杂乱之所繇盛，浮虚所以日炽也，儒说愈执而诬矣"。（《费氏遗书三种·弘道书》卷下）因而，清初学者认为，批判宋明理学的一个重要任务就是去佛老化，从而回归原始儒家。而要回归原始儒家，就必须采取复古主义方法，具体说就是抛弃宋学而提倡汉代经学家的治经方式。但复古绝不是

① 参见黄爱平《论明末清初学术向传统经学的回归》，《中国文化》2004 年第 21 期。

目的，复古的真正目的是从现有学术思想方法的束缚下解放，即以复古方式进行思想创新。对此，梁启超的论述十分精辟，他说："第一步，复宋之古，对于王学而得解放。第二步，复汉唐之古，对于程朱而得解放。第三步，复西汉之古，对于许郑而得解放。第四步，复先秦之古，对于一切传注而得解放。"[①] 由此可见，复古乃学术思想发展过程中一种较为彻底的变革方式，即一步步回归到原点，再从元典出发，重新经历一个创造过程，创造出全新的价值思想体系。

然而，对于清初学者来说，他们所处的时代存在极大的局限，他们的能力还不足以实现彻底的思想解放，尽管他们个个自恃很高，但并不能真正打破传统的学术模式。所以，清代学术历经康雍乾三代从王学回到程朱，又从程朱转回到汉学。到乾嘉时期，汉学发展到鼎盛，中国的传统学术达到了一个新的巅峰。在康雍时期大兴文字狱的历史背景之下，汉学家们通过钻研古代文献寄托着他们隐隐的价值理想，特别是对三代的研究，表明他们对"大同"理想的追求和"从周"的现实态度。但是由于缺乏向前看的社会条件，难以实现思想创新，其结果也必然是走向训诂之学。在他们看来，他们的历史使命不是反思，不是批判，更不是创新，而是要做"纯粹学术"。所以，他们皓首穷经，不是把生命消磨在三礼馆和四库馆中，就是消磨在自己静静的书斋里。这种"纯粹学术"是象牙塔式的学术，只能是少数人才可以进入并可以从事的，在一定意义上说也就成了仅供少数人"把玩"的高精尖的艺术品，其价值充其量

---

① 梁启超:《清代学术概论》，中华书局，1954，第6页。

限于“学术”价值，而社会价值则基本上被“祛除”了。

## （三）明末清初的“启蒙”思潮

程朱理学将人的理性从佛老的神学幻象中解放出来，并提出一系列百姓日用之理。但是程朱理学将这些“理”冠之以天，与天理相接，并且与人欲对立。也就是说，程朱理学将从佛老神学束缚之下解放了的人性，又通过天理将其束缚起来。到了明代，由于商品经济的进一步发展，市民阶层的进一步扩大，人们需要将人性从“理”的束缚下解放出来。这种解放是通过阳明心学实现的。王阳明提出“心即理”，就是说，理并不源于天而源于人心，从而将人的感性从“天理”的束缚下解放出来。但是阳明心学所解放的人的感性是“良知”,而作为人的感性的核心即“人欲”却仍然被束缚着。所以，王阳明以后，人欲的解放仍是思想解放的重要任务。

王阳明的学生王艮，继承心学本旨但大大向前进了一步，从而开创了泰州学派。王艮将格物说与王阳明的良知说结合起来，提出了“复初说”。所谓“复初”就是解决天理人欲的关系，恢复人的自然本性。他提出“人同此欲”乃“自然天则”，以己欲度人欲，乃是顺人意应天理的行为。王艮说:“天性之体，本自活泼，鸢飞鱼跃，便是此体”；此乃“自然天则，不着人力安排”。“圣人之道，无异于百姓日用。凡有异者，皆谓之异端。”（《王心斋全集》语录上）泰州学派更激进的代表是李贽。他进一步论证人的私心的正当性，说：“夫私者，人之心也。人必有私，而后其心乃见；若无私，则无心矣。”（《李温陵集》卷之九）他否认儒家的正统地位，主张不以圣人之言作为“万事之言论”，不以孔子是非为是非。他痛恨维护礼教的假道学和那些满口仁义道德的卫道士、伪君子，揭露他们都是“本为富贵，而外矫词以为不愿，实欲托此以为荣身之梯，又兼采道德仁义之事以自盖”（《焚书》卷二《书答》），是“阳为道学，阴为富贵；被服儒雅，行若狗彘然也”。（《续焚书》卷二《说汇》）他认为“至道无为、至治无声、至教无言”（《焚书》卷三《杂述》），即人类社会之所以常常发生动乱，是统治者对社会生活干涉的结果。

明末清初的社会大变动，大大刺激了中国士人对传统文化和制度的反思和批判，所以出现了以黄宗羲等为代表的反专制主义的“民主启蒙”思潮。这些早期启蒙思想家首先对君主专制的“家天下”观念提出批判。黄宗羲提出两种不同的天下观，即“家天下”和“公天下”，在此基础上区别了“为天下万民起见”与“为君之一姓起见”两种不同的臣道观：“我之出而仕者，为天下，非为君也；为万民，非为一姓也。”黄宗羲认为，专制君主“视天下为莫大之产业，传之子孙，受享无穷”，其结局就是“以我之大私为天下之大公”。所以，“天下之大害者，君而已矣”（黄宗羲：《明夷待访录·原君》）。顾炎武认为，“古之圣人，以公心待天下之人，胙之土而分之国。今之君人者，尽四海之内为我郡县犹不足也……而无肯为其民兴一日之利者，民乌得而不穷，国乌得而不弱？”（《亭林文集》卷一《郡县论一》）王夫之指出：“天下者，非一姓之私也。”

（王夫之:《读通鉴论》卷十一）“一姓之兴亡，私也;而生民之生死，公也。”（王夫之:《读通鉴论》卷十七）他主张“不以一人疑天下，不以天下私一人。”（王夫之:《黄书·宰制》）他对公私关系做了严格的区别:“一姓之兴亡，私也；而生民之生死，公也。”（王夫之:《读通鉴论》卷十七）他认为，对公私做理论上的辨析，是关系到天下安危存亡的大事。傅山更明确提出:“天下者，非一人之天下，天下人之天下也。”（《霜红龛集》卷三五）

他们提出一系列限制君主权力的主张。如黄宗羲从“设学校以公是非”、“置相”、“分治”的角度提出了变革君主制、限制君主权力的主张，他设想把“学校”作为判断是非的唯一机构，从而在社会中达成一种共识，即“天子之所是未必是，天子之所非未必非”。（《明夷待访录·学校》）黄宗羲提出士与君主共同治理的设想:士人参与治国，“为天下，非为君也；为万民，非为一姓也。”“出而仕于君也，不以天下为事，则君之仆妾也；以天下为事，则君之师友也。”（《明夷待访录·原臣》）他还主张置相以分割君权，提出了恢复宰相制度的基本构想。黄宗羲的这些论断已超越孟子“民贵君轻”思想，具有近代民主价值。

# 第三章

## 中国价值的现代转型

近代以来中华民族的根本任务，就是通过现代化实现民族复兴。为了实现这一伟大目标，中国人民进行了各式各样的尝试，但终究都归于失败。只有当马列主义传入中国，中国共产党将马列主义真理与中国革命的具体实际相结合，才使中国人民从精神上由被动转为主动，中国价值开始创造性转化和创新性发展。根据马克思主义唯物史观，中国共产党通过新民主主义革命解放生产力，通过社会主义革命解放和发展生产力，通过改革开放建立了社会主义市场经济体制，并基本实现了经济现代化。然而，随着现代化的推进，中国价值不可避免地发生损益变化，这就是“现代价值”之益和“传统价值”之损。

中国传统社会经历三次重大的历史变迁，到19世纪基本上进入寿终正寝的时代，中国又迎来千年未有的大变革。这次新的社会变革，较之前三次来得更猛烈、更彻底，对人们的思想意识构成前所未有的强烈冲击。正如马克思在《共产党宣言》中所说的那样，“一切固定的僵化的关系以及与之相适应的素被尊崇的观念和见解都被消除了，一切新形成的关系等不到固定下来就陈旧了。一切等级的和固定的东西都烟消云散了，一切神圣的东西都被亵渎了”。[①]而在这个社会变革和观念转变过程中，中国人民曾陷入一个漫长的灵肉扭曲和身心纠结的痛苦过程，并为之付出了巨大的历史代价。然而，这更是一次凤凰涅槃的过程，也就是从19世纪中期开始一直延续到今天的现代转型或现代化过程。

## 一　社会变局与道统危机

### （一）传统社会的危机

中国历史上历朝历代的统治之术，基本上都是“霸王道杂之”。

① 《马克思恩格斯选集》第1卷，人民出版社，2012，第403页。

历史证明，不论霸道还是王道都不能偏离中道。但历朝历代都不可能做到完全的“霸王道杂之”或始终保持中道，而总是要偏向于某一方面。从中国数千年历史观察，讫至近代，中国基本上实行的是“王道”，即对内实行“以德治国”、“以礼治国”、“德主刑辅”；对外实行“天下主义”、“怀柔远人”、“协和万邦”。然而，到了 19 世纪，这种“王道”遇到来自内外两个方面的挑战，致使中国传统学说遭遇信仰危机，也就是中国的道统危机。从内部挑战看，社会矛盾重重，病入膏肓，危机四伏，已经不是传统治术所能解决的，也就是说千年“王道”已经失效了。龚自珍把晚清社会称为“衰世”，并做了深刻而形象的描绘：“衰世者，文类治世，名类治世，声音笑貌类治世。黑白杂而五色可废也，似治世之太素。宫羽淆而五声可铄也，似治世之希声。道路荒而畔岸隳也，似治世之荡荡便便。人心混混而无口过也，似治世之不议。左无才相，右无才史，阃无才将，庠序无才士，陇无才民，廛无才工，衢无才商。抑巷无才偷，市无才驵，薮泽无才盗；则非但鲜君子也，抑小人甚鲜。”（《龚自珍集》卷一《乙丙之际箸议第七》）在严重的“衰世”面前，中国士人开始认识到“改图更法”的必要性。魏源说：“三代以上，天皆不同于今日之天，地皆不同于今日之地，人皆不同于今日之人，物皆不同于今日之物。”他认为，“执古以绳今，是为诬今；执今以律古，是为诬古。诬今不可为治，诬古不可语学。”（《古微堂内集》卷二《默觚下》）因此他大力呼吁破除旧习，实施社会变革。

从外部挑战看，尽管 18 世纪中国开始较多地接触西方，但是直到 19 世纪中叶鸦片战争爆发，中国仍坚持自己的王道主义。这是因为，在历史上，中国始终作为最发达的经济体和文明体存在，始终作为物质文明和精神文化的输出国存在。坚持王道主义的中国，并不了解西方在此前的数百年间，已经形成了向世界扩张的霸道主义。西方的霸道主义源于西方长期以来形成的丛林法则，在他们的头脑中，人与人的关系完全是竞争关系，社会是“每个人对于每个人”的战争社会，世界是弱肉强食的世界。而中国的儒家思想却是“天下主义”，对于周边民族采取“协和万邦”的政策，对于来自遥远的西方国家，则采取“怀柔远人”的政策。然而，就是这样一个具有如此“气度”的东方文明大国，却遇到历史上从未有过的外部挑战。来自西方的这种挑战，与历史上任何挑战方式都不同，是此前从未有过的“商—战”：一方面是“商”，一方面是“战”。商——挑战中国传统道德观念，并侵蚀和瓦解中国传统经济结构；战——用坚船利炮突破中国的海防和疆防，破坏中国的国家主权，并最后摧毁中国的文化自信。

## （二）传统学术的危机

传统制度遭遇危机，“王道主义”破产，但传统儒家学说不能给以阐释和提出解决之道，传统士人对此也一筹莫展，更拿不出能够解决问题的新理论，只能在传统学术圈内打转。尽管他们已经痛定思痛，下决心改造传统学术的落后状况，但仍不能冲破传统学术的禁锢。这种禁锢既来自于清政府的思想统治政策，也来自于长期的儒学教育和陈旧的价值传统。他们没有新思想，并不能真正认识到历史发展已经到了一个全新的时代，即农业文明正在向工业文明转变，一切以农业文明为基础的文物制度都将丧失生命力，必然为新的文物制度所代替。所以，他们所能提出的“革新”只能是对旧思想体系的敲敲打打，在原有基础上的修修补补。承担传统学术“修补”工程的士人，既有单纯的学者，如龚自珍和魏源，也有权倾一时的政治家，如曾国藩和张之洞，但所采取的方法仍是踟蹰于“今文古文”之间，即重倡今文经学，反对空谈性理和烦琐考据，提倡“经世致用”以重建儒学。而清政府则从官方立场出发，重新搬出程朱理学，提出“崇正学以黜邪教”，试图巩固其承袭的千年道统。然而，拿出早已失效并以“空谈义理”著称的宋明理学以救危困之时弊，匡扶将倾之大厦，岂不是缘木求鱼？郭嵩焘曾尖锐地指出：“宋明之季之议论，在当时已为不揣情势，施之今日尤为不伦，诚当引以为鉴戒，不当反据以相崇奖，误国贻羞而不知悟也。”（《郭嵩焘诗文集》卷十一《复姚彦嘉》）

这些大儒的悲剧在于，他们试图通过改造传统思想武器来应对西方现代性思想武器，实质上也就是试图磨快自己的大刀长矛，用以对付西夷的火枪火炮。尽管他们都看到了时代变化所带来的严峻挑战，但是对时代变化的本质并没有真正地认识到。他们并没有认识到这场巨变，是传统到现代的转变，是中国历史上和世界历史上一次根本性转变，传统思想武器不可能敌得过现代思想武器，就如再快的大刀长矛也敌不过火枪火炮一样。而对于清政府来说，最根本的需要还是维持政权的稳定性，这压倒一切。所以，在他们看来，不论社会如何动荡，都不能改变祖宗之法，必须坚持道统不动摇。这就使当时中国的意识形态陷入两难境地：一方面，封建统治的“道统”不可改变，另一方面，社会困局又迫在眉睫而不能不救。在这种情势下，所能采取的办法只能在“器物”上考虑。就是说，既然“道”不可变，那就只有改变“器”了。所以，这时期的思想家们大多认同了魏源提出的“师夷长技以制夷”的主张。

康有为作为维新思想家，主张采纳西方立宪制度。但他的变革思想仍只能以“托古改制”的方法来阐发。他在《新学伪经考》和《孔子改制考》中，利用公羊学的“通三统”、“张三世”观点，阐发自己的历史进化和社会变革观念。他一方面主张社会变革，强调必须废除科举，推西学以行西政，另一方面又在制度设计中为儒家思想留下重要的位置，坚持中国道统。1895 年，康有为在“公车上书”中仍提出要保证儒家思想的传播和影响，以抵御“异教”的诱惑，挽救“人心之坏”，甚至将“国”之存亡与“教”之存亡相关联，提出“保教”对于“保国”的优先性。谭嗣同比康有为要激进得多，但也未能离经叛道。一方面，他将孔子的原始教义说成是“黜古学，改今制，废君统，倡民主，变不平等为平等”；另一方面又把儒家“伦常之网罗”归罪于荀子，提出“二千年来之学，荀学也，皆乡愿也”(《谭嗣同集》仁学卷)。[①] 实际上他是把儒学分为正统和异端，孔子当然是正统的，并且能够与时俱进，所以是永

① 谭嗣同:《谭嗣同全集》仁学卷，中华书局，1981，第 337 页。

恒正确的，而近代中国之衰败，完全是儒学异端造成的。中国要复兴，就必须回归道统，而要回归道统，就必须回归儒家正宗，即回归孔子，重建仁学。虽然谭嗣同的《仁学》在清末思想界产生了很大影响，在一定程度上动摇了人们对于君臣之纲的信念，但仅仅停留在政治思想层面而没有深入到伦理价值层面，也就是说还没有冲击到整个伦理纲常。[①]可见，他与五四时代的文化批判者相比较仍存在根本的区别。

总的来看，晚清直到民初的文化批判是有限的，从根本上说就是没有“离经叛道”，既没有脱离儒家经学本旨更没有背离原有道统。真正“离经叛道”的是五四学者。他们提出彻底砸烂孔家店，批判旧道德，提倡新道德，批判旧文化，提倡新文化，提出科学民主，甚至全面西化。所以，他们才是彻底的文化批判者。然而，这些完全丧失了文化自信的人们，只有批判没有建设，从文化自信走向了文化自残。正如钱穆所说：“辛亥革命，民国创建，政统变于上，而道统亦变于下。民初即有新文化运动，以批孔反孔，打倒孔家店为号召。孔家店中之伙计，即本文所谓社会下层之士。自此以下，社会有民无士。上无君，下无士，此则庶几可谓之全盘西化矣。”[②]

① 余英时：《中国现代价值观念的变迁》，载余英时：《现代儒学论》，上海人民出版社，1998。

② 钱穆：《国史新论》，生活·读书·新知三联书店，2012，第174～175页。

# 二　批判传统与现代启蒙

## （一）五四：重估一切价值

鸦片战争以来，传统价值已出现加速消解，但人们对传统的批判仍然采取折中的态度。比较典型的例子就是“中体西用”，这种主张是试图消弭传统价值与现实社会的差距和固有的价值鸿沟。但是这种折中方法难以彻底消除传统文化的消极影响，并不能实现文化价值的革命。陈独秀说：“无论政治、学术、道德、文章，西洋的法子和中国的法子绝对两样，断不可调和迁就。若是决计革新，一切都应该采用西洋的新法子，不必拿什么国粹、什么国情的鬼话来捣乱。……因为新旧两种法子，好像水火冰炭，断然不能相容；要想两样并行，必定非牛非马，一样不成。”① 他还说：“吾人信仰，当以真实的合理的为标准；宗教上政治上道德上自古相传的虚荣欺人不合理的信仰，都算是偶像，都应该破坏。此等虚伪的偶像倘不破坏，宇宙间实在的真理和吾人心坎儿里彻底的信仰永远不能合一。”②

---

① 陈独秀：《今日中国的政治问题》，《新青年》第5卷第1期。

② 《新青年》1916年12月，第2卷，第4号。

胡适在《新思潮的意义》中说："据我个人的观察，新思潮的根本意义只是一种新态度。这种新态度可叫做'评判的态度'。评判的态度，简单说来，只是凡事要重新分别一个好与不好。"在他看来,尼采"重新估定一切价值"就是"评判的态度的最好解释"。①而这种"评判的态度"主要是对制度风俗、圣贤遗训和社会公认的行为与信仰这三方面做以理性为标准的重新评估。这就是说，五四时期的先进知识分子已经认识到，采取新旧调和、中西调和的方式，不能打破旧的文化传统对人们思想的束缚，而必须采取尼采的方式，重估一切价值。就是说要对世世代代习以为常的传统文明进行重新估价，进行态度决绝的评判并予以坚决的摒弃。

重估一切价值，即对政治制度、经济制度、道德规范、文化传统等，都要以一个完全不同的、全新尺度来确定取舍或存废，对旧的传统的东西进行彻底的批判和清除。正如鲁迅所说："一要生存，二要温饱，三要发展。苟有阻碍这前途者，无论是古是今，是人是鬼，是《三坟》《五典》，百宋千元，天球河图，金人玉佛，祖传丸散，秘制膏丹，全都踏倒他。"②由此可见他们对破坏旧传统的彻底态度。当然，在进行彻底破坏的同时，他们也考虑到新建的需要。事实上，重估一切价值，既具有启蒙意义也具有重建的意义。如鲁迅在《再论雷峰塔的倒掉》中指出："无破坏即无新建设，大致是的；但有破坏却未必即有新建设。卢梭、斯谛纳尔、尼采、托

---

① 胡适：《新思潮的意义》，载《胡适全集》一，黄山书社，1996，第 728 页。

② 鲁迅：《华盖集·忽然想到（六）》，载《鲁迅全集》，人民文学出版社，2005，第 46 ~ 47 页。

尔斯泰、伊孛生等辈，若用勃兰兑斯的话来说，乃是‘轨道破坏者’。其实他们不单是破坏，而且是扫除，是大呼猛进，将碍脚的旧轨道不论整条或碎片，一扫而空，并非想挖一块废铁古砖挟回家去，预备卖给旧货店。”他把片面的破坏称为“奴才式的破坏，结果也只能留下一片瓦砾，与建设无关”。所以他是主张在破坏后要加以重建的。他把自己称为“要革新的破坏者”，说：“我们要革新的破坏者，因为他内心有理想的光。”[①] 这种“理想的光”也就是五四时期先进知识分子所引进和提倡的新的价值思想和相应的价值标准。但是，当时首要的任务还是破坏，因为没有破坏就没有重建，只有破坏在先，才有建设在后。

## （二）彻底反传统：离经与叛道

早在1910年吴虞就曾著文称：“天下有二大患焉：曰君主之专制，曰教主之专制。君主之专制，钤束人之言论；教主之专制，禁锢人之思想。”[②] 他们进一步认识到，传统文化是以儒学为核心的，而以儒学为核心的传统文化与旧制度之间有不可分割的联系，要彻底打破旧制度，就必须彻底批判以儒学为核心的旧文化。1915年陈独秀创办《青年杂志》（即《新青年》）并发表《敬告青年》一文，

---

① 鲁迅：《鲁迅全集》第1卷，人民文学出版社，1981，第194页。

② 吴虞：《辨孟子辟杨墨之非》，载《吴虞集》，四川人民出版社，1985。

指出“儒学不适于现代生活”,“不能支配现代人心”,是当时中国“社会进化的最大障碍”。1916 年 2 月,易白沙在《新青年》发表了《孔子平议（上）》，第一次指名道姓地批评孔子，认为孔子早已被汉武帝利用而成为傀儡，从而拉开了“打倒孔家店”的序幕。

中国学术传统的源和流都在儒家经学。自从儒家经学的官方地位确定以来，不论复古守旧还是改革创新都围绕着经学来进行。从晚清的学术史来看也是如此。尽管学者们已经认识到当时的社会变革已不同于前世的变革，而是千年未有之大变局，但他们受历史背景和自身知识的局限，仍不能脱离经学。不论是龚自珍和魏源还是后来的一些人，他们既不能“离经”，更不能“叛道”。而五四时期的先进知识分子与他们的前辈们不同。他们认识到现代制度与传统制度的本质不同，要进入现代社会就必须彻底放弃传统，而放弃传统就必须挖掉传统的根子。如陈独秀提出:“要拥护那德先生和赛先生，便不能不反对孔教、礼节、贞节、旧伦理、旧政治；要拥护那赛先生，便不能不反对旧艺术、旧宗教；要拥护德先生又拥护赛先生，便不能不反对国粹和旧文学。”[①] 所以，他们不再是在传统的经传中打转，而是脱离经传，开始离经叛道。所谓“离经”就是离开经学而论道，所谓“叛道”就是背叛孔孟之道。从思想意识角度说，五四时期的先进知识分子坚决反传统，公开宣称反对孔孟之道，所以他们是一批“叛道”者；从学术角度说，他们是通过“离经”而实现了“叛道”。

---

① 陈独秀:《新青年罪案之答辩书》,《新青年》第 6 卷第 1 期。

第一，反对尊孔读经，否定封建道统。辛亥革命后，袁世凯为了复辟帝制，主张尊孔读经并将孔教入宪。对此，陈独秀指出："今效汉武之术，罢黜百家，独尊孔氏，则学术思想之专制，其湮塞人智，为祸之烈，远在政界帝王之上。"[①] 吴虞更大声疾呼："儒教不革命，儒学不转轮，吾国遂无新思想、新学说，何以造新国民？悠悠万事，惟此为大已吁！"[②] 他们坚决反对将孔教编入宪法，坚决反对尊孔读经。

第二，反对文言文，提倡白话文，否定封建文统。白话文与文言文的区别，不仅仅是语言文字的区别，而在于两种文统所反映的不同价值。中国古人讲"文以载道"，就是说语言文字体现了"道"。所以，文言文作为封建传统文化的工具，主要承载了传统的价值观和制度文化。正是在这个意义上，新文化运动主张以白话文代替文言文。其间陈独秀、李大钊、鲁迅、周作人等都纷纷撰文，提倡白话文，反对文言文。1918 年 4 月《新青年》全部改用白话，随后又有新白话刊物如《新潮》、《每周评论》等出现。在五四运动的推动下，从 1919 年下半年起，全国白话文刊物如雨后春笋般迅速出现。1920 年 1 月，教育部颁令，凡国民学校年级国文课教育统一运用语体文，从而实现了以白话文取代文言文的历史性变革。

第三，反对旧文学，提倡新文学，开启平民文化。1917 年 1 月胡适在《新青年》发表《文学改良刍议》，提出文学改良建议。

---

① 陈独秀：《宪法与孔教》，《新青年》1916 年 11 月，第 2 卷第 3 号。

② 吴虞：《儒家主张阶级制度之害》，《新青年》1917 年 6 月，第 3 卷第 4 号。

1917年12月，陈独秀在《新青年》发表《文学革命论》，提出高张“文学革命军”大旗，把文学革命当作“开发文明”，改变“国民性”并借以“革新政治”的“利器”。1919年夏秋李大钊发表了《新纪元》、《什么是新文学》等文章，深刻地论述了新文学的实质，指出：“我们所要求的新文学，是为社会写实的文学”，它必须具备“宏深的思想、学理，坚信的主义，优美的文艺，博爱的精神”。[①]

第四，整理国故，颠覆经典，解构传统基础。1919年12月，胡适在《新青年》发表《“新思潮”的意义》一文，提出“研究问题、输入学理、整理国故、再造文明”的口号。一方面，他主张用历史眼光来扩大国学研究的范围，将一直被视为不入流的古代各类稗官野史、街谈巷议、三教九流与传统经典一样作为历史研究的对象，这就否定了儒学经典的至尊地位。另一方面，整理国故的目的，是通过引进新的研究方法，颠覆儒家经典的意义和价值，引进新的价值思想，即从中国传统文化中“找到可以有机地联系现代欧美思想体系的合适的基础”，[②]进而在此基础上融合中西文化“再造文明”。

毛泽东在《新民主主义论》中对五四反传统的历史意义做了高度评价，指出：“五四运动所进行的文化革命则是彻底地反对封建文化的运动，自有中国历史以来，还没有过这样伟大而彻底的文化革命。当时以反对旧道德提倡新道德、反对旧文学提倡新文学，为文化革命的两大旗帜，立下了伟大的功劳。”[③]

---

① 《李大钊文集》下，人民出版社，1984，第165页。

② 胡适：《先秦名学史·导论》，载《胡适学术文集》下，中华书局，1991，第772页。

③ 《毛泽东选集》第2卷，人民出版社，1991，第700页。

## （三）现代性启蒙：科学与民主

反传统与现代性启蒙是一块硬币的正反面。康德说过："启蒙就是人类摆脱自我招致的不成熟"，启蒙运动的口号就是"要有勇气运用你自己的理智"。但中国文化传统与西方不同，反传统和现代启蒙的任务也就不同。中国历史上没有西方中世纪意义上的宗教，没有形成政教合一式的政体，更没有神学统治。但是中国长期形成的封建礼教构成"准宗教"体系，严重束缚着人们的思想和行为，其影响之重并不亚于宗教。所以，五四反传统的意义，就在于去除这种旧观念的蒙蔽，运用自己的理性，发现自我的价值，树立独立的人格。因此，五四反传统的另一面，就是通过对传统礼教的批判，实现人性启蒙，解放人的个性，确立人的价值主体。胡适指出，旧的专制社会"往往用强力摧折个人的个性，压制个人自由独立的精神；等到个人的个性都消灭了，等自由独立的精神都完了，社会自身也没有生气了，也不会进步了"。他说，"社会最大的罪恶莫过于摧折个人的个性，不使他们自由发展"。胡适提出，"发展个人的个性，须要有两个条件。第一、须使个人有自由意志。第二、须使个人担干系，负责任"。胡适把这种意义上的个性，叫做"真的个人主义"，即"个性主义"。他说，这种"个性主义"有两个特性："一是独立思想，不肯把别人的耳朵当耳朵，不肯把别人的眼睛当眼睛，不肯把别人的脑力当自己的脑力；二是个人对于自己思想信仰的结果要负完全责任，不怕权威，不怕监禁杀身，只认得真理，不认得个人的利害。”[①]

“五四”运动一面提出砸烂孔家店的口号，一面打出科学和民主两面大旗。1915 年 9 月，陈独秀在《青年杂志》上发表的《敬告青年》一文中，向国人疾呼：“国人而欲脱蒙昧时代，羞为浅化之民，则急起直追，当以科学与人权并重。”[②]1919 年，他在《〈新青年〉罪案之答辩书》中生动地将民主与科学称为“德先生”与“赛先生”，说：“西洋人因为拥护德、赛两先生，闹了多少事，流了多少血，德、赛两先生才渐渐从黑暗中把他们救出，引到光明世界。我们现在认定只有这两位先生，可以救治中国政治上道德上学术上思想上一切的黑暗。若因为拥护这两位先生，一切政府的压迫，社会的攻击笑骂，就是断头流血，都不推辞。”[③]他更明确指出，要拥护德先生，必须反孔教、礼法、贞节、旧伦理、旧政治；要拥护赛先生，必须反旧艺术、旧宗教。他斩钉截铁地强调，只有拥护德先生、赛先生，才能救中国。这样，民主与科学就成了五四新文化运动的两面旗帜。

在“五四”新文化运动发生的同时，国内外出现了一系列影响深远的重大事件，其中最为重要的是资本主义国家遭遇大战后的危机和俄国十月社会主义革命的胜利。帝国主义大战导致人们对资本主义制度的怀疑，而十月社会主义革命胜利给人们带来新的社会曙光，马克思主义开始迅速传播。1918 年 11 月，李大钊在《新青

---

① 胡适：《非个人主义的新生活》，载胡适：《容忍与自由》，法律出版社，2011。

② 林茂生：《陈独秀文章选编》上，上海三联书店，1984，第 78 页。

③ 陈独秀：《独秀文存》，安徽人民出版社，1987，第 243 页。

年》发表了《庶民的胜利》和《布尔什维主义的胜利》两篇著名论文，热烈欢呼俄国社会主义革命的胜利。他以敏锐的眼光，认识到这场革命将对20世纪世界历史进程产生划时代的影响。他说，“民主主义战胜，就是庶民的胜利。社会的结果，是资本主义失败，劳工主义战胜。”“这劳工的能力，是人人都有的，劳工的事情，是人人都可以作的，所以劳工主义的战胜，也是庶民的胜利。”[①]随后，陈独秀在《共产党》月刊第一号上发表《短言》，号召中国的革命者和劳动者，用阶级战争的革命手段，打倒本国外国一切资产阶级，夺取政权，并且用劳动专政的制度，“建设劳动者的国家”。毛泽东在新民学会长沙会友会上批评各种渐进、温和、改良的社会政治主张，强调只有共产主义的激烈方法，即阶级专政的方法，才可以收到预计的效果。他说：“我看俄国式的方法，是无可如何的山穷水尽诸路皆走不通了的一个变计，并不是有更好的方法弃而不采，单要采这个恐怖的办法。”[②]这表明，五四时期，中国先进知识分子已经接受了马克思主义，并将马克思主义作为解决中国社会矛盾的方法。

### （四）三大社会思潮的形成

到五四运动后期，各种思想已经阵线分明，最终形成马克思主

① 《李大钊文集》上，人民出版社，1984，第594页。

② 中共中央文献研究室编《毛泽东年谱（一八九三——一九四九）》上，中央文献出版社，2013，第73页。

义、自由主义和文化保守主义并存的三分格局。马克思主义当时被称为“唯物史观派”，以陈独秀、瞿秋白、邓中夏为代表。他们接受马克思主义，并运用马克思主义探索改造中国的一系列问题，提出了新的社会理想和变革方案。第二派是自由主义西化派，即以胡适、蔡元培、丁文江、吴稚晖等为代表，高举自由主义的旗帜，主张“全盘西化”。第三派就是所谓的“文化保守主义”，主要是以张君劢为代表的现代新儒家，主张立足于中国固有的传统文化，重塑传统文化的内涵，以求传统文化的发展。从此，中国思想界就主流而言仿佛进入了“三川并流”的时代，联合、吸纳对方的观点而在根本问题上针锋相对地论辩，便成为20年代后思想界的常态。但最重要的历史事实是，在知识分子乃至大众中间，马克思主义比自由主义和现代新儒学更有影响力，并且逐渐占据了思想界的主流。事实上，五四以后中国思想界出现的“三川并流”格局，反映出中国社会对于未来走向的艰难探索。三种思潮的竞争为中国的未来社会提供了三个可选模式，即传统社会的现代化、资本主义的现代化和社会主义的现代化。

五四作为中国现代史上的重要运动，开启了中国现代化的进程，也同时开启了中国共产主义革命的进程。在此之前，中国人民只是在中国传统与西方现代之间进行选择。保守主义者主张坚持传统，而进步主义者主张发展现代资本主义。但十月革命以后情况发生了根本转变，保守主义逐渐淡出，传统思想基本上退为学术，而社会主流思想则分成两个部分，即马克思主义现代性主张和西方资本主义现代性主张。资本主义主张是资产阶级改良派提出的，并且通过发展近代产业和政治变革而进行各方面的实践。马克思主义在十月革命前既已有所传播，但很少有人将社会主义作为中国变革的方向。这是因为当时的社会主义仍处在科学理论阶段而没有经过实践，更没有取得成功的先例。然而，十月革命的成功使社会主义从科学变成了实践。这样，中国人民面前就出现了两种可供选择的现代性，即资本主义现代性和马克思主义现代性。由此，中国革命也出现了两条道路，即资产阶级民主革命道路和马克思主义指导的社会主义革命道路。

# 三　三民主义的价值形成

## （一）五四后革命的分野

五四的意义在于两个方面，一是反封建传统，二是现代启蒙。五四以后，中国历史基本上是沿着这个方向发展的，即呈现了一种以“反传统—现代化”为特征的线性发展。不过，在这种线性发展过程中，却出现了两条不同的道路。这就是国民党代表的三民主义和共产党所代表的新民主主义。与此相应的，也出现了两个文化方向：三民主义文化儒家化，捡回陈旧腐朽的传统思想作为核心价值；而新民主主义文化则以全新的革命理论马克思主义作为核心价值。

毛泽东曾对五四前后中国社会文化思想领域的斗争格局做过精辟的分析，指出：“在中国文化战线或思想战线上，‘五四’以前和‘五四’以后，构成了两个不同的历史时期。”“在‘五四’以前，中国文化战线上的斗争，是资产阶级的新文化和封建阶级的旧文化的斗争。在‘五四’以前，学校与科举之争，新学与旧学之争，西学与中学之争，都带着这种性质。那时的所谓学校、新学、西学，基本上都是资产阶级代表们所需要的自然科学和资产阶级的社会政治学说（说基本上，是说那中间还夹杂了许多中国的封建余毒在内）。在当时，这种所谓新学的思想，有同中国封建思想作斗争的革命作用，是替旧时期的中国资产阶级民主革命服务的。可是，因为中国资产阶级的无力和世界已经进到帝国主义时代，这种资产阶级思想只能上阵打几个回合，就被外国帝国主义的奴化思想和中国封建主义的复古思想的反动同盟所打退了，被这个思想上的反动同盟军稍稍反攻，所谓新学，就偃旗息鼓，宣告退却，失了灵魂，而只剩下它的躯壳了。旧的资产阶级民主主义文化，在帝国主义时代，已经腐化，已经无力了，它的失败是必然的。”①

五四运动对中国革命的影响甚至不仅于此。毛泽东深刻指出："五四运动的发展，分成了两个潮流。一部分人继承了五四运动的科学和民主的精神，并在马克思主义的基础上加以改造，这就是共产党人和若干党外马克思主义者所做的工作。另一部分人则走到资产阶级的道路上去，是形式主义向右的发展。但在共产党内也不是一致的，其中也有一部分人发生偏向，马克思主义没有拿得稳，犯了形式主义的错误，这就是主观主义、宗派主义和党八股，这是形式主义向'左'的发展。"② 形式主义向"右"的发展，就是以胡适为代表的"全盘西化"论；而形式主义向"左"的发展，则是指以王明为代表的教条主义，即"洋八股、洋教条"。在毛泽东看来，教条主义和党八股这些东西，一方面是五四运动积极因素的反动，一方面也是五四运动消极因素的继承、继续或发展。

① 《毛泽东选集》第2卷，人民出版社，1991，第697~698页。

② 《毛泽东选集》第3卷，人民出版社，1991，第832页。

## （二）孙中山的革命思想

孙中山是中国近代史上传统与现代之间的转折性人物。他不是完全的传统主义者，但也不是完全的现代主义者。中国历史和他个人的历史决定了他的这一历史特点。事实上，孙中山是在学习西方民主经验和思考西方弊政的基础上，按照儒家体制创立了政权与治权分立的民权学说和五权分立的政体学说。例如，他在《建国方略》中模仿周礼制定了详细的“结会”、“动议”等程序和仪规；在《民族主义》中以恢复“忠孝、仁爱、信义、和平”等儒家道德作为复兴民族的基础；在《民权主义》中以儒家“圣贤才智平庸愚劣”的观念来讲解真平等与假平等的分野；在《民生主义》中以儒家大同理想作为民生主义和社会主义等。可以说他的每一项革命设想都离不开中国历史和传统，当然，也就同时离不开革命与保守。1923年元旦发表的由孙中山起草的《中国国民党宣言》指出：中国之所以革命与革命之所以成功，根本上不外两条，一是“历史之留遗”，二是“时代之进化”。可见，他总是一肩挑两头，一头挑着历史和传统，一头挑着现代和革命。所以，他既是传统到现代的历史转折人物，也是一个传统与现代矛盾交织的人物。

孙中山作为民主革命的先行者，首先认识到中国革命的必然性。孙中山以前的民主革命基本上都是主张改良的。从龚自珍和魏源到洋务派，直到戊戌变法时期的维新派，他们最高的主张不过是君主立宪。这是由于他们并没有真正认识到中国革命的必要性，更没有找到中国革命的方向。孙中山指出：“凡百事情，知了之后才去行，是很容易的。如果不知也要去行，当中必走许多‘之’字路，经过很多的错误，是很艰难的。”[①]“知中国事向来之不振者，非坐于不能行也，实坐于不能知也；及其既知之而又不行者，则误于以知为易，以行为难也。倘能证明知非易而行非难也，使中国人无所畏而乐于行，则中国之事大有可为矣。”这就是孙中山的“知难行易”学说。[②]孙中山认为，民主革命实践应当在明确民主主义革命和科学的道理之后，并在一定理论指导下才能取得成功。在孙中山看来，一旦人们能够毅然打破“知之非艰，行之惟艰”的迷信，进而奋起以行动，推行革命三民主义，革命成功将会易如反掌。所以在他看来，“知”比“行”要重要得多，并且是取得民主革命成功的关键。

### （三）三民主义的价值体系

既然“知难行易”，那么创建一种革命理论就是革命成功的关键。所以孙中山提出三民主义学说。这是中国近代历史上第一次提出较系统的社会变革理论。过去的洋务派和维新派也有自己的社会变革学说，但是很难突破传统理论学说的局限，仍在传统经学内打转，不过是古文今文，不过是公羊谷梁，不可能实现根本突破。而孙中山的三民主义学说，第一次突破了传统学说的禁锢，提出了全

---

① 《孙中山全集》第6卷，中华书局，1985，第73页。

② 《孙中山全集》第6卷，中华书局，1985，第160页。

新的理论。这就使中国革命出现了新的局面。

第一，民族主义的文化阐释。他的民族主义先是对内的，实际是“汉族主义”，即推翻满清王朝的统治；然后是对外的，即“中华民族主义”，也就是反对帝国主义的侵略和压迫，取得民族独立和自强。1896年11月，在《复翟理斯函》中，说自己“生于晚世，目不得睹尧舜之风，先王之化。心伤鞑虏苛残，生民憔悴，遂甘赴汤火，不让当仁。纠和英雄，建旗倡义，拟驱除残贼，再造中华，复三代之规，步泰西之法。使万姓超苏，庶物昌运，此则应天顺人之作也”！[①] 由此可见，他的民族主义早期是反清的“汉族主义”。随着清代封建统治被推翻，孙中山的民族主义内涵也发生转变，即转向反对帝国主义和中华民族复兴的民族主义。孙中山在《民族主义》演讲中，大力倡导恢复中国固有的旧道德、固有的智慧及固有的能力。他说：“观中国历史之所示，则知中国之民族，有独立性质与能力，其与他民族相遇，或和平而相安，或狎习而与之同化；其在政治不修及军事废弛之时，虽不免暂受他民族之蹂躏与宰制，然率能以力胜之。”“余之民族主义，特就先民所遗留者，发挥而光大之。”[②] 因此，孙中山主张恢复中国固有的道德，恢复中国固有的知识，反对全盘西化。他认为，中国几千年以来的社会民情风土习惯和欧美的大不相同，所以管理社会的政治自然也是和欧美不同，不能完全仿效欧美，照样去做，象仿效欧美的机器一样。欧美的机

---

① 《孙中山全集》第1卷，中华书局，1981，第46页。

② 《孙中山全集》第7卷，中华书局，1985，第60页。

器，我们只要是学到了，随时随地都可以使用。至于欧美的风土人情和中国不同的地方是很多的，如果不管中国自己的风土人情是怎么样，便象学外国的机器一样，把外国管理社会的政治硬搬进来，那便是大错。[①]所以他主张“发扬吾固有之文化，且吸收世界之文化而光大之”，“恢复我一切国粹之后，还要去学欧美之所长，然后才可以和欧美并驾齐驱”。[②]

第二，民权主义之道统承继。在1894年11月制定的《檀香山兴中会盟书》中，孙中山明确提出“创立合众政府”的革命纲领。他曾多次表示：“革命成功之日，效法美国选举总统，废除专制，实行共和。”[③]但对于共和他却有独特的阐释。他说：“共和者，我国治世之神髓，先哲之遗业也。我国民之论古者，莫不倾慕三代之治，不知三代之治实能得共和之神髓而行之者也。勿谓我国民无理想之资，勿谓我国民无进取之气，即此所以慕古之意，正富有理想之证据，亦大有进步之机兆也。”所以他主张“取欧美之民主以为模范，同时仍取数千年前旧有文化而融贯之”。[④]由此可见，孙中山作为中华民国第一任大总统，在很大程度上保留了正统思想。在他看来，作为总统，同时也是承继中国古往今来的正统。1913年3月，他在演说中说：“我国数千年历史之中，最善政体莫如尧舜。盖尧舜之世，亦为今日之共和政体，公天下于民。何以见之？即尧以舜贡

---

① 《孙中山全集》第9卷，中华书局，1986，第320页。
② 《孙中山全集》第9卷，中华书局，1986，第251页。
③ 《孙中山全集》第1卷，中华书局，1981，第226页。
④ 《孙中山全集》第1卷，中华书局，1981，第172、560页。

贤而让位于舜，舜以禹贡贤而让位于禹也。”[①]1921年12月，共产国际的代表马林曾经问孙中山先生:“你的革命思想，基础是什么?”孙中山先生明确地回答说:“中国有一个道统，尧、舜、禹、汤、文、武、周公、孔子相继不绝，我的思想基础，就是这个道统，我的革命，就是继承这个正统思想，来发扬光大”。[②]

第三，民生主义与民生史观。1912年10月，他在《在上海中国社会党的演说》中指出:“人类之在社会，有疾苦幸福之不同，生计实为其主动力。”[③]1924年孙中山作《民生主义》的系列演讲，正式提出以“民生”为社会历史发展原因和动力的理论，从而确立了他的民生史观。孙中山指出:“民生就是人民的生活——社会的生存、国民的生计、群众的生命便是。”[④]他认为，人类生存的基本问题就是民生问题,因而民生问题是社会进化的原动力。他还认为，民生是政治的中心，是经济的中心和种种历史活动的中心。因此他要把历史上的政治和社会经济种种中心都归之于民生问题，以民生为社会历史的中心。只有把中心的民生问题研究清楚了，然后对于社会问题才有解决的办法。“我们国民党所提倡的民生主义，不但是最高的理想，并且是社会的原动力，是一切历史活动的重心。民生主义能够实行，社会问题才可以解决，人类才可以享很大的幸福。”[⑤]

---

① 《孙中山全集》第3卷，中华书局，1984，第43页。

② 转引自陈立夫《中国文化何以能救世界人类》,《天府新论》1994年第4期。

③ 《孙中山全集》第2卷，中华书局，1982，第510页。

④ 《孙中山全集》第9卷，中华书局，1986，第355页。

⑤ 《孙中山全集》第9卷，中华书局，1986，第381页。

国民党取得全国政权以后，进一步确立三民主义为党和国家的指导思想，极力构建自己的价值体系。蒋介石指出："凡是一个民族，能够立在世界上，到几千年不被人家灭亡，这个民族一定有其立国精神的所在，就是所谓'国魂'……'国魂'是什么？就是民族精神。凡一个国家总要有民族的精神，然后他的民族性才能养成。"[①] 他认为，中华民族现时代的民族精神就体现在三民主义的体系之中。他说："自国家有机体的生命上说，没有了三民主义，中国的建国工作就失去了指导的原理。所以三民主义是国家的灵魂。"[②] 国民党将三民主义确定为国家和民族的灵魂，但并没有赋予三民主义以新的现代意义，而是将其与中国传统文化中的儒家学说联系起来，以儒家学说作为三民主义的文化基础。蒋介石认为，三民主义是孙中山对中国古代《大学》之道的继承，其本质就是"明德"与"亲民"，其方法是"格物、致知、意诚、心正"而后"修身、齐家、治国、平天下"。他说："孔子之道，至汉儒而支离，至宋儒而空虚，至王阳明而复兴，迨至我们总理而集大成。"[③] 蒋介石的这种阐释，与孙中山承继中国道统的说法是基本一致的。但蒋介石还有进一步的潜台词，即他本人作为孙中山的继承人，也就承继了中国的道统，其目的就是为他和国民党政权确立合法性依据。

但共产党对孙中山的三民主义有不同的理解和阐释，并将其

① 蒋介石：《革命哲学的重要》，载蔡尚思、朱维铮主编《中国现代思想史资料简编》第3卷，浙江人民出版社，1983，第586页。

② 蒋介石：《中国之命运》，载秦孝仪主编《总统蒋公思想言论总集》第1卷，1984，第166页。

③ 蒋介石：《自述研究革命哲学经过的阶段》，载秦孝仪主编《总统蒋公思想言论总集》第10卷，1984，第544页。

进一步概括为“新三民主义”。1924 年 1 月，孙中山接受共产党人的建议，在中国国民党第一次全国代表大会上，对三民主义重新解释，新三民主义包含“联俄、联共、扶助农工”的三大政策和“反对帝国主义、反对封建主义”的纲领。孙中山在遗嘱中也指出“必须唤起民众，及联合世界上以平等待我之民族，共同奋斗”，[①] 并在《致苏联遗书》中说“希望国民党在完成其由帝国主义制度解放中国及其他被侵略国之历史的工作中，与你们合力共作”。[②] 孙中山的新三民主义又被中国共产党人称为“革命的三民主义”和“新民主主义的三民主义”。

---

① 《孙中山全集》第 11 卷，中华书局，1986，第 639 页。

② 《孙中山全集》第 11 卷，中华书局，1986，第 641 页。

# 四　新民主主义的价值形成

## （一）马克思主义与中国价值

马克思主义是一种现代性理论。但是，马克思主义的现代性与资本主义的现代性不同。资本主义现代性是经过封建主义批判而形成的现代性，是一种单一的现代性。19 世纪中期，资本主义制度基本确立，同时资本主义的矛盾也开始暴露，一方面，社会化大生产与资本主义私人占有的矛盾导致经济危机的周期性爆发，另一方面，工人阶级与资产阶级矛盾引起的工人阶级的罢工斗争也此起彼伏。在这种历史背景下产生的马克思主义具有多重现代性，除具有一般现代性外，还包含有批判现代性、革命现代性，以及建设现代性和开放现代性等。马克思主义的一般现代性决定马克思主义是反封建的武器，在这一方面马克思主义与资本主义是一致的；马克思主义的批判现代性和革命现代性是马克思主义与资本主义的分歧之处，也是马克思主义对资本主义的超越之处；马克思主义的建设现代性是对未来社会的构想，并对未来社会主义建设提供了基本方向性指导，而马克思主义的开放现代性决定马克思主义既可以与时俱进不断适应新的发展，也可以作为其他非欧洲国家的革命和现代化指导思想。

中国共产党诞生前，中国的近代工业已经有数十年的发展经历，并且产生了无产阶级和资产阶级。但另一方面，西方资本主义已经进入帝国主义阶段，帝国主义列强通过殖民主义政策压制中国资本主义发展。所以，中国的现代化面临着多重阻力。在这种情况下，十月革命一声炮响，给我们送来了马列主义，为我们指出了一条新的现代化道路。此时的马克思主义，已经历了俄国十月革命发展为“马列主义”。马列主义使社会主义从科学变成了实践。作为实践的马克思主义，马列主义的核心是武装夺取政权和无产阶级专政理论。另一方面，马列主义是在后进国家取得社会主义革命胜利的理论。根据马克思主义，社会主义必须建立在发达的社会化大生产基础之上，但是俄国十月革命是在比较落后的国家取得成功的例子。列宁还提出殖民地解放的思想，这对于中国这个半封建半殖民地国家来说，具有更大的吸引力。总之，通过列宁的创造性转换，马列主义不仅是可以实践的理论，而且具有“民族性”。俄国国情较之欧洲与中国国情更接近，俄国革命的成功为中国提供了更可行的经验，而在这样的实践基础上的马列主义更符合中国革命的需要。

中国革命需要一种革命理论指导。毛泽东指出：“在一个很长的时期内，即从一八四〇年的鸦片战争到一九一九年的五四运动的前夜，共计七十多年中，中国人没有什么思想武器可以抗御帝国主义。旧的顽固的封建主义的思想武器打了败仗了，抵不住，宣告破产了。不得已，中国人被迫从帝国主义的老家即西方资产阶级革命时代的武器库中学来了进化论、天赋人权论和资产阶级共和国等项思想武器和政治方案，组织过政党，举行过革命，以为可以外御列强，内建民国。但是这些东西也和封建主义的思想武器一样，软弱得很，又是抵不住，败下阵来，宣告破产了。”“一九一七年的俄国革命唤醒了中国人，中国人学得了一样新的东西，这就是马克思列宁主义。”①

中国共产党接受马列主义，不仅使中国革命面目焕然一新，而且使中国的精神文化发生了根本变革，进入一个全新的时代。1941年5月19日，毛泽东在《改造我们的学习》中指出："灾难深重的中华民族，一百年来，其优秀人物奋斗牺牲，前仆后继，摸索救国救民的真理，是可歌可泣的。但是直到第一次世界大战和俄国十月革命之后，才找到马克思列宁主义这个最好的真理，作为解放我们民族的最好的武器，而中国共产党则是拿起这个武器的倡导者、宣传者和组织者。马克思列宁主义的普遍真理一经和中国革命的具体实践相结合，就使中国革命的面目为之一新。”②毛泽东还指出："自从中国人学会了马克思列宁主义以后，中国人在精神上就由被动转入主动。从这时起，近代世界历史上那种看不起中国人，看不起中国文化的时代应当完结了。伟大的胜利的中国人民解放战争和人民大革命，已经复兴了并正在复兴着伟大的中国人民的文化。这种中国人民的文化，就其精神方面来说，已经超过了整个资本主义的世界。”③

① 《毛泽东选集》第4卷，人民出版社，1991，第1514页。
② 《毛泽东选集》第3卷，人民出版社，1991，第795页。
③ 《毛泽东选集》第4卷，人民出版社，1991，第1516页。

## （二）新民主主义的哲学基础

第一，从进化论到唯物史观。对于中国新民主主义革命来说，最核心的理论就是马克思主义的唯物史观。中国共产党在接受马克思主义唯物史观之前，已经过进化论的启蒙。早期共产党人基本上都读过《天演论》以及其他相关著作，并且都认识了“物竞天择、适者生存”的竞争法则。他们普遍认为，中华民族要在这个弱肉强食的世界生存下来并实现民族复兴，就必须自立自强。但是，他们同时也认识到，在这种无情竞争的社会中，必然有不同民族和部分人落败或沦落到社会底层。这样，不仅不能解决长期存在的社会矛盾而且会使之进一步加剧。就是说，一方面，他们认识到要实现民族的复兴就必须认同进化论的竞争法则，但同时也认识到这种竞争法则与传统的“大同”和“均平”理想相悖。所以，他们认为进化论不能解决中国的问题，所以才转而接受马克思主义的唯物史观。中国共产党接受唯物史观，反映了他们为了民族复兴而大力发展生产力的要求，也反映了他们为发展生产力而改造现有生产关系的想法。中国的旧民主主义革命和后来的新民主主义革命，都将反帝反封建和大力发展生产力作为基本目标。但是，旧民主主义革命信奉的是三民主义的民生史观，而新民主主义革命则以唯物史观为指导。与前者相比较，后者更强调物质生产力的决定性作用，主张通过阶级斗争改变生产关系和政治制度。

第二，从知行观到实践哲学。如何运用马克思主义指导中国革命的实践，也就是知与行的关系。毛泽东认为，自从中国共产党接受了马克思列宁主义以后，“知”的问题得到了解决，但是仍存在着马克思列宁主义与中国具体实际相结合的问题，所以还需要进一步深入调整“知行”关系。毛泽东指出，没有解决好知行关系，才导致中国共产党内的左、右倾机会主义领导革命运动的失败。毛泽东指出：“在马克思主义看来，理论是重要的，它的重要性充分地表现在列宁说过的一句话：‘没有革命的理论，就不会有革命的运动。’然而马克思主义看重理论，正是，也仅仅是，因为它能够指导行动。如果有了正确的理论，只是把它空谈一阵，束之高阁，并不实行，那末，这种理论再好也是没有意义的。”[①] 在《实践论》中，毛泽东系统地阐述了认识对社会实践的依赖关系，提出“实践、认识、再实践、再认识，这种形式，循环往复以至无穷”的认识规律。[②] 毛泽东认为，马列主义源于欧洲和俄国的革命实践，是“放之四海而皆准”的真理。中国共产党接受了马列主义，首先解决了“知难”的问题。但是，对于中国革命来说“行”也不易。这是因为，作为普遍真理的马列主义还要与中国革命的具体实践相结合。这样，中国革命的“知”的问题就转为了“实践”问题，把实践的重要性又提了出来。这就是“再实践”。通过“再实践”获得“再认识”，马列主义就成了中国化的马克思主义了。可见，毛泽东的实践论，就是将马列主义与中国革命具体实践相结合的方法论。

第三，从辩证法到斗争哲学。有了革命的理论，就必须付诸

---

① 《毛泽东选集》第 1 卷，人民出版社，1991，第 292 页。

② 《毛泽东选集》第 1 卷，人民出版社，1991，第 296~297 页。

实施，转变成革命行动。而革命行动需要正确的战略思想指导，并坚持一种斗争哲学。在抗日战争期间，毛泽东根据中国古代哲学思想和马列主义的辩证唯物主义，总结共产党领导中国革命的经验和教训，写出著名的《矛盾论》。《矛盾论》主要阐述了毛泽东的辩证法思想和斗争哲学。毛泽东指出："矛盾是普遍的、绝对的，存在于事物发展的一切过程中，又贯串于一切过程的始终。"新过程的发生"是旧的统一和组成此统一的对立成分让位于新的统一和组成此统一的对立成分，于是新过程就代替旧过程而发生。旧过程完结了，新过程发生了。新过程又包含着新矛盾，开始它自己的矛盾发展史"。[①]这就从哲学层面上找到了中国革命的原动力。1945年4月，毛泽东在党的第七次全国代表大会上的口头政治报告中，将中共的哲学称为"斗争哲学"。他说："自从有了奴隶主、封建主、资本家，他们就向被压迫的人民进行斗争，'斗争哲学'是他们先发明的。被压迫人民的'斗争哲学'出来得比较晚，那是斗争了几千年，才有了马克思主义。"。[②]中国共产党认为，中国数千年受封建主义影响，积弊极深，不能用改良的方式改造社会，必须用疾风暴雨式的革命才能将数千年的封建积弊扫除干净。这种方式的社会变革，必然是暴烈的行动。

---

① 《毛泽东选集》第1卷，人民出版社，1991，第307页。

② 《毛泽东文集》第3卷，人民出版社，1996，第316页。

## （三）新民主主义的核心价值

马克思主义现代性价值是中国共产党现代化思想的核心。马克思主义认为，生产力决定生产关系，经济基础决定上层建筑，其中生产力是最革命的因素，而科学技术是生产力的一部分。马克思的生产力论，对于生产力极端落后和积贫积弱的旧中国来说，具有极大的吸引力。五四以后，中国共产党走上历史舞台，成为推进中国革命和现代化的领导力量。从中共领导革命的历史来看，始终把生产力作为一个核心概念来阐释，并始终将改造生产关系和解放生产力作为革命的根本目标。但是，封建主义和帝国主义以及官僚资本主义严重阻碍了中国生产力的发展，阻碍了中国现代化目标的实现。所以中国革命就是要消灭这三种反动势力以解放生产力，实现现代化。这是中国新民主主义革命的合理性阐释。

1944 年 3 月，在中共中央宣传委员会的会议上，毛泽东指出，中国“最根本的问题是生产力向上发展的问题”，“政治、军事的力量，是为着推翻妨碍生产力发展的力量；推翻妨碍生产力发展的力量，目的是为着解放生产力，发展经济”，“生产力得不到解放，就没有可能谈其他问题”。[①] 毛泽东认为，“中国一切政党的政策及其实践在中国人民中所表现的作用的好坏、大小，归根到底，看它对于中国人民的生产力的发展是否有帮助及其帮助之大小，看它是束

① 《毛泽东文集》第三卷，人民出版社，1996，第 109 页。

缚生产力的，还是解放生产力的”。[①]在半殖民地半封建社会的旧中国，帝国主义、封建主义和官僚资本主义的统治，是造成中国社会长期落后的根本原因。

1945 年 4 月，在中共七大上，毛泽东把新民主主义革命最后胜利阶段的任务归结为“消灭日本侵略者，实行土地改革，解放农民，发展现代工业，建立独立、自由、民主、统一和富强的新中国”，强调“只有这一切，才能使中国社会生产力获得解放。”[②]1947 年 12 月，在《目前形势和我们的任务》一文中，毛泽东再次指出：“新民主主义的革命任务，除了取消帝国主义在中国的特权以外，在国内，就是要消灭地主阶级和官僚资产阶级（大资产阶级）的剥削和压迫，改变买办的封建的生产关系，解放被束缚的生产力。”[③]1948 年，毛泽东指出：“全国一切生产力，除了已经获得解放的地区以外，均被这些反动阶级所控制的反动的退步的生产关系所束缚，日趋衰败，不能发展。而生产力本身的要求，则是用革命方法解除这种旧有生产关系的束缚，推翻这种旧有生产关系，建立新的生产关系，建立新民主主义的生产关系，因而使全国一切积极的生产力获得向上发展的可能，替未来的更进步的更能自由地发展生产力的社会主义社会准备条件。这个生产关系变革的内容，就是废除帝国主义者在中国所强占的特权，废除地主阶级及旧式富农的封建的土地所有

① 《毛泽东选集》第 3 卷，人民出版社，1991，第 1079 页。
② 《毛泽东选集》第 3 卷，人民出版社，1991，第 1079 页。
③ 《毛泽东选集》第 4 卷，人民出版社，1991，第 1254 页。

权，废除官僚资产阶级的私人垄断的资本所有权。”①

总之，新民主主义革命的目的是解放生产力，反过来说，解放生产力就是通过革命的方式改造落后的生产关系。

## （四）新民主主义文化：民族的科学的大众的文化

中国共产党继承五四传统，坚持彻底地反帝反封建，将马克思主义与中国具体实际相结合，经过土地革命和抗日战争的洗礼，在理论上进一步成熟了。毛泽东在延安期间，经过研究和实践，提出了新民主主义文化定义，将马克思主义中国化大大向前推进了一步。在五四以后，中国产生了完全崭新的文化，这就是中国共产党人所领导的共产主义的文化思想，即共产主义的宇宙观和社会革命论。这个文化生力军，以新的装束和新的武器，联合一切可能的同盟军，向着帝国主义文化和封建文化展开了英勇的进攻。中国的新文化是新民主主义性质的文化，即无产阶级领导的人民大众的反帝反封建的文化。

第一，新民主主义的文化是民族的。新民主主义的文化“是反对帝国主义压迫，主张中华民族的尊严和独立的。它是我们这个民族的，带有我们民族的特性”。② 发展民族文化还必须吸收外国的先

---

① 《毛泽东文集》第 5 卷，人民出版社，1991，第 61 页。

② 《毛泽东选集》第 2 卷，人民出版社，1991，第 706 页。

进文化，与世界其他民族的文化相结合，必须“排泄其糟粕，吸收其精华”。“对于马克思主义在中国的应用也是这样，必须将马克思主义的普遍真理和中国革命的具体实践完全地恰当地统一起来，就是说，和民族的特点相结合，经过一定的民族形式，才有用处，决不能主观地公式地应用它。”所以毛泽东坚决反对全盘西化。总之，“中国文化应有自己的形式，这就是民族形式。民族的形式，新民主主义的内容”。[①]

第二，新民主主义的文化是科学的。新民主主义的文化“是反对一切封建思想和迷信思想，主张实事求是，主张客观真理，主张理论和实践一致的”。[②]科学文化必须反对唯心主义和宗教教义，对传统文化也要采取科学的态度，必须尊重历史。毛泽东指出：“中国现时的新政治新经济是从古代的旧政治旧经济发展而来的，中国现时的新文化也是从古代的旧文化发展而来，因此，我们必须尊重自己的历史，决不能割断历史。但是这种尊重，是给历史以一定的科学的地位，是尊重历史的辩证法的发展，而不是颂古非今，不是赞扬任何封建的毒素。”[③]所以，科学文化也就是反封建的文化。

第三，新民主主义的文化是大众的，因而也是民主的。新民主主义文化“应为全民族中百分之九十以上的工农劳苦民众服务，并逐渐成为他们的文化”。[④]革命的文化运动和实践运动，都是群众的。

---

① 《毛泽东选集》第 2 卷，人民出版社，1991，第 707 页。

② 《毛泽东选集》第 2 卷，人民出版社，1991，第 707 页。

③ 《毛泽东选集》第 2 卷，人民出版社，1991，第 708 页。

④ 《毛泽东选集》第 2 卷，人民出版社，1991，第 708 页。

毛泽东认为，大众性也就是民主性。1944 年毛泽东发表《为人民服务》，指出："我们这个队伍完全是为着解放人民的，是彻底地为人民的利益工作的。"[①] 这就把大众性确立为共产党的核心价值。

总之，民族的科学的大众的文化，就是人民大众反帝反封建的文化，就是新民主主义的文化，就是中华民族的新文化。

---

① 《毛泽东选集》第 2 卷，人民出版社，1991，第 1004 页。

# 五　社会主义的价值形成

## （一）马克思主义建设现代性

马克思主义产生于资本主义时代，既是资本主义发展的产物，也是资本主义矛盾的产物。马克思的时代，资本主义制度已经确立，与此同时，资本主义的矛盾也日益暴露和激化，生产过剩的经济危机周期性地爆发，对社会生产力造成严重破坏。为此，马克思提出与社会化大生产相适应的生产关系和社会形态即社会主义和共产主义。这就是说，马克思主义作为现代性理论，既具有批判性也具有建设性。

马克思在揭示资本主义制度矛盾的基础上，针对这些矛盾提出了未来社会的建设性构想。批判在先，建设在后。不过，在马克思的时代，马克思主义的建设现代性不能不停留在科学设想阶段，因而充满了浪漫主义色彩。这就是马克思的“自由人的联合体”。这种理想的实现需要人类社会进行长时间的努力奋斗，因而马克思将其称为未来的“自由王国”。然而，要进入这个自由王国还必须经过一个“必然王国”。所以，马克思设想了一个过渡阶段，即社会主义。社会主义是共产主义社会的第一阶段或低级阶段。

马克思主义批判现代性向建设现代性转换的枢纽是公有制社

会化大生产。马克思认为，社会主义或共产主义是建立在高度发达的社会化大生产基础上的，没有高度发达的机器大工业，这一切都是不可能的。所以，要将社会主义或共产主义付诸实践，一定要先行实现社会化大生产。这就是说，马克思一方面将人的自由解放和全面发展视为历史发展的根本目的，但另一方面，充分肯定工业文明和科学技术的历史作用，并且将其视为实现未来社会的物质技术条件。就是说，马克思未来社会的所有设想，都是建立在以大机器生产为基础的社会化大生产之上的。没有大机器生产，没有社会化大生产，就无须生产资料的公有制，也不可能实现经济生活的计划和组织，也不可能实现生产力的高度发展和社会的按需分配。这也是唯物史观的基本意旨，从根本上讲就是生产力。但是，马克思并未实际进行社会主义实践，而将这些原则和设想部分地付诸实践的是列宁和斯大林。但是具体说，列宁的思想与马克思更接近，更富有理想和浪漫主义色彩，真正的社会主义实践主要是斯大林实施的。斯大林把马克思主义基本原理与苏联社会主义建设实际相结合，并初步实现了马克思主义从批判现代性向建设现代性的转变。

## （二）中国社会主义核心价值

### 1. 从革命到建设的转型

中国共产党的哲学基础是马克思主义的唯物史观。唯物史观的核心就是生产力发展，而一切社会变革和革命都是为了解放生产力。所以，共产党的价值目标终究要从革命向建设转变。在延安时期，毛泽东创造性地提出了新民主主义理论。新民主主义理论包括两个方面，一是新民主主义革命理论，一是新民主主义建设理论。在党的七届二中全会上，毛泽东就指示全党实现工作转型。新中国成立后，全党面临的重要的任务就是从新民主主义革命转向新民主主义建设。1949 年 9 月中国人民政治协商会议通过的《中国人民政治协商会议共同纲领》(以下简称《共同纲领》) 指出：新成立的中华人民共和国，是新民主主义即人民民主主义的国家，实行工人阶级领导的、以工农联盟为基础的、团结各民主阶级和国内各民族的人民民主专政，反对帝国主义、封建主义和官僚资本主义，为中国的独立、民主、和平、统一和富强而奋斗。与此相适应，为了建立新民主主义经济，中华人民共和国必须取消帝国主义国家在中国的一切特权，没收官僚资本归人民的国家所有，有步骤地将封建、半封建的土地所有制改变为农民的土地所有制，保护国家的公共财产和合作社的财产，保护工人、农民、小资产阶级和民族资产阶级的经济利益及其私有财产，发展新民主主义的人民经济，稳步地变农业国为工业国。根据建立新民主主义经济的要求，《共同纲领》确定的经济建设的根本方针，是公私兼顾、劳资两利、城乡互助、内外交流，达到发展生产、繁荣经济的目的。可见，这是一个革命与建设兼顾的纲领，更是一个革命向建设转变的纲领。

中华人民共和国成立初期，毛泽东的思想非常明确，即建立一个新民主主义社会。同时，毛泽东关于新民主主义和社会主义的关系也是明确的，即新民主主义必然向社会主义过渡。这就是说，新民主主义革命完成后仍然面临着继续进行社会主义革命的任务。而这种连续的革命，亦即连续的生产关系变革必然对社会建设产生影响。所以，新中国建立后的一个较长的时期，始终存在着革命与建设的纠结。

关于革命与建设的纠结，既源于马克思主义的批判现代性和建设现代性的理论关系，也源于中国社会革命向社会主义建设转型的实践困难。就马克思主义来讲，马克思主义批判现代性是批判资本主义的矛盾，而建设现代性则是在社会化大生产基础上的社会重构，是大力发展生产力。而对于中国来讲，一方面，中国现代工业落后，生产力不发达，小生产是普遍的生产方式，所以面对大力发展生产力的任务；另一方面，中国却要在社会化不发达的基础上建设社会化大生产的生产关系和经济制度。这种理论和现实的矛盾，决定中国在革命和建设之间纠结，而中国采取的解决方案则是革命和建设同时进行。这就导致中国在新民主主义革命完成后，仅仅经历了几年的新民主主义社会，然后就在极短的时期里开始实施社会主义革命，并在社会主义模式下进行现代化建设。

毛泽东在《新民主主义论》中提出，中国革命必须分两步走，第一步是新民主主义革命，第二步是社会主义革命，新民主主义革命完成后必然进行社会主义革命。1949 年 3 月，中共中央七届二中全会指出："在革命胜利以后，迅速地恢复和发展生产，对付国外的帝国主义，使中国稳步地由农业国转变为工业国，把中国建设成一个伟大的社会主义国家。"[①] 当时认为，新民主主义革命完成所

① 《毛泽东选集》第 4 卷，人民出版社，1991，第 1437 页。

建立的新民主主义社会，应经历数十年的历史阶段，不可能立即向社会主义过渡。但是，当中国新民主主义经济建设取得巨大成就以后，中国共产党就开始考虑继续革命，即向社会主义过渡了。

过渡时期总路线的确定以及对总路线的阐释，即表明中国共产党试图将社会主义革命和社会主义建设毕其功于一役的宏大设想，也表明了中国共产党对革命和建设之间关系的纠结。1950 年 6 月 23 日，毛泽东在政协一届二次会议的闭幕词中说："经过战争，经过新民主主义的改革，而在将来，在国家经济事业和文化事业大为兴盛了以后，在各种条件具备了以后，在全国人民考虑成熟并在大家同意了以后，就可以从容地和妥善地走进社会主义的新时期。"[①]1951 年 2 月，中央政治局扩大会议提出"三年准备，十年建设"的发展战略。但是到了 1952 年下半年，国内国际形势发生了一些根本性的变化，促使毛泽东开始考虑继续革命的问题。毛泽东说："我们现在就要开始用 10 年到 15 年的时间基本上完成到社会主义的过渡，而不是 10 年或者以后才开始过渡。"[②]1953 年 6 月，毛泽东把完成国家工业化和对以农业、手工业、资本主义工商业的社会主义改造作为党在过渡时期的总路线和总任务提了出来，并在讲话中对总路线做了一个比较完整的表述："从中华人民共和国成立，到社会主义改造基本完成，这是一个过渡时期。党在过渡时期的总路线和总任务，是要在十年到十五年或者更多一些时间内，基

① 《毛泽东选集》第 6 卷，人民出版社，1999，第 80 页。

② 薄一波：《若干重大决策与事件的回顾》上，中共党史出版社，2008，第 213 页。

本上完成国家工业化和对农业、手工业、资本主义工商业的社会主义改造。”[①]

三大改造的目的是建立社会主义生产资料所有制，在此基础上尽快实现社会主义工业化。这里面的逻辑是：中国的农业，也包括资本主义工商业，过于落后，无法适应中国工业化建设的需要。由于中国的私人资本主义工商业设备利用率和劳动生产率低，成本高，资金浪费很多，扩大再生产的能力很小甚至没有，因而影响到工业产品在市场上供不应求，影响到国家计划受到破坏；由于农民个体经济限制着农业生产力发展，不能满足人民和工业化事业对粮食和原料作物日益增长的需要，它的小商品生产的分散和国家有计划的经济建设不相适应，因而这种小农经济和社会主义工业化事业之间的矛盾，已随着工业化的进展而日益显露出来。“只有完成了由生产资料的私人所有制到社会主义所有制的过渡，才利于社会生产力的迅速向前发展，才利于在技术上起一个革命，把在我国绝大部分社会经济中使用简单的落后的工具农具去工作的情况，改变为使用各类机器直至最先进的机器去工作的情况，借以达到大规模地出产各种工业和农业产品，满足人民日益增长着的需要，提高人民的生活水平”。[②]

1953 年，中国共产党公布了社会主义过渡时期的总路线，即“一化三改”。毛泽东认为，过渡时期总路线是革命和建设同时并举

---

① 逄先知、金冲及主编《毛泽东传（1949—1976）》上，中央文献出版社，2003，第 253~254 页。

② 《毛泽东文集》第六卷，人民出版社，1999，第 316 页。

的路线，“一化”是主体，“三改”是两翼，二者互相关联而不可分离。这里，前者是手段而后者是目标，三大改造属于生产关系革命，而工业化属于生产力革命。由于中国历史和国情的特殊性，社会主义革命具有两方面意义：一方面，社会主义革命是新民主主义革命的延续，是更彻底消除封建主义和资本主义的革命；另一方面，社会主义革命是高于新民主主义的革命，是进一步解放生产力和发展生产力的革命。从继续革命角度看，新民主主义革命的胜利，完成了反帝反封建任务，但还存在着农民小土地所有制和小资产阶级，反对封建主义和抑制资本主义的任务并未完成。从现代化建设角度看，中国近代工业落后，小生产普遍，社会化程度低，生产力不发达。所以面临着变小生产为社会化大生产，即迅速实现社会主义工业化的任务。这种双重任务，就是中国三大改造的历史依据和逻辑动因。毛泽东还指出，“不要脱离这条总路线，脱离了就要发生‘左’倾或右倾的错误。”他说：“我们提出逐步过渡到社会主义，这比较好”，“走得太快，‘左’了；不走，太右了。要反‘左’反右，逐步过渡，最后全部过渡完。”[①] 可见，“一化三改”既是革命也是建设。正是这种革命和建设的纠结，导致中国长期以来革命时代的价值体系向建设时代价值体系转变的困难。

### 2. 从解放生产力向保护和发展生产力转变

新中国建立以后，中国人民以最快的速度完成了经济恢复，并从新民主主义向社会主义过渡，进行了对农业、手工业和资本主

---

① 逄先知、金冲及主编《毛泽东传（1949—1976）》上，中央文献出版社，2003，第255页。

义工商业的社会主义改造，并建立起计划经济体制，开始了社会主义建设。毛泽东指出：社会主义革命的目的是解放生产力。[①] 而社会主义生产资料所有制改造的完成，则意味着社会主义基本经济制度的确立。在这种情况下就必须考虑党的中心目标的转变。1956年，毛泽东在分析中国当时的形势时曾指出，“我们的根本任务已经由解放生产力变为在新的生产关系下面保护和发展生产力”了。[②] 至此，中国共产党的中心任务真正开始了从革命向建设的转变。

首先是保护生产力的问题。“三大改造”是一次生产关系的根本变革，原有的社会生产要素格局和利益格局都发生了根本的变化，农民、小手工业者，特别是资本主义工商业者，都丧失了原有的生产资料，成为与工人阶级一样的“无产者”。在这种情况下，如何调动国内外一切积极因素，化消极因素为积极因素，成了一个十分重要的课题。中国共产党认为，旧的生产关系特点是地主和资本家掌握了主要生产资料，而广大的劳动者或直接生产者一无所有或只占有很小部分的生产资料。这就很难调动生产者的积极性，是生产力落后的根本原因。而生产资料所有制改造完成以后，生产者成了生产资料的主人，必然焕发出社会主义冲天干劲，生产力的快速发展是毋庸置疑的。但事实上，刚刚建立的社会主义生产关系还很不完善，刚刚调整的社会利益结构还存在着矛盾和冲突。所以，必须考虑如何调动各方面积极因素，保护刚刚建立的社会主义生产

---

① 《毛泽东文集》第7卷，人民出版社，1999，第1页。

② 《毛泽东文集》第7卷，人民出版社，1999，第218页。

力，成为党和社会的核心任务。1957年毛泽东写作《关于正确处理人民内部矛盾的问题》、1958年写作《论十大关系》，都是在这个方面的探索。

其次是发展生产力的问题。中国共产党把发展生产力的社会要求，转变为工业化和现代化的战略目标。毛泽东很早就认识到，中国落后的原因主要是没有新式工业。因此"要中国的民族独立有巩固的保障，就必需工业化"。[①]1953年过渡时期总路线提出以后，在经过毛泽东修改和审定的《关于过渡时期总路线的学习和宣传提纲》中明确提出了现代化问题。该提纲指出，实现国家的社会主义工业化，就可以促进农业和交通运输业的现代化，就可以建立和巩固现代化的国防。1954年9月，周恩来在一届全国人大一次会议上做的《政府工作报告》中，提出建设强大的现代化的工业、现代化的农业、现代化的交通运输业和现代化的国防。生产资料私有制的社会主义改造基本完成以后，随着党的工作重心的转移，毛泽东日益明确地将实现现代化确定为社会主义建设的总体战略目标。1957年毛泽东在《关于正确处理人民内部矛盾的问题》中提出了建设工业现代化、农业现代化和科学文化现代化的思想。1959年毛泽东进一步提出国防现代化，从而形成完整的"四个现代化"思想。

① 《毛泽东文集》第3卷，人民出版社，1996，第146页。

### （三）社会主义市场经济的价值形成

#### 1. 思想解放运动：最后的现代性启蒙

中国共产党确立马克思主义作为指导思想的理论基础，取得新民主主义革命和社会主义革命的成功。这是毋庸置疑的。然而，在中国，与传统观念的彻底决裂，一方面造成了思想文化发展的巨大断层，另一方面导致对马克思主义的教条主义化发展。事实上，这是中国革命和现代化过程中不可能避免的文化困境。这种状况到了“文革”时期达到了极致，从而形成了极为偏狭的思想潮流，并在社会上形成严格的思想禁区。所以，20 世纪 80 年代开始的改革开放，首要任务就是解放思想。

思想解放运动，首先源于真理标准讨论。1978 年 5 月 10 日，中共中央党校内部理论刊物《理论动态》第 60 期刊出了《实践是检验真理的唯一标准》一文。文章明确提出：实践是检验真理的唯一标准，不能有其他任何标准，任何理论都要经受住实践标准的检验。随后，该文在《人民日报》等中央主流媒体上公开发表，并迅速引起全国范围的关于真理标准的讨论。这场讨论成为我国改革开放初期具有重大意义的思想解放运动，也成为持续改革开放的历史开端。

思想解放运动再次提出反封建传统。1980 年邓小平在《党和国家领导制度的改革》讲话中指出：“我们进行了二十八年的新民主主义革命，推翻封建主义的反动统治和封建土地所有制，是成功的，彻底的。但是，肃清思想政治方面的封建主义残余影响这个任务，因为我们对它的重要性估计不足，以后很快转入社会主义革命，所以没有能够完成。现在应该明确提出继续肃清思想政治方面的封建主义残余影响的任务，并在制度上做一系列切实的改革，否则国家和人民还要遭受损失。”[①] 邓小平还强调指出：“肃清封建主义残余影响，重点是切实改革并完善党和国家的制度，从制度上保证党和国家政治生活的民主化、经济管理的民主化、整个社会生活的民主化，促进现代化建设事业的顺利发展。”[②]

思想解放运动出现人道主义和异化讨论。继续肃清封建主义残余影响任务的提出，同时表明现代性思想启蒙仍是未竟的历史任务。所以，伴随着思想解放中国思想界出现新的启蒙思潮。1980年9月，周扬在中央党校发表题为《思想解放和社会主义现代化建设》的讲话，提出：马克思主义是包含着人道主义的，要通过改革克服各个领域的“异化”现象，实现人的物质和精神的全面解放。周扬的观点引起党内外的激烈讨论，强烈反对者有之，积极支持者有之，尽管最后不得不中止讨论，但毕竟打开了禁区，人性、人道、反对异化和人的解放，这些启蒙时代的核心话语，成了中国社会流行的热词，人们重新认识到了启蒙。

总的来看，这场思想解放运动，最初是由中国共产党改革者发动的，到后来则进一步引起民间多元化思潮。尽管民间多元化思潮也是在马克思主义理论名义下的探索，但并没有按照预期的思想

---

① 《邓小平文选》第2卷，人民出版社，1994，第335页。

② 《邓小平文选》第2卷，人民出版社，1994，第336页。

解放路线进行。尽管如此，直到20世纪90年代中国市场经济改革的探索，仍可以看到这场思想启蒙的影响。到了21世纪，随着中国经济现代化的发展以及现代化本身带来的问题，人们开始反观现代化，反思现代性，启蒙也面临着全新的历史课题。

### 2. 改革也是解放生产力，改革也是革命

在新民主主义和社会主义革命时期，毛泽东坚持革命就是解放生产力的观点，也就是坚持了马克思主义唯物史观。在三大改造完成以后，毛泽东提出从解放生产力转向保护和发展生产力。1958年，毛泽东提出要来一个技术革命，并要求把党的工作重点放到技术革命上来。他指出:“搞上层建筑、生产关系的目的，就是为了解放生产力。现在生产关系是改变了，就要提高生产力。不搞科学技术，生产力无法提高。”[①]1959年，毛泽东在读苏联《政治经济学教科书》时曾指出：社会主义制度下，虽然没有一个阶级推翻另一个阶级的革命，但是还有革命，技术革命，文化革命，也是革命。[②]后来，毛泽东又将现代化建设视为“第二个革命，就是产业革命或者说经济革命”。[③]可见，中国共产党是要用革命的思维和革命的方式搞建设，反映了马克思主义批判现代性与建设现代性的纠结一直延续。在这里，革命与生产力是相互阐释的概念。

马克思主义的唯物史观也是中国改革开放的哲学基础。邓小

---

① 《毛泽东文集》第8卷，人民出版社，1999，第351~352页。

② 《毛泽东文集》第8卷，人民出版社，1999，第108页。

③ 《毛泽东文集》第8卷，人民出版社，1999，第216页。

平指出："马克思主义的基本原则就是要发展生产力"，[①]"我们革命的目的就是解放生产力，发展生产力。离开了生产力的发展、国家的富强、人民生活的改善，革命就是空的"。[②]社会主义革命建立了生产资料公有制，建立了计划经济体制。这是一场革命。在计划经济体制下国家将有限的资金、物资、人才等各种资源集中用于大规模工业化建设，使中国用较短时间建成了独立的比较完整的工业体系和国民经济体系。但计划经济不利于调动各方面的积极性，结果导致效率低下，不能适应不断变化的市场，因而不能进一步提高生产力和人民生活水平。这就提出了由计划经济转向市场经济的改革。这种改革也是提高生产力的需要。邓小平指出："社会主义和市场经济之间不存在根本矛盾。问题是用什么方法才能更有力地发展社会生产力。我们过去一直搞计划经济，但多年的实践证明，在某种意义上说，只搞计划经济会束缚生产力的发展。把计划经济和市场经济结合起来，就更能解放生产力，加速经济发展。"[③]

尽管与计划经济时代不同，但改革也是将生产力作为核心价值，革命与生产力仍是相互阐释的一对概念。邓小平指出："生产力方面的革命也是革命，而且是很重要的革命，从历史的发展来讲是最根本的革命。"[④]邓小平指出，革命是解放生产力，改革也是解放生产力。社会主义基本制度确立以后，还要从根本上改变束缚生

---

① 《邓小平文选》第 3 卷，人民出版社，1993，第 116 页。

② 《邓小平文选》第 2 卷，人民出版社，1994，第 231 页。

③ 《邓小平文选》第 3 卷，人民出版社，1993，第 148~149 页。

④ 《邓小平文选》第 2 卷，人民出版社，1994，第 311 页。

产力发展的经济体制，建立起充满生机和活力的社会主义经济体制，促进生产力的发展，这是改革，所以改革也是解放生产力。过去，只讲在社会主义条件下发展生产力，没有讲还要通过改革解放生产力,不完全。应该把解放生产力和发展生产力两个讲全了。“改革促进了生产力的发展，引起了经济生活、社会生活、工作方式和精神状态的一系列深刻变化。改革是社会主义制度的自我完善，在一定的范围内也发生了某种程度的革命性变革。”[①] 所以，“改革也是解放生产力”。[②]

总的来看，直到改革开放时期，中国共产党还是以革命和生产力相互阐释，进而以改革和生产力相互阐释，表明唯物史观的深远影响。从建党之日起就将革命和生产力作为党的核心价值，一直延续到 20 世纪末仍在继续。

### 3. 社会主义市场经济：价值与体制

1979 年，中国共产党十一届三中全会确定了改革开放的大方向，经过思想解放运动，中国社会的理性被真正地唤醒，革命时代的激情转变为发展经济的动力。于是，中国开始了转向现代社会主义市场经济的伟大变革。

第一，个人经济利益观念的启蒙和开发。中国历史上缺乏理性启蒙,这一缺陷决定市场经济启蒙的长期滞后。新中国成立以后，经过 20 世纪五六十年代的三大改造特别是文化大革命，从经济基

① 《邓小平文选》第 3 卷，人民出版社，1993，第 142 页。
② 《邓小平文选》第 3 卷，人民出版社，1993，第 370 页。

础上消灭了生产资料私有制，人们变成了“无产者”；经过“兴无灭资”和“斗私批修”的洗礼，从意识形态上清除了个体的私欲，人们都成了没有个人利益和经济理性的“无私者”。但与此同时，人们的社会主义生产积极性也就此泯灭。改革开放初期，为了尽快调动人们的生产积极性，理论界开始讨论人们的经济利益问题。邓小平指出：“革命是在物质利益的基础上产生的，如果只讲牺牲精神，不讲物质利益，那就是唯心论。”[①]此后，中国理论界关于个人利益的讨论迅速展开，对个人和企业的经济激励政策也逐渐推行开来。不过此时的讨论并未涉及理性人和经济人层面，因而仅仅是初级的讨论，但毕竟是个人经济利益启蒙的开端。

第二，从社会主义计划经济到社会主义市场经济。改革开放后，中国经济理论界展开关于商品经济的讨论。1984 年 10 月 20 日，中国共产党十二届三中全会通过《中共中央关于经济体制改革的决定》，明确指出：“社会主义经济是公有制基础上的有计划的商品经济。”由此出发，中国理论界转向社会主义市场经济的理论探讨。邓小平说：“说市场经济只存在于资本主义社会，只有资本主义的市场经济，这肯定是不正确的。社会主义为什么不可以搞市场经济，这个不能说是资本主义。我们是计划经济为主，也结合市场经济，但这是社会主义的市场经济。”[②]最后，中国共产党十四届三中全会确定建立社会主义市场经济体制，并在八届全国人大一次会

① 《邓小平文选》第 2 卷，人民出版社，1994，第 146 页。

② 《邓小平文选》第 2 卷，人民出版社，1994，第 236 页。

议通过的宪法修正案上，将社会主义市场经济写进宪法，从而实现了根本性的突破和转折。

第三，单一公有制转为多种所有制并存。在中国通过“三大改造”消灭了私有制，建立了两种生产资料公有制，公有制成了社会主义的基本经济制度。党的十五大确定“多种所有制并存”是社会主义市场经济的基本制度。这就使民营经济获得了合法性。在这种制度背景下，民营企业迅速发展，甚至在整个国民经济中三分天下有其一。2004 年 3 月十届全国人大二次会议，将保护公民的私有财产载入宪法，规定:“国家依照法律规定保护公民的私有财产权和继承权”，“保护个体经济、私营经济等非公有制经济的合法的权利和利益。”这样，在中国就形成了多元的经济主体，自然也就出现了多元的利益主体，以国家和集体为中心的社会开始转向包括企业和个人的多中心社会。如果说中国社会主义革命使全国人民都成了无产阶级的话，那么，改革开放又使人们重新成了有产者。

第四，按劳分配转为按劳分配与按要素分配并存。改革开放初期，为了调动人们的劳动积极性，社会口号是劳动致富。随着生产资料多元性的出现，个人所掌握的生产要素不再限于个人的劳动，还包括了资金和技术等，所以，单纯的按劳分配不利于调动社会各方面的要素和积极性，这就需要对分配制度进行改革。到中国共产党十五大，党和国家最终确定了新的分配制度，即按劳分配和按要素分配相结合的分配制度。这就保证了收入分配差别的合理性和合法性。新的社会分配制度，极大地刺激了人们发财致富的欲望和行动，大大提高了社会经济效率，大大提高了社会生产力。

到世纪之交，中国基本完成社会主义市场经济体制建设，社会主义市场经济的核心价值也日渐明晰。从中国共产党长期奋斗目标来看，革命的目的主要包括两个方面，一是发展生产力，二是共同富裕。但是，在革命和发展的过程中，这两方面的目标也发生转变，即生产力发展逐渐成为一切目标的根本，而共同富裕目标逐渐被掩盖，并且总是作为动员社会的口号。特别是在社会主义市场经济体制建设和经济发展过程中，现代意识逐渐凸显，到最后，发展生产力、科技是第一生产力，时间就是金钱、效率就是生命成为社会的普遍口号，经济增长和GDP成了衡量所有组织绩效的最重要指标。相反，公平价值或共同富裕目标被大部分人忘到脑后了。

### （四）社会主义现代化：价值之损益

近代以来的中国，特别是新中国的数十年来，现代化已经成为整个中华民族的共识，成为公认的“大道”。在现代化的大道上，传承数千年的中国价值传统，不仅不能“载道而行”反而成为现代化的严重障碍。人们认为，只有彻底突破传统，批判传统，最终放弃传统，现代化才能顺利实现。所以，在现代化的过程中，现代思想和现代价值日益增进，而传统价值不断地减损，所谓“为学日益，为道日损”（《道德经》第四十八章）。《易》曰：“损益，盛衰之始也。”（《易·杂卦》）传统价值与现代价值的一损一益，成为中国新一次价值革命的枢纽环节。

### 1. 为学日益：现代价值之益

中国共产党从一开始就接受了马克思主义的唯物史观。唯物史观作为中国共产党的哲学基础，决定中国共产党自始至终以解放和发展生产力为价值核心。新民主主义革命和社会主义革命时期是解放生产力，社会主义建设时期逐渐转向保护和发展生产力，在改革开放和社会主义市场经济时期更以解放生产力和发展生产力为核心。以唯物史观和发展生产力为核心的价值，具体体现为工业化和现代化。

第一，国家工业化。中国是传统的农业国，数千年的重农传统影响了对工业的重视。但是中华民族从近代以来的历史得到的教训是，没有发达的工业就意味着落后，而落后就意味着挨打。所以，中国的民族主义者一开始就将工业化作为民族复兴的根本选择。毛泽东认为："没有工业，便没有巩固的国防，便没有人民的福利，便没有国家的富强。"①因此，毛泽东在党的七届二中全会上明确指出，"在革命胜利以后，迅速地恢复和发展生产，对付国外的帝国主义，使中国稳步地由农业国转变为工业国。"②新中国成立后工业化立即提上党和国家的重要议事日程。1949 年制定的《共同纲领》第三十五条规定：关于工业，"应以有计划有步骤地恢复和发展重工业为重点，例如矿业、钢铁业、动力工业、机器制造业、电器工业和主要化学工业等，以创立国家工业化的基础。同时，应恢复和

---

① 《毛泽东选集》第 3 卷，人民出版社，1991，第 1080 页。

② 《毛泽东选集》第 4 卷，人民出版社，1991，第 1437 页。

增加纺织业及其他有利于国计民生的轻工业的生产，以供应人民日常消费的需要。”1953 年，在酝酿提出过渡时期总路线的过程中，毛泽东明确提出了“国家的社会主义工业化”。[①]1957 年，毛泽东则明确提出了“中国工业化的道路”这一科学概念。他指出，中国工业化的道路主要是指重工业、轻工业和农业的关系问题。他说，我国的经济建设是以重工业为中心，这一点必须肯定，但是同时必须充分注意发展农业和轻工业，发展工业必须和发展农业同时并举。至此，毛泽东基本形成了以重工业为主，重工业和轻工业、农业同时并举为主要内容的中国特色的社会主义工业化道路思想。

第二，四个现代化。与工业化相比，现代化是一个更为丰富的范畴，不仅包含工业现代化，而且包含农业、科技、国防的现代化；不仅有经济内容，而且包含社会、政治、文化多方面的内涵。毛泽东是实现我国四个现代化的最早倡导者。1953 年经过毛泽东修改和审定的过渡时期总路线宣传提纲中提出：实现国家的社会主义工业化，就可以促进农业和交通运输业的现代化，就可以建立和巩固现代化国防。1964 年 12 月 21 日，周恩来代表中国政府正式公开宣布：“今后发展国民经济的主要任务，总的说来，就是要在不太长的历史时期内，把我国建设成为一个具有现代农业、现代工业、现代国防和现代科学技术的社会主义强国，赶上和超过世界先进水平。”我们党提出实现四个现代化的经济发展战略目标和部

① 中共中央文献研究室编《关于建国以来党的若干历史问题的决议注释本》，人民出版社，1983，第 218 页。

署，既符合世界潮流，又合乎中国实际，充分反映了全国各族人民迫切改变我国贫穷落后面貌的愿望和根本利益，从 20 世纪 60 年代到 80 年代初期对我国社会主义建设产生过巨大的积极作用。然而，“四个现代化”目标提出不久,就发生了席卷全国的“文化大革命”。这样，实现四个现代化的努力被打断，四个现代化的目标被搁置起来。1975 年 1 月，周恩来在四届全国人大一次会议上重申了在 20 世纪末实现四个现代化的目标。

第三，全面建设小康社会。在深刻认识国情的基础上，1979 年 12 月 6 日，邓小平在与前来中国访问的日本首相大平正芳举行会谈时，首次提出了到本世纪末实现“小康”的经济发展战略目标。邓小平提出实现“小康”的目标后，中共中央反复讲到这个问题，理论界也对此做了研究和论证，认识逐渐明确。1982 年 9 月，党的十二大提出：从一九八一年到本世纪末的二十年，我国经济建设总的奋斗目标是，在不断提高经济效益的前提下，力争使全国工农业的年总产值翻两番。1987 年 10 月召开的中共十三大正式提出了我国经济建设分三步走的战略：第一步，实现国民生产总值比 1980 年翻一番，解决人民的温饱问题。这个任务已经基本实现。第二步，到本世纪末，使国民生产总值再增长一倍，人民生活达到小康水平。第三步，到下个世纪中叶，人均国民生产总值达到中等发达国家水平，人民生活比较富裕，基本实现现代化。在这个基础上，我们党提出，到建党一百年时建成经济更加发展、民主更加健全、科教更加进步、文化更加繁荣、社会更加和谐、人民生活更加殷实的小康社会，然后再奋斗三十年，到新中国成立一百年时，基本实现现代化，把我国建成社会主义现代化国家。

总之，经过长期的奋斗，如今，我们比历史上任何时期都更接近实现中华民族伟大复兴的目标。而要实现这一伟大目标，我们必须坚持解放和发展社会生产力，坚持社会主义市场经济改革方向，加快建设现代化经济体系。另一方面，我们还要更好地构筑中国精神、中国价值、中国力量，为人民提供精神指引。

### 2. 为道日损：传统价值之损

总的来看，在中国现代化过程中，马克思主义现代性价值成为主导价值，决定了中国现代化的方向和道路；但与此同时，西方资本主义现代性价值也产生了重要影响。特别是改革开放后，一方面，中国主动学习西方先进技术和市场经济制度，另一方面，在西方新自由主义思潮的冲击下，西方现代价值的影响也日益扩大。与此同时，中国价值传统的最后影响力却在迅速地消失。到了 20 世纪末，现代化高歌猛进，传统价值则“损之又损以至于无”了。这种传统之损和价值之损，导致现代化过程中价值规范和价值引导大大缺失，直接造成了一系列社会矛盾和危机。

第一，科技崇拜与人文之损。在现代化过程中，中国传统的人文精神一度淹没在以工具理性为特征的西方科学主义之中。在人们通过科技手段追求物质利益和经济增长的同时，一切传统的、人文的东西都烟消云散了，甚至变得一文不值了。然而，失去价值规范的科学技术，并不仅仅造福于人类社会，而有可能成为私人牟利的手段，更可能成为损害他人利益和社会整体利益的手段。原本作为人类探索自然和利用自然的科学技术，现在反过来成为一种控制人的力量，人由科学技术的主人变为科学技术的奴隶。总之，我们获得了“科技”却丧失了“人文”。

第二，市场崇拜与人性之损。近代以来，市场理性大行其道，人的趋利避害本性决定每个市场主体在市场上追求最大利益，竞争和效率成为社会市场的核心价值：其中效率是目的，竞争是手段，效率是目标价值，竞争是工具价值。在市场活动中，人们采用一切可以提高效率的竞争手段，目的只有一个，就是击败对手，获取更大的经济利益。人不仅从趋利避害的“理性人”转变为精于计算的“经济人”，而且可能从“经济人”进一步转变为“经济动物”。人们为了追求效率和收益最大化而进行的无休止和无限制的竞争，既导致人际关系的紧张也导致市场效率的下降。

第三，增长崇拜与人本之损。在现代化过程中，“物本”的主导性压制了“人本”的主导性，致使物质文明和精神文明的发展严重不同步、不协调。过去社会流行的口号是“时间就是生命”，而现在，这个人本主义口号转变为“时间就是金钱”和“效率就是生命”两个典型的现代“物本主义”口号。人们“丧己于物，失性于俗”，成为“倒置之民”(《庄子·缮性》第十六)。在这里，价值判断基本不存在了，剩下的只是效率、效率和效率，效率成了唯一的价值标准。但在这种发展过程中，一方面，环境污染，生态破坏，人与自然的矛盾大大加剧了；另一方面，人自身的发展，人们精神方面的需要被大大忽视了，越来越进入一个“空心”时代。

第四，理性霸权与多元之损。现代理性主义强调齐一性，具有极强的同化能力，将一切传统的、多元的价值统一为单一的、标准的价值。经济方面，货币作为现代社会最强大的同化工具，成了衡量一切的价值标准。不仅所有的商品，包括商品以外的一切事物都可以变现为货币。人们获得和掌握的货币量的多少，成了人们能力和成功的唯一标志。文化方面，是否“流行”成了主流文化的标准，共同的价值标准统治了所有人，也消除了各种价值倾向，“己所不欲，勿施于人”成了“己之所欲，强施于人”或“己所不欲，被施于人”，更重要的是，人们也由此丧失了自由。

总之，在现代化过程中，“为学日益”确立了马克思主义现代性的主导地位，决定了中国现代化的方向和进程；与此同时，西方资本主义现代性的消极影响却导致人文之损、人性之损、人本之损，以及多元和自由之损、即所谓“为道日损”。21 世纪初的中国，经济发展使物质文明已经达到有史以来的最高水平，但人们也同时发现，传统的东西即便是那些传承千年的优良价值传统也都几乎荡然无存了。在经济利益驱使下，人们普遍地压抑良知，不尚道德，缺乏同情心和仁爱心；人们享受着丰富的物质资料，但市场经济的不确定性，激烈竞争导致的人际关系紧张，社会逐利机制和败德行为导致人们利己心与良知的相互纠缠，等等，这一切导致人们身心环境的恶化。在这种背景下，我们不能不回过头来看看我们这些年来所走过的路，重估我们一个半世纪以来所获得的现代价值。另一方面，我们也有必要对我们数千年历史形成但已经逐渐消解的价值传统进行一次重估，重新发现并光大传统的价值，以重建我们的价值传统。这就是说，要对近代以来的价值变革做一个终结性的融合创新，实现新的价值革命。

# 第四章

## 新时代中国价值的革命

中国价值经过创造性转化，实现了现代性转型，中国的现代化也走出了中国道路。中国特色社会主义新时代和我国发展新的历史方位，是中国价值革命的根本基础。根据新时代要求，中国价值既要完成创造性转化，又要实现创新性发展。这是中国价值革命的根本任务。新时代中国价值革命的任务，还可以概括为三个方面，即新启蒙、新传统和新综合。新启蒙就是超越物质主义的美好生活的启蒙，也是民族自信和共同理想的再启蒙；新传统就是恒久持续和不断更新的价值传统，包括实现现代性转型后的中国价值传统、中国化的马克思主义价值传统，以及中国化的西方现代性价值传统；新综合就是以上三方面价值传统的全面和全新综合，并在此基础上进行创新性发展。新时代中国价值革命的本质，就是坚持马克思主义，重建中国价值传统，确立共产主义远大理想和中国特色社会主义共同理想。

# 一　中国现代价值的危机

## （一）现代社会的价值悖论

经过数十年的经济发展，中国的物质水平已经有了很大的提高，人们的幸福感也自然随之提高。但问题是人们的幸福感并没有与物质水平同比例提高。这令每个人心中都有一种莫名的烦恼即纠结。因为每个人都面对着各种矛盾，胶着在一起，导致每个人都有一个难解的心结。这种焦虑首先是人们对于未来收入的焦虑。随着经济的高速发展，人们的收入水平也迅速提高，甚至普遍高于人们的心理预期。尽管收入不断提高，但人们看到的是收入提高赶不上物价提高，自己收入提高比不上其他人收入提高，自己的社会层级会进一步下降。其次是关于未来保障的焦虑。中国的社会保障系统仍在建设之中，尚未达到可以保障未来的水平。对未来的不确定性导致人们普遍的焦虑感。不过，这种纠结更多的是源于人们的心物矛盾。就人们基本物资资料需求来说，大部分人是能够获得基本满足的，即温饱有余，衣食已足；越来越多的人进入中高收入阶层，少数人已经开始“土豪”式消费。但人们的精神生活仍然空虚，除了物质利益追求外别无他求。在这种情况下，有的人开始盲目地皈依宗教，却不知道哪种宗教适合自己。所以，当下的中国人民有着普遍的身心矛盾和身心焦虑。从经济根源上分析，当下中国普遍存在的这种纠结状态，源于中等收入的结构性挑战，或者说是“中等收入危机”。这就是说，当社会经济发展达到中等收入阶段时，一方面，中等收入阶层尚未成为社会的主体，另一方面，贫穷阶段的心理和文化没能相应地提升到与收入相适应的阶段。这就导致社会的价值观、道德水平、精神追求等方面的严重滞后。总之，社会上“物”的矛盾缓解了，而“心”的矛盾加剧了。

## （二）从价值祛除到价值颠覆

现时代的典型特征就是经济生活取代精神生活成为社会生活的主旋律，物的价值高高凌驾于精神价值之上。所以，现时代既是一个“异化”的时代，也是社会从“价值祛除”到“价值失衡”，再到“价值颠覆”直到“价值真空”的时代。

第一，价值祛除。近代以来中国社会经历了一系列价值祛除过程。价值祛除集中表现为两个方面，即科学主义和效率至上。科学技术是生产力，并且是第一生产力。这是中国科学主义的最高形式。效率是市场经济的第一原则，即最小成本和最大收益原则。而科学技术的广泛使用是实现市场效率的重要途径。然而，这里的问题是，生产力和科学技术被过度地强调了，经济效率也被过度地强调了，而社会发展的人文方面，包括公平和正义、道德和伦理、艺术和欣赏等全都被忽略了。这种价值祛除一方面是通过社会变革和新的社会运行机制实现的，另一方面也是通过学术思想变革实现的。社会价值取向越来越转向效率，而学术思想不仅发挥了肇始作用并且对其进行了合理性阐释。近代以来的价值祛除导致了一系列政策矛盾，比如工业化过程中出现的城乡二元户籍制度、工农业产品剪刀差效应，市场化过程中的收入差距扩大、官商结合导致的经营垄断和分配公平等。在学术上，价值祛除表现为科学主义泛滥以及各种“纯粹”学术的流行，包括“纯粹法学”、“纯粹经济学”、“纯粹社会学”等。总的来看，近代以来的价值祛除过程一直延续到21世纪初，而价值祛除的负面影响还在进一步扩大着。

第二，价值失衡。社会价值的理想状态是平衡，价值平衡符合“中道”因而也是常道。实际上，价值传统的形成说明社会对价值选择的基本完成，同时也表明社会价值进入一种平衡状态。而这种价值平衡表明社会处于一种稳定发展的状态之下。但是，社会价值的平衡状态并不是不变的，随着经济社会的发展，传统价值也可能不再适应社会需要，从而丧失导向作用。这就会出现社会价值的失衡。价值失衡使人们丧失对传统的信仰，一方面，社会核心价值分解了，原有的价值认同消散了，社会的共同目标消失了；另一方面，多元价值出现了，社会目标多元化了，生活的意义也丰富多彩了。然而，在多种多样的价值观面前，人们会陷于价值选择的困境之中，从而导致价值危机和信仰危机。从中国的情况来看，现代社会的价值平衡点在20世纪晚期被彻底打破了。中国近代以来的现代化就是要打破传统，从传统价值的束缚下解放。但与此同时，共产党又建立了新的信仰体系即共产主义。共产主义信奉没有私人利益的激励，在一个时期里起到了价值平衡的作用。但是改革开放到20世纪末，公共利益逐渐被私人利益所取代，传统价值完全丧失了信仰，社会价值平衡被彻底打破，并出现严重的倾斜。

第三，价值颠覆。当社会价值失衡状态超过一定程度时，就出现价值倾覆甚至价值颠覆。价值倾覆是传统的彻底瓦解，而价值颠覆则是完全的价值颠倒。价值颠覆发生以后，人们会做出超越常理的行为。德国哲学家舍勒（Max Scheler）通过考察发现了现代社会的“人心失序”现象，表现为现代精神对传统价值的颠覆，即古代所颂扬的高贵品德如理性的自我克制，被诸如利欲这些本能的冲动所取代，对满足感性需要的物质利益追求，成为现代社会的重要价值。这种“人心失序”在心性上体现为“怨恨”，在伦理气质上表现为传统“德性”或“美德”的衰落，因而生命的价值被肉身的价值所取代，快乐、享乐、有用性成为评判事物是否有价值的标准，功利主义变成一种在现代具有实质影响力的伦理学范式。这种“价值颠覆”也就是尼采所说的“本能冲动对逻各斯的系统造反”。[①] 这种“人心失序”和“价值颠覆”正是21世纪初中国社会的状况：传统的义利观整个被颠覆了，金钱利益成了最大宗教，成功成了最普遍的目标，因而，利已成了最基本的行为准则。人们不仅没有任何信仰，而且除了金钱利益什么都不信，不信道德说教，不信良心自责，不信彼岸，不信来生，所以更不信什么因果报应。有的人为

---

① 王艳:《直面现代价值危机的“实质的价值”伦理学——论舍勒现象学伦理学的历史地位和意义》,《哲学动态》2010年第12期。

了个人目的甚至什么恶都肯做。可见，某些最具普遍性的价值都被颠覆了，实际上也就是人间“常道”即“天道”被颠覆了。

第四，价值真空。传统价值从价值祭坛上被撵下来之后，长期以来对于价值的不断重新选择使人们对价值产生了一种不确定感。这种价值的不确定性使价值本身变得毫无意义，从而导致价值的虚无也就是社会价值真空。这种价值真空表现为人们心理上的迷茫和混乱，而在混乱中实际上是各种价值的竞相挤入。就是说，真正的“空灵”现象绝对是短暂的，既然传统价值被祛除了，原有的价值体系被颠覆了，原有的信仰和偶像被打碎了，人作为一种特殊的有灵动物，心中不能长期空置。所以，20 世纪晚期中国一度出现宗教思想活跃的现象，佛祖或上帝就是在人们价值空虚、思想迷茫时占据了人们的心灵。但宗教并不能解决价值真空问题，特别是对于那些无神论者来说，根本的解决途径还是价值重建。

价值危机始于信仰危机终结于自性危机。信仰危机是价值危机的起点。信仰危机是对心灵中最崇高的偶像，包括对未来的理想和彼岸的向往，直到对神祇乃至上帝的信仰的丧失。由于理想和信仰的缺失，最后丧失对自我的信仰。对于个人来说，不论是对于价值理想的信仰还是对于神祇的信仰，总之是对于身外的“他者”的信仰，而对这些“他者”的存疑，进一步发展为对所有身外世界的怀疑，最后的结果必然是丧失自我，即不知道自己是谁，从哪里来，到哪里去，即所谓的“自性危机”。现代社会是以自我为中心的社会，对于自我的强调导致对身外世界的忽略，结果是使自我日益脱离社会，最终导致自我迷失。就是说，对于一个既没有价值理想，也没有任何信仰，既无视他者，也无视社会的人来说，个人也必然消失在“人人自我”的社会中。所以，中国当下的社会问题并不是物质发展问题，不是生产力问题，而是社会和心理问题。

然而，这一切还与中国价值传统的彻底消解有关。中国传统文化是伦理本位的。这与包括马克思主义在内的西方文化都有很大的不同。这种伦理本位的文化，对西方的物质文化和竞争文化有天然的抵御能力。但是，这种文化并不强调物质生产力发展，成为中国在现代化进程中落伍的重要因素。五四以来的反传统运动，对这种道德伦理观念进行了一次又一次的价值祛除，直到20世纪末最终实现了“损之又损而至于无”的结果。一方面，源自西方的物质利益第一原则大行其道，另一方面，中国传统的道德伦理被清除殆尽，从而丧失了数千年蕴积下来的对物欲侵蚀的免疫能力，出现物欲横流、道德无底线的社会状况。中国传统文化的先天优势就是伦理价值，讲的是以人为本而反对以物为本。事实上，这些基本价值观都更适应“现代化以后”的时代需要。所以，对于中国来说，不能继续沿着西式现代化道路发展，而是要有自己的方向和目标，也就是说要走上真正的“中国式道路”。从另外一个角度看，中华民族的自性不是没有了而是迷失了，良知不是死了而是处于休眠状态；民族不是消失了，而是民族传统被消解了。总之，要从这些沦陷状况中走出来，需要对传统的唤醒。

## （三）政权合法性面临新挑战

价值和传统关系到一个政权的合法性问题。政权合法性一般可以分为三种类型，即革命合法性、政绩合法性和文化合法性。三种合法性是在政权建设的不同历史时期提出的，并且具有不同的意义，因而也需要依次更新。

新中国的共产党政权是在经过足够的理论准备和组织准备的条件下，并经过长期的武装斗争取得的。所以首先取得的是革命合法性。新中国成立后中国共产党继续强化革命合法性建设，直到政权完全稳固才将重心转移到政绩合法性建设方面。经过努力特别是通过改革开放后三十多年的发展，政绩合法性建设取得显著的成功。但是从历史上看，中国共产党政权的革命合法性主要是建立在马克思列宁主义理论基础之上的，而政绩合法性建设主要是通过社会主义市场经济和现代性理论取得的。而在革命和现代化过程中，对于传统文化实行了进一步的清除。这是因为传统文化与现代文化存在着实质性的冲突，不彻底清除传统就不能顺利实现现代化。但是，在现代化过程中，传统的缺失也带来一系列矛盾，并且成为进一步发展的障碍，甚至直接威胁到政权的合法性。

首先，政绩合法性完成以后，需要新的合法性支持，而这种新的合法性必然基于文化传统，这就是文化合法性。这是因为，政绩合法性会遇到其他政治组织的挑战。当经济发展到一定程度，就是说，当社会发展越过了基本物质保障水平以后，人们的要求就不限于吃饱穿暖，而是有更高的要求，如政治权力、个人尊严、公平正义等。所以，一个已经取得政绩合法性的政党，也往往会遇到这类新的挑战。另一方面，现代化发展到一定程度，其负面效果也会日益突出，如收入差距、环境破坏、社会矛盾、文化冲突等。这些矛盾不能继续用现代性理论来解决，而只能用文化政策来调解。

其次，在经济发展到一定程度以后，社会发展的中心必然转向文化，所以合法性来源也转向历史和文化传统。中国的现代化移植于西方，这就决定中国现代化的路径依赖。到21世纪初期，中国的经济现代化基本实现，开始将重点转向社会和政治现代化。因此，现代化的文化冲突将进一步加剧，并有可能危及政权的合法性。事实上，近代以来中国基本上是在西式现代化方向上发展，真正的“中国道路”还需要进一步摆脱对于西式现代化的路径依赖。而真正的中国道路必须是由文化决定的。所以，中国的执政者要证明自己的合法性，就必须在文化上有所作为，并由此确定中国式发展道路。

最后，合法性建设必须有新的思想指导，除“求诸野”和“求诸夷”外还需“求诸史”，即自己民族的文化传统。从历史上看，中国的经济现代化基本上是循着西方道路发展的，但是政治和社会的现代化，必然呈现出不同民族的历史和文化特点，所以越来越需要新的思想来指导。另一方面，迄今为止的西式现代化也暴露出越来越多的矛盾和问题，而这些矛盾和问题不能靠以“西”制“西”的方式来解决，需要寻求新的思想方法。这也加剧了文化合法性建设的紧迫性。到21世纪初，中国共产党政权的文化合法性建设成为极为迫切的任务。

## （四）新时代中国价值的革命

任何价值变革都基于深刻的经济社会变革。近代以来，中国传统价值经历了彻底的衰落和脱胎换骨的过程。为了实现中华民族的复兴，我们通过新民主主义革命推翻了三座大山，实现了民族独立和人民解放，通过社会主义革命建立了社会主义制度，开辟了中国特色社会主义道路，通过社会主义建设和改革开放，基本实现了经济现代化，并且正在全面实现小康社会。总之，经过长期努力，中国特色社会主义进入了新时代。

中国特色社会主义进入了新时代，这意味着近代以来久经磨难的中华民族迎来了从站起来、富起来到强起来的伟大飞跃，迎来了实现中华民族伟大复兴的光明前景。新时代中国人民的总任务，就是实现社会主义现代化和中华民族伟大复兴。中国特色社会主义新时代，不仅是经济社会的变革，更重要的是思想文化的变革，也就是价值革命。在这一系列经济社会的巨大变革基础上，中国价值也终于迎来了凤凰涅槃式的新生。我们党坚持以马克思列宁主义毛泽东思想，坚持解放思想、实事求是、与时俱进、求真务实，紧密结合新的时代条件和实践要求，以全新的视野深化对社会主义建设规律和人类社会发展规律的认识，取得重大理论创新成果，形成了新时代中国特色社会主义思想。这是新时代价值革命的重要起点。我们必须清楚，在新时代的经济社会发展基础上，新时代价值革命仍需要经历一个持久的过程。从本质上讲，这个过程是一个文化重建的过程，包括对新时代本质特征及其文化的深刻理解，中国优秀传统文化的创造性转化和创新性发展，继承革命文化，发展社会主义先进文化，不忘本来、吸收外来、面向未来，对所有这一切优秀思想进行全面综合，才能真正构筑起中国精神、中国价值、中国力量，为人民提供精神指引。

价值指引人民，价值指引中国。新时代需要一个全新的价值体系，这就需要一个系列的思想和文化变革，即新时代价值革命，包括新启蒙、新传统、新综合。

## 二　中国价值革命的任务

21 世纪中国面临着新的价值革命的历史重任。价值革命就是价值传统从瓦解到重建的过程，也就是道统从中断到接续的过程。根据一般规律，价值革命要经历价值重估、传统重建和综合创新几个阶段，所以也是一个脱胎换骨的过程。而经历这一系列过程，一个民族将会如凤凰涅槃一般重生，并真正地实现民族复兴。

### （一）新时代之新启蒙

启蒙就是唤醒，就是将长期受到压抑的、深藏于人们内心的人性的东西、本能的东西、自我的东西和自性的东西重新开发出来。从中国现代化历史来看，思想启蒙与经济现代化是同时进行的，尽管历经曲折但启蒙和现代化都趋于完成。但是，经历一个半世纪的现代化，我们面对的状况是现代性的矛盾越来越突出。所以，我们需要新的启蒙。之所以称之为新启蒙，是因为现代化基本完成以后，我们陷入新的屏蔽之中。这些新的屏蔽包括理性僭越之弊、科学主义之弊、市场崇拜之弊、西化和民族虚无之弊等。既然屏蔽是新的屏蔽，那么启蒙自然为新启蒙。

新启蒙首先要反思现代性。反思现代性的核心就是要重申以人为本，反对以物为本。物质生活是人类生活的基础。没有物质生活人类就不可能存在和发展。这是不言而喻的。但是在物质生活之外，人类还有精神文化生活。人类的精神文化生活是人类区别于其他动物的“类本质特征”，也是高级特征。从人类社会的历史来看，这两方面的生活是相互依存和相辅相成的。进一步观察，还可以看到两方面关系还存在着周期性的循环往复。就是说，一定时期里，物质生活起着主导方面的作用，而另一个时期里，精神文化生活起着主导方面的作用。一般来说，在物质生活达到一定水平以后，精神文化生活成为人类生活的主要内容和主要方面。但是，在条件不够具备时，人们对这种变化并没有足够的认识，即仍然停留在物质生活时代。起源于西方的现代启蒙，其本质就是人性启蒙。这种人性启蒙是要将在神学屏蔽下的人性唤醒，从中世纪信仰生活中走出，进入以物质生活为主要方面的世俗生活。这种人性的唤醒是现代化的精神动力，具体说就是韦伯所阐释的新教精神。但是，启蒙所唤醒的人性是世俗理性，既是趋利避害本性，也是人的自私本性，前者演进为效率最大化的市场理性，后者则演变为个人功利主义行为。而这一切都集中体现为人们对物质利益的追求。这种精神被称为资本主义精神。这种精神激励了西方资本主义的发展，并实现了工业化和现代化。但是，追求个人物质利益的资本主义精神，造成了人的异化，包括商品拜物教和货币拜物教等，使人们被物质利益所俘虏，结果重新丧失了人的本性。新的现代性启蒙就是要恢复被扭曲或被泯灭的人性。所以，新现代启蒙要重申以人为本，恢复被颠倒或被颠覆的人与物的关系。

其次，新启蒙就是重新认识你自己。这是针对现代化以来自性迷失而言的新启蒙任务。“认识你自己”是西方的一个极其古老的话题。[①] 古希腊哲学家泰勒斯认为最难的事就是“认识你自己”。[②] 康德在《回答一个问题：什么是启蒙？》一文中说：“启蒙就是人从他自己的未成熟状态走出。”什么是未成熟状态呢？康德指出：当书本代替我们的理性时，当某个精神导师代替我们的自主意识时，当医生为我们决定我们的特定食谱时，一句话，当我们屈从于某一权威而不愿自主思考时，我们就处在“未成熟”状态。总之，启蒙就是人类自身向囿于无能状态的理性蒙昧进行挑战，用康德的话说：“要有勇气运用你自己的理智！”身为人最可贵的莫过于拥有自由意识。但人经常受限于内在的个性或陷于外在的环境、传统及权威等，从而迷失了自己。尼采说：“我们必定是没有自知之明，我们不理解自己，我们肯定把自己看错了。‘每个人都是最不懂自己的人’这一永恒的命题恰恰适用于我们，因此，我们对自己而言并不是‘认识者’。”[③] 所谓重新认识你自己，就是通过新启蒙认识人的本质含义，祛除在现代化过程中现代性对人性

① 认识你自己（Know yourself；νθισεαυτν），相传是刻在戴的阿波罗神庙的三句箴言之一，也是其中最有名的一句。另外两句是“你是”（ει'）和“毋过”（μηδεναγαν）。或说这句话出自古希腊七贤之一、斯巴达的喀隆（Χλων），或说出自泰勒斯，或说出自苏格拉底。传统上对这句话的阐释，是劝人要有自知，明白人只是人，并非诸神。

② 根据第欧根尼·拉尔修的记载，有人问泰勒斯“何事最难为？”他应道：“认识你自己。”（见《哲人言行录》卷一）

③ ［德］尼采：《论道德的谱系》前言，漓江出版社，2000，第 1 页。

的屏蔽。现代化本来是人性的唤醒，但是在现代化过程中，人性再一次被屏蔽了，这就是人们对物质利益的盲目追求导致的商品拜物教和货币拜物教。而新启蒙对人性的启蒙就是重启人对自己本性的追求，也就是对本然、自然的追求亦即对快乐幸福的追求。印度哲人吉杜·克里希那穆提（Jiddu Krishnamurti）在《重新认识你自己》中，彻底讨论了如何从内在及外在的所有束缚中解脱，为自己及生活带来彻底的革新。他说：多少世纪以来，我们被我们的老师、尊长、书本和圣人用汤匙喂大。我们总是说："请告诉我，那高原、深山及大地的背后是什么？"我们总是满足于他人的描绘，这表示我们是活在别人的言论中，活得既肤浅又空虚，因此我们充其量只是"二手货"的人。你自己，这个身为人的你究竟是什么？没有任何人或任何东西可以为你解答这个问题，因此你必须先认识自己。认识自己便是智慧的开端。他还指出：由于完全不认识自己，人格才不成熟，所以认识自己便是智慧的开端。所以，所谓的重新认识你自己就是重新认识人的本性，揭开物质利益的屏蔽，认识自然和本然的自己。[①]

第三，新启蒙就是重新认识你自己的民族。对于中国来说，新启蒙还包括新的民族观启蒙。这是针对这些年来经历现代化和全球化导致的民族虚无主义而言的。人不仅是自然的人，还是文化的人。这就是构成了不同民族的人的差别。而在民族仍然存在的情况下，认识你自己还需要认识你自己的民族，认识你自己的民族与其他民族有什

① 克里希那穆提：《重新认识你自己》，若水译，深圳报业集团出版社，2010，第3、23~25页。

么不同。任何人都不可能独立生活，不能完全个性地生活，而必须是处于某一群体中生活。每个个人都不可能脱离这个群体。这个群体就是民族。所以，认识你自己同时也要认识你自己的民族。但是，认识人自己与认识人所在的民族具有不同的意义。认识你自己是认识人的共性特点，而认识你自己的民族则是认识人的族群的特点。前一方面是追求普世的共同价值，而后一方面则是寻求民族的类同价值。可见，新启蒙对于自己的认识，包含着对人自身的认识和对人自己族群的认识。西方兴起过程中同样伴随着民族意识的觉醒，这种民族意识是西方兴起的重要动力。康德关于启蒙的口号也适合于一个民族。对于一个民族来说，重要的就是“要有勇气运用自己民族的理智”。我们反思现代和重申以人为本，必然导致对西方物质主义文化的反思，而对西方文化的反思必然引致对民族传统的重估。这就是说，从重新认识我们自己开始，导致重新认识自己的民族，这就是新的民族启蒙。就中国历史来看，民族意识是近代出现的。这是因为在我们自己的“天下”之外出现了他者，而这个他者正是崇尚丛林法则的西方人。这使我们不得不重新认识自己，认识自己的民族，从而有了自己的民族意识。然而，在民族独立实现以后，在现代化和全球化过程中民族性却逐渐削弱了。这一方面是由于现代性本身具有极强的同化能力，在历史上现代化曾经同化了世界大部分区域和民族；另一方面，实现现代化必须摒弃传统，用现代性来代替民族性。然而，在这一历史过程中，部分人崇尚西方的文化制度和生活方式，往往数典忘祖，从而忘记了自己的民族。而这种民族意识的缺失也是经济社会和文化进一步发展的障碍。所以，重新认识你自己，重新认识你自己的民族，就成为新启蒙的一项重要任务。

五四以来的启蒙，基本上是沿着现代化方向的现代性启蒙。但是在启蒙时期，我们并不是用我们自己的理智来思考，而是借用外来的各种现代思想来思考。这些外来思想包括马克思主义、西方资本主义，甚至无政府主义等。然而，经过百年来的奋斗，中国的现代化逐渐走向成功，中华民族也逐渐走向新的成熟，应该完全能够利用自己民族的理智来思考。事实上，在利用外来思想的同时，我们始终坚持利用自己民族的理智，具体说就是西方理论思想的中国化。中国共产党用自己的理智来思考，通过将马列主义与中国具体实际相结合，取得新民主主义和社会主义革命的胜利；通过将西方现代市场经济理论与中国具体实际相结合，创造了社会主义市场经济，取得现代化的初步成功。而在现代化走向成功的今天，我们尤其可以借用康德关于启蒙的口号来说：要有勇气运用你自己民族的理智！所以，目前的启蒙应是民族文化的启蒙，即重新唤起民族文化的自觉，重新建立起民族文化自信。

## （二）新时代之新传统

1908 年鲁迅在《摩罗诗力说》一文中引用尼采的话说：求古源尽者将求方来之泉，将求新源。[①] 在这里，他极力主张引进外来

---

① 鲁迅:《摩罗诗力说》，载《鲁迅全集》第 1 卷，人民文学出版社，1981，第 65 页。

思想。同年他在《文化偏至论》一文中说："明哲之士，必洞达世界之大势，权衡较量，去其偏颇，得其神明，施之国中，翕合无间。外之既不后于世界之思潮，内之仍弗失固有之血脉，取今复古，别立新宗。"[①]就是说，鲁迅同时还主张进行"复古创新"。在当时，中国历史上的传统文化已经不能提供社会变革的思想资源，所以必须引进新思想亦即西方文化思想。就中国的历史事实来看，除了引进西方的科学和民主外，最重要的是引进了马克思主义。现在，经历了百年来的现代化进程，从正面说，经过中国共产党的数十年努力，马克思主义已基本实现了中国化，而从负面来说，旧的文化传统已经彻底消解，中国已经非常西化了。根据新启蒙的口号，认识你自己，认识你自己的民族，运用你自己民族的理智，就需要我们重新认识中国文化传统的价值。而对于社会思想变革来说，我们除了继续寻求外来思想资源外，还要寻求古源，即从中国古代文化思想中寻求思想创新的资源。这是因为我们陷入现代极深，但我们无法从现代思想中找寻到新的创新资源，只有"复古"才能打破现代思想的禁锢和现代思维的惯性。所以，解放思想之路，新启蒙之路，还要做"复古创新"的功夫。

要做"复古创新"的功夫，一方面，我们必须重新认识反传统。现代化必须彻底摒弃传统。这是因为在特定的历史条件下，传统往往成为现代化的羁绊，如果不能彻底与传统决裂就难以进入现代。中国近代以来的各种现代性组织，只有共产党对传统的颠覆最为彻

① 鲁迅:《文化偏至论》，载《鲁迅全集》第 1 卷，人民文学出版社，1981，第 58 页。

底。如果没有共产党对传统的彻底颠覆，我们就不可能取得革命的胜利，也不可能取得现代化的成功。国民党反传统却不能彻底颠覆传统，所以他们不可能带领中国人民实现现代化。另一方面，我们也要重新认识传统。共产党彻底反传统，但同时也正视传统。毛泽东在 1938 年指出："我们这个民族有数千年的历史，有它的特点，有它的许多珍贵品"，"从孔夫子到孙中山，我们应当给以总结，承继这一份珍贵的遗产"。[①] 经过近百年的发展和变化，我们对传统的态度也应该有一个根本的转变。近代以来，我们接受了西方先进的现代性观念，通过几代人的努力，基本上实现了经济现代化。但西方现代性给我们的发展所带来的负面影响和各种矛盾，却很难从西方现代思想中寻找到解决方案。因此，我们就不能不从"礼失而求诸夷"转向"求诸史"了，也就是重视从传统文化中获取思想创新资源。

启蒙需要做"复古"的功夫，但复古并不是复旧，而是以复古为解放，以复古为创新。近些年来，中国传统回潮但大多流于表面，如"国学热"导致的"唐装热"，"经典热"导致的"传统礼仪热"，以及小学生读经的建议等。这迫使我们不得不进一步思考：我们需要什么样的传统？事实上，传统不是旧物，旧物不是传统。但凡能够流传下来的东西，必然有流传下来的道理，能够成为传统的东西必然是对历史有价值的东西，也只有对历史有价值的东西才能够成为传统。另一方面，传统不是静止的，不是封闭的，而是与时俱进

---

① 《毛泽东选集》第 2 卷，人民出版社，1991，第 534 页。

的和时时开放的。随着历史的进程，传统不断变化和不断更新，现代性也源源不断地进入传统。总之，传统并不是“过去的”和“陈旧的”而是“日日新”的，正如汤之《盘铭》所说的“苟日新，日日新，又日新”。所以，我们必须以前瞻的眼光来看待传统，我们需要的是一种不断更新的传统。

所以，我们需要重建的不是旧传统而是新传统，而这个新传统是经传统创造性转化而形成的。早在20世纪初，正当西风强劲，人们对中国传统文化极尽批判和否定时，梁漱溟发表了曾经轰动一时的著名学术讲演，即《东西文化及其哲学》，宣称“世界未来文化就是中国文化的复兴，有似希腊文化在近世的复兴那样”。[①]这种说法充满了对自我文化的自信。但可以肯定地说，在当时的历史背景下，这种自信是没有根据的，只能是一种臆测或自大。中华文化的复兴，必须是在经历了衰落甚至几近衰亡之后的再生，并且这种文化一定是吸收了西方先进文化并与之融合之后的新文化。总的来看，中国传统文化的复兴，既是中国经济社会成功发展的必然结果，也是西方现代化陷入困境所引致的现象；既是传统文化在新的形势下发挥作用，也是对现代化负面结果的一种修正。所以，中国传统文化并不是简单的复兴，而是如凤凰涅槃般的重生。就是说，传统的简单复兴并不能承担实现中国价值创造性转化的历史任务，我们需要的是一种新传统。这种主张也可以概括为新传统主义。

首先，新传统主义必须承认历史与当下亦即传统与现代的关

---

① 梁漱溟:《东西文化及其哲学》，商务印书馆，1987，第199页。

联。存在的就是合理的，而已经发生过的历史也是合理的。尽管我们必须对历史的“合德性”进行评价，但历史已不可更改，所以我们必须承认历史的客观性及其发生的“必然性”。就中国近代以来的历史来看，每一段历史都无法剔除，都有其发生的必然性，从而构成我们必须承认并且必须继承的“历史国情”以及相关的历史传统。其次，新传统主义的形成，必须经过各种思想的全面综合和创新。传统不是旧东西，传统是日日新的，就是说，每日的历史都将最有价值的内容纳入传统之中，并构成新传统的内容。在当下的中国，中国的传统价值、马克思主义和西方现代主义三种思想传统，既是历史的存在也是现实的存在，其存在合理性都是不可否认的。事实上，三种思想已经共同构成中国价值的内涵，并且已经融汇入中国的价值传统之中。所以，新传统就是在承认这种思想综合的基础上，根据现实国情实行进一步的综合创新。最后，新传统主义不仅主张“向后看”更主张“向前看”，主张与时俱进。重视传统不可能不回顾过去，这是因为传统是历史形成的。但是，历史不仅仅代表过去，而是代表过去的价值对当下和未来的影响，因而传统也绝不是简单地代表历史的价值符号。所以，新传统主义代表着传统所能够承载的整个民族的历史使命。

### （三）新时代之新综合

价值革命是一场根本性的思想变革，也就是价值传统从破坏到重建的过程。在这个过程中，可能经历不止一次的价值重估、不止一次的价值思想重建，但最后都需要由一次综合创新来完成。事实上，早在20世纪30年代中国就出现过思想文化综合创新的主张。五四后期，中国形成了三大思想潮流，即马克思社会主义、西方资本主义和传统的文化保守主义。在随后的历史上，三种思潮流行于同一块中国土地上，尽管相互矛盾和冲突不断，但也不可避免地相互影响和渗透，并在某些方面形成部分共识。所以，20世纪30年代时张申府提出“三流合一”的主张。当然，在张申府所处的时代，“三流合一”是不可能实现的。因为三种思潮代表了完全不同的社会方向。然而，当中国经历了旧民主主义革命、新民主主义革命和社会主义革命以后，特别是经历改革开放和经济成功发展以后，社会对三种不同思潮特别是对中国传统文化的认识开始发生变化。在这一历史背景下，1987年张岱年提出“文化综合创新论”。他论证文化系统的可分性和文化要素的可选择性，主张正确处理马克思主义的一元指导地位与兼容中外多元有价值思想的关系，提出“在马克思列宁主义原则的指导下，以社会主义的价值观来综合中西文化之所长而创新中国文化”。[①] 这种“文化综合创新论”的提出，标志着中国文化观发展到了一个新的阶段。[②] 到21世纪初，中国的经济现代化高歌猛进，并发展成为世界第二大经济体，这大大提高了中国人民的文化自信，并明确了在马克思主义指导下用中国传统价值

① 张岱年:《综合、创新，建立社会主义新文化》，载《张岱年全集》第6卷，河北人民出版社，1996，第253~254页。

② 杜运辉:《“三流合一”与二十世纪中国文化的融通和超越》，《中国社会科学》2015年第4期。

思想整合西方现代价值思想进行综合创新的理论方向。

然而，综合创新必须在一系列创新的基础上，从已有的思想资源出发，对已有的思想进行整合。恩格斯指出：任何一种新学说，虽然“它的根子深深扎在经济的事实中”，但它“必须首先从已有的思想材料出发”。[①] 从我们所面对的时代来看，所谓的“经济的事实”既包括现代化以来经济发展所取得的成就和现代化所带来的经济和社会结构的变化，也包括现代化所导致的一系列矛盾。现代化所带来的发展、变化及其产生的矛盾，决定我们必须用一种新的价值思想代替旧的价值思想。而“已有的思想材料”则是中国近代以来形成的三条思想源流，包括西方自由主义现代化思想、马克思主义现代化思想和作为历史延续的中国传统思想。在这三条思想源流中，马克思主义逐渐成为主导思想，决定着中国社会革命和现代化的根本方向；西方自由主义思想不断与马克思主义思想竞争，但最终没有成为主流，而在改革开放以后，逐渐融入中国社会主义市场经济理论；而中国传统思想虽然逐渐消解，但其影响一直没有消除，特别是作为一种文化基因隐藏于中国人民的生活日用之中，并构成现代化过程中的“中国元素”。

从近代开始，中国价值思想已经历过三次综合创新过程：第一次是孙中山将西方自由资本主义思想与中国传统思想结合，创造了三民主义。关于这一点孙中山在《中国革命史》一文中说得很清楚：“余之谋中国革命，其所持主义，有因袭吾国固有之思想者，有现

① 《马克思恩格斯选集》第 3 卷，人民出版社，2012，第 391 页。

抚欧洲之学说事迹者，有吾所独见而创获者。”[①]第二次是毛泽东将马列主义与中国革命的具体实际相结合，并综合中国传统思想，创造了新民主主义和社会主义，也就是中国化的马克思主义。不过，毛泽东思想所结合的中国传统元素，并不是历史上作为主流的儒家思想，而是始终主张变革的法家思想。第三次是邓小平将中国化的马克思主义与西方市场经济思想的结合，结果创造了中国社会主义市场经济和邓小平理论。21世纪初，中国的现代化趋于完成，马克思主义现代性的历史任务也基本完成，马克思主义中国化进入一个新的阶段，中国价值思想面临着新的全面的综合创新。

首先，这是一次全新的中国化的综合。过去的三次思想综合，都是两方面的结合。第一次是西方现代思想和中国传统的结合，第二次是马克思主义与中国具体实际的结合，第三次是中国化的马克思主义与西方市场经济理论的结合，都具有一定片面性。但是，正是这三次双向综合为当下的全面综合奠定了基础。这次的全新以综合是中国传统思想、马克思主义思想和西方市场经济思想三方面的全面综合。更有意义的是，经过一百多年的现代化历史，西方市场经济思想和马克思主义现代思想，都已经大大中国化了，在很大程度上与中国国情融合在一起，所以这次的全新综合完全是中国化的综合。

其次，这次综合是以中国文化复兴为主要背景和主要内容。过去的三次综合有一个共同特点，就是各种综合都是以外来的现代

---

① 《孙中山全集》第7卷，中华书局，1985，第60页。

思想为主体，中国传统思想仅仅作为“文化思想背景”或文化基因存在并发挥作用，在大多数场合是作为被批判和被摒弃的对象出现的；而当下的这场综合却是在西方现代性思想陷于危机的情况下展开的。这是因为，在现代化过程中，特别是当现代化的负面效果逐渐显现的时候，西方现代性思想的片面性逐渐被人们所认识，而中国传统思想对于反思现代性和应对现代性矛盾的意义也逐渐被人们所认识。所以，新的综合将以中国传统思想复兴作为基本内容来实现。

最后，新综合要使马克思主义现代性思想和西方现代性思想成为中国价值传统的组成部分。马克思主义要进一步发展，就需进一步创新。而这种创新就是要使马克思主义成为中国新传统的一部分。这就需要将马克思主义进一步与中国传统文化相结合。而具体的途径，就是“以复古为创新”。西方现代性思想也需要中国化。实际上，社会主义市场经济已经融入了西方现代性思想，但是其中的弊端不仅没有得到避免反而被放大了。而能够纠正西方现代性并解决现代性异化问题，一方面要依靠马克思主义，另一方面要依靠中国传统文化。但是西方现代思想并没有过时。这是由于中国的现代化过程并没有完全结束，西方现代性的历史使命并没有终结。正因为如此，我们才需要进行新的综合，将马克思主义现代性思想和西方现代性思想进一步中国化，并在此基础上复兴中国传统价值，重建中国价值体系。

但是新综合不能以西方现代性思想作为主体。一方面，西式现代化越来越表现出颓势，完全依靠西方的现代化模式不能进一步实现全球的现代化推进；另一方面，就全球来看现代化已经日益多元化，而中国的现代化更日益呈现民族化特色即中国式道路。就是说，当现代化成为全世界的共同趋势以后，文化模式的竞争逐渐取代了经济模式的竞争，西式现代化模式不能不被中国现代化模式所取代。这样，西方的现代性思想也必然不能继续作为主体了，其主体地位和使命也就终结了。世界的现代化开始进入多元时代和民族时代，中国的现代化也将进入中国自己的时代。同样，思想综合的主体也将进入以中国自己的思想为主体的时代。

# 三　中国价值传统的复归

《尚书·大禹谟》说:“德惟善政，政在养民。水、火、金、木、土、谷，惟修。正德、利用、厚生，惟和。”“地平天成，六府三事允治，万世永赖，时乃功。”《传》曰:“正德以率下，利用以阜财，厚生以养民，三者和，所谓善政。”《疏》曰:“正身之德，利民之用，厚民之生，此三事惟当谐和之。”(《尚书正义》卷四《大禹谟》第三）这是上古圣王所建立的基本政治理念，具体说就是要合理利用天地之间各种资源，并在此基础上做好三件事，即正德、利用、厚生，这样就可以实现长治久安，人民安乐，万世永赖。所以，正德、利用、厚生成为中国历代国家和社会治理的基本原则。事实上，越是古老的价值理念，越是具有普遍性意义，越是具有普适性。我们可以将正德、利用、厚生作现代诠释，并作为现代社会的治理理念。

## （一）正德

人与动物的区别有两个。一是低级的区别，指的是人类起点上的区别，即人能够制造工具，能够从事有目的的活动即劳动，因而成为一种“类存在”；人的这种本质存在的扩大和延伸，就成为人的工具理性，包括科学技术的发展和制度组织的发展。二是高级的区别，即人有思想，而人类思想的发展就是文化，即所谓“关乎人文，化成天下”。而道德是文化的核心，道德水平构成不同社会文化的标准。所以道德是人类最根本的社会属性，人们的社会行为既要取得“合法性”与“合理性”，又要取得“合德性”。所以，正德就是要建立社会的“合德性”标准。

第一，道之以德，齐之以礼。中国文化传统以人的道德为中心。《道德经》说：“道生之，德畜之，物形之，势成之。是以万物莫不尊道而贵德。道之尊，德之贵，夫莫之命而常自然。”可见，德源于道合称道德。道与德的沟通是将社会一般的行为规范与最高的道相接，即赋予德最高的社会价值。庄子说：“通于天地者，德也；行于万物者，道也”，“形非道不生，生非德不明。存形穷生，立德明道，非王德者邪？”（《庄子·天地篇》）另一方面，德也是可触可及的。管子说：“虚无无形谓之道，化育万物谓之德”（《管子·心术上》），“德”是“道”之于社会的具体化，即社会的行为规范。一般认为“德者道之功”（《韩非子·解老》），“德者道之见”（苏辙：《老子解》孔德之容章第二十一）。这样，“德”就成为中国伦理的核心概念，成为中华民族文化的核心概念。孔子说：“道之以德，齐之以礼，有耻且格。”（《论语·为政》）“德”包括忠、孝、仁、义、温良、恭敬、谦让等，“德”还涵盖了诚信、仁义等一切美好品行。这样德就进一步从“天道”进入到“人心”，成为人们自我约束的行为准则。

第二，为政以德，以民为本。《诗·大雅·烝民》：“天生烝民，有物有则，民之秉彝，好是懿德。”孔子说：“为政以德，譬如北辰，居其所而众星共之。”（《论语·为政》）《春秋左传》记载：楚庄王问鼎之轻重，王孙满回答说：“在德不在鼎。”（《春秋左传·宣公三年》）就是说，政权的合法性并不在于有鼎无鼎或鼎的轻重，而在于为政者有没有崇高的德行，德行才是政权合法性的基础，所以要为政以德。为政以德的核心是以民为本。《论语·颜渊》：“子贡问政。子曰：‘足食，足兵，民信之矣。’子贡曰：‘必不得已而去，于斯三者何先？’曰：‘去兵。’子贡曰：‘必不得已而去，于斯二者何先？’曰：‘去食。自古皆有死，民无信不立。’”孔子将“民信”放在了“足食”、“足兵”之上。要做到“民信”，就必须照顾民的现实利益，所以孔子主张“因民之所利而利之”（《论语·尧曰》），具体说，就是要“敬事而信，节用而爱人，使民以时”（《论语·学而》），即在征调民力时考虑社会生产的季节性特点；“四方之民襁负其子而至”（《论语·子路》），就是将人民安置在稳定的聚居地上；“因民之所利而利之”（《论语·尧曰》），即在治民时要考虑到人民的相对利益，顺民之利而治。这就是为政以德，以民为本。

第三，同心同德，以和为贵。中国文化具有很深的“尚和”传统。庄子说：“彼民有常性，织而衣，耕而食，是谓同德。”（《庄子·外篇·马蹄》）就是说，人类的共同需求和行为，是构成同德的基础。《礼记》说：“礼之以和为贵，忠信之美，优游之法，举贤而容众，毁方而瓦合。其宽裕有如此者。”（《礼记·儒行》）和是人类的本质特征。人是社会动物，人类社会历史上没有可以自行成长的个体，必须“群”才能生。韩非子说，人能群而禽兽不能群。“群”就必须“和”，否则在西方哲学家所讲的“每个人对每个人的战争”状态下，社会必然竞争惨烈，何来和谐与发展。但“尚和”并不强求一统而是“和而不同”。在社会上每个个体的利益不同，诉求不同。但是这种不同正是合作的基础，不同才需要合作，合作才产生效益。所以，“和”才是现代市场经济的哲学基础，合作才是现代市场经济的本质。董仲舒说：“中者，天地之所终始也；而和者，天地之所生成也。夫德莫大于和，而道莫正于中。中者，天地之美达理也，圣人之所保守也。”（《春秋繁露·循天之道》）就是说，要实现“和”就必须恪守中道。

第四，修身修德，自律为本。没有道德的生活是不值得过的。然而道德生活不仅需要制度规范更需要人的自律。只有自律的生活才是真正的道德生活。孔子曰：“道之以德，齐之以礼，有耻且格。”（《论语 · 为政》）。这就是要唤起人们对道德良知的认同和崇尚，自愿地服从制度规范，用羞耻感来检阅自我，从而能够以自律的方式约束各自的行为。这就需要人的自我修养。《左传》说：“恤民为德，正直为正，正曲为直，参和为仁。”（《左传·襄公七年》）就是说，德、正、直三者备乃为仁。人们内省其心而求其正即所谓修身修德。修身修德必以自律为本。而修身自律首先要“致良知”，就是发现自我的良心所在。其次要见微知著，从小事做起，从而形成尊德自律的习惯。再次要见贤思齐，即向贤者学习，向有德者学习，而不是简单地向“成功”者学习。最后要三省吾身，不断检讨自己的行为是否符合道德标准，不断提高自己的道德水平。

第五，厚德载物，生生不息。中华文化没有上帝创世之说，却认为天地创造万物并德惠于万物。《易传》说："天地之大德曰生。"这里是说，天地最大的德性就是孕育万物，滋养众生，而我们的一切都要归于"天地之德"。这就是中华文化特有的生命价值观。我们感恩于"天地之大德"，也必须在天地之间做一个"德"者，使万物得以和谐生长，而不对其做破坏性开发。这里的"生"不仅指人类的生命，而且包括所有的生物乃至全部有机界和无机界。天地是自然界的象征，而在天地之间的人类，世世代代皆仰给于天地。我们受天地之德，绝不能受之以德惠而报之以破坏。这就是生态价值观。这里，生命是本，生态是用，保持生态是为了人类生命的延续和发展，即所谓"生生不息"。《周易·系辞上》说："生生之谓易。"周敦颐说："二气交感，化生万物，万物生生而变化无穷焉。惟人也，得其秀而最灵。形既生矣，神发知矣。五性感动而善恶分，万事出矣。"（《太极图说》）要做到"生生不息"或可持续发展，还必须处理好人类的代际关系。以市场为制度基础的工业化的最大矛盾，是对自然资源的高度依赖和无限制开发，不仅将个人和企业的收益内部化的成本外部化给社会，更是将成本外部化给自己的后辈。要实现"生生不息"的持续发展，就必须处理好代际关系，即不做杀鸡取卵式的开发，保持自然和社会的持续发展能力，实现人与自然、社会和历史的三重和谐。

## （二）利用

正德作为价值导向，但必须有实际的“利用”作为工具或手段来支持。各代思想家对“利用”都做过阐释。如孔颖达将“利用”释为“在上节俭，不为縻费，以利而用，使财物殷阜，利民之用，为民兴利除害，使不匮乏”（《尚书正义·大禹谟》）。蔡沈则释为“工作什器，商通货财之类，所以利民之用也”（《书经集传·大禹谟》）。总的来看，“利用”就是使财用充实、器用便利，具有经济和技术的意义，用马克思主义的话语来阐释就是发展生产力。

第一，自然之用。《尚书·大禹谟》曰：“水火金木土谷惟修，言养民之本在先修六府。”孔颖达疏：“府者，藏财之处；六者，货财所聚，故称六府。”（孔颖达：《尚书正义》卷四《大禹谟》第三）所谓“利用”就是将水火金木土谷等天地所生之各类资源加以组合，从而产生效益并惠及生民，这就是利物之用。中国是一个传统农业国，所以古代的“利用”也主要源于农业思维。“利”字从刀从禾，表示以刀断禾、收获谷物的意思。《管子·宙合》说：“山陵岑岩，渊泉闳流，泉逾瀷而不尽，薄承瀷而不满。高下肥硗，物有所宜，故曰地不一利。”可见，最初的“利”主要源于土地之利。这种土地之利即“地利”，也可以称为“地财”、“地材”、“地生”或“地用”。《左传·成公二年》：“先王疆理天下，物土之宜而布其利。”这里讲“土宜”正是为了尽“地利”，因为只有用其宜，才能得其利。尽管现代技术条件已经使这些观念看起来过于简朴，但对于纠正“过度现代”的社会倾向仍有重要价值。这就需要重建天地人和谐关系，坚持以人为本，转向天地人相生相养的有机生命再生产。

第二，科技之用。孔子说："工欲善其事，必先利其器。"（《论语·卫灵公》）荀子说："假舆马者，非利足也，而致千里，假舟楫者，非能水也，而绝江河。"（《荀子·劝学篇》）近代以来，中国接受了西方的科学文化，并且快速地实现了工业化和现代化。这进一步表明，中国传统文化并非天然地排斥科学文化，而是能够很好地实现兼容并且在某些领域可以做得更好。但中国的文化传统主张科技发展要受到道德之规范。孔子提出："志于道，据于德，依于仁，游于艺。"（《论语·述而》）在这里，"道"、"德"、"仁"、"艺"四者有先后之序和缓急轻重之分，其中"艺"是社会在志道、据德、依仁之后优游的对象。孟子认为，"术不可不慎"，要为仁而择："矢人岂不仁于函人哉？矢人惟恐不伤人，函人惟恐伤人。巫匠亦然。故术不可不慎也。"（《孟子·公孙丑上》）孟子曾批评白圭以邻为壑的治水之术："禹之治水，水之道也；是故禹以四海为壑。今吾子以邻国为壑。水逆行谓之洚水。洚水者，洪水也，仁人之所恶。吾子过矣。"（《孟子·告子下》）可见，即便是在古代也有技术的"合德性"问题。

第三，市场之用。市场也是"利用"的重要内容。现代经济也是市场经济，所以现代社会不可能离开市场。市场交易活动古已有之，但是市场经济是源于西方的现代社会的制度内容。在现代市场经济制度下，人们都是理性的经济人，市场是竞争的场所，市场通过自利和竞争机制激励市场主体，在提高效率和扩大财富生产的同时，也产生与竞争原则相悖的垄断并导致社会分配的严重不公。

这些制度既是市场经济发展的结果，也是市场经济异化的结果。而社会主义市场经济的发展需要回归市场的本质。首先，义以为本，以义取利，认为市场的本质是工具而不是价值，市场本身不是价值本体而是实现价值的工具。就是说，利必须通过市场来实现，但市场的本质是义。所谓的义，就是符合广大群众的利益，符合市场各个主体的共同利益。总之，利是市场使用的工具，义才是市场追求的价值。其次，利者，义之和也，认为市场的作用是合作而不是竞争。这就是说，市场是实现“利”的场所，但是“利”的实现必须通过“和”，“和”就是市场主体相互之间的和谐，也就是通过合作实现的和谐。市场的基本功能是合作，合作是市场之本，而竞争和获利只是市场之用而已，只有合作才能实现市场各个主体的效益。再次，兼相爱，交相利，认为市场的目标是双赢而不是零和。市场源于交易，交换提高交易者的共同利益。所以，市场的本质是合作，而合作的基础是双方共赢，只有共赢才符合“义”。最后，公平交易，诚信为本：市场的最普遍原则。现代市场经济的利益基础是交易双方片面的价值判断，而获利者所利用的是信息不对称。这既是市场的效益所在也是市场的弊端。社会主义市场经济要回归市场的本质，就是回归诚信交易原则，消除市场博弈导致的效率下降。

## （三）厚生

厚生就是将民生放在首位。“生”指的是生命亦即生民。《尚书》

说:“道洽政治，泽润生民。”(《尚书·周书·毕命》)民生就是人民的生活、生计,如《左传》说:“事以厚生,生民之道。”(《左传·文公六年》)这就是中国传统“生民”政治的思想基础。生民政治以生民的生命价值为核心，即首先考虑的是生民的生存和发展即“生民之道”。所以，生民政治的首要目标就是“为生民立命”。“为生民立命”就是确立政府的目标责任。《左传》说:“天生民而树之君，以利之也。”(《左传·文公十三年》)《荀子》说:“天之生民，非为君也;天之立君，以为民也。故古者，列地建国，非以贵诸侯而已;列官职,差爵禄,非以尊大夫而已。”(《荀子·大略》)董仲舒说:“且天之生民，非为王也;而天立王，以为民也。故其德足以安乐民者，天予之,其恶足以贼害民者,天夺之。诗云:‘殷士肤敏，祼将于京，侯服于周，天命靡常’。”(《春秋繁露》卷七)这都是说，政府的产生是为了利民，政府是因为人民需要而建立的，其根本责任就是为人民服务。

政府的“厚生”目标首先就是养民。中国传统社会的治理方式是以“自治”为主，底层民众所受到的政府干预很少，而经济社会发展主要靠人民的自主创新。但政府要对人民的社会经济生活给以指导，传统上讲就是鼓励农桑。《尚书·大禹谟》记载，禹曰:“德惟善政,政在养民。”《左传》说:“闰以正时,时以作事,事以厚生。生民之道,于是乎在矣。”(孔颖达:《尚书正义》卷四《大禹谟》第三)孔颖达说:“厚生，谓薄征徭，轻赋税，不夺农时，令民生计温厚，衣食丰足，故所以养民也。”(孔颖达:《尚书正义》卷四《大禹谟》第三)《左传》:“民生在勤，勤则不匮。”(《左传·宣公十二年》)《管子》指出："明主配天地者也，教民以时，劝之以耕织，以厚民养。"(《管子·形势解》)这里说的都是重在养民。

其次，政府的"厚生"目标是恤民。恤民就是建立各种救济制度。汉刘向《说苑·君道》："尧存心于天下，加志于穷民，痛万姓之罹罪，忧众生之不遂也。"说的是尧念念不忘天下百姓，对穷苦的百姓更加体恤，对于百姓的苦难、罪过都感到哀痛，对众生不能顺利地生长也感到忧虑。他仁德昭著，德行广博，教化广泛，人民自然得到治理。《六韬》说："故善为国者，御民如父母之爱子，如兄之慈弟也。见之饥寒，则为之哀；见之劳苦，则为之悲。赏罚如加诸身。赋敛如取于己。此爱民之道也。"(《六韬·文韬》)《左传》说："古之治民者，劝赏而畏刑，恤民不倦。"(《左传·襄公二十六年》)中国传统社会有着比较健全的救济制度，包括养老、济贫、救荒等。当然，限于生产力水平，这些制度还处于十分低的水平，基本制度也是传统的。随着生产力的发展和经济水平的提高，社会保障水平也应不断提高，使广大人民群众无后顾之忧，祥和安乐。

再次，政府的"厚生"目标还在于富民。《管子》说："凡治国之道，必先富民。民富则易治也，民贫则难治也。奚以知其然也？民富则安乡重家，安乡重家则敬上畏罪，敬上畏罪则易治也。民贫则危乡轻家，危乡轻家则敢凌上犯禁，凌上犯禁则难治也。故治国常富，而乱国常贫。是以善为国者，必先富民，然后治之。"(《管子·治国》)《荀子》说："故王者富民，霸者富士，仅存之国富大夫，亡国富筐箧，实府库。"(《荀子·王制》)富民就要轻徭薄赋，而要轻徭薄赋政府就必须节用。然而，富民政策还有两类：一种是少数人先富，一种是共同富裕。中国传统文化反对人们的暴富和过度富裕，如《荀子》说："圣王之生民也，皆使富厚优犹知足，而不得以有余过度。"(《荀子·正论篇》) 另一方面，中国传统文化主张均平和平等，不使少数人暴富。这些思想对于抑制"土豪"现象和实现社会公平具有重要价值。

最后，政府的"厚生"目标在于先富后教，人文化成。厚生不仅仅是要百姓富裕、国家强盛，还要对人民实行教育。《论语·子路》记载："子适卫，冉有仆。子曰：'庶矣哉！'冉有曰：'既庶矣，又何加焉？'曰：'富之。'曰：'既富矣，又何加焉？'曰：'教之。'。"汉刘向说："先恕而后教，是尧道也。"(《说苑·君道》) 可见，厚生之意并不仅仅是给人民以富裕的生活，还要人民过上有道德、有秩序、有理想的生活。孔子曰："教民亲爱，莫善于孝。教民礼顺，莫善于悌。移风易俗，莫善于乐。安上治民，莫善于礼。礼者，敬而已矣。故敬其父则子悦；敬其兄则弟悦；敬其君则臣悦；敬一人而千万人悦。所敬者寡，悦者众。此之谓要道也。"(《孝经·广要道章第十二》) 从这些基本的人伦教育开始，也就是从人的最基本人性开始，从"爱人"开始，即爱自己、爱父母、爱他人，进而达到"泛爱众"，逐步实现社会道德水平的提高。然而，人文化成是一个历史过程，也是永无止境的进步过程。这是因为人类社会总是要进步，而人类进步的方向最终是走向文明。文明不仅仅是物质文明，更包括精神文明。人类社会的进步自始至终伴随着精神文明的进步。一个民族可以没有宗教信仰，但必须有价值理想，而价值理想标志着社会发展的水平和人类道德的境界。

## （四）惟和

中国价值传统的终极点在于对生命的关怀。这里自然导出了中国价值传统对另一个方面的关注，即人的和谐发展。《尚书》将正德、利用、厚生并为三事，但还提出三事“惟和”。就是说，正德、利用、厚生三件大事的协调运行，才是平治天下的根本大计。马克思主义将未来社会的关注确定为人的自由全面的发展。然而，自由全面发展作为终极的价值，还必须有可行的现实关注。所以，结合中国传统文化将人的自由全面发展进一步落实为和谐发展，既具有终极理想意义更结合了现实考量。人的全面发展需要和谐，没有和谐发展不可能实现全面发展，人的和谐发展是人的全面发展的根本途径。

“惟和”可以分为三个层面。

第一个层面：正德、利用、厚生“三事”的平面和谐。

“正德、利用、厚生”统称“三事”，三者是一个缺一不可的整体，相互依存，相互促进，相辅相成。南宋蔡沈的《书经集传》对“三事”的解释是：“六府三事，即养民之政也。水、火、金、木、土、谷，惟修者，水克火，火克金，金克木，木克土而生五谷，或相制以泄其过，或相助以补其不足，而六者无不修矣。正德者，父慈，子孝，兄友，弟恭，夫义，妇听，所以正民之德也。利用者，工作什器、商通货财之类，所以利民之用也。厚生者，衣帛食肉不饥不寒之类，所以厚民之生也。六者既修，民生始遂，不可以逸居而无教，故为之惇典敷教以正其德，通功易事以利其用，制节谨度以厚其生，使皆当其理而无所乖，则无不和矣。”（《书经集传》卷一）可见，“三事”既包括工具理性，也体现价值理性，即强调道德教化，也追求流通财货，即体现个人价值，也关注大众民生。

清代学者颜元曾解释三事的关联说：“正德，正利用厚生之德也；利用，利正德厚生之用也：厚生，厚正德利用之生也”。（李恕谷：《瘳忘编》）首先，“正德，正利用厚生之德也”。就是说，在“三事”中，正德是道德价值，是第一位的，既正人德又正物德，所以是“利用”和“厚生”的前提，只有正德才能保证自然资源的“利用”符合最广大人民的利益，即实现“厚生”的目的。所以《大学》讲：“是故君子先慎乎德。有德此有人，有人此有土，有土此有财，有财此有用。”其次，“利用，利正德厚生之用也”。《周易·系辞下》说：“利用、安身，以崇德也。”利用是工具价值，是实现厚生的工具和手段，是在正德的基本原则之下利用以实现厚生的目的。“民生厚而德正，用利而事节”。（《左传·成公十六年》）就是说，在正德之后还必须注重“厚生”的目的，而要实现厚生的目的还必须重视“利用”的工具和手段。最后，“厚生，厚正德利用之生也”。厚生是目的价值，利用如果不能实现厚生目标，就是违背了“正德”这一基本原则。“民生厚而利用，于是乎正德以幅之，使无黩嫚。”（《左传·襄公二十八年》）所以，三事统合才能体现中国的这一价值传统。

第二个层面：社会、自然和历史的三维和谐。

中国古人提出正德、利用、厚生三个方面的和谐统一即“惟和”。但是这种和谐是一种“平面和谐”。中国传统文化以宗法传统为基础，以家国天下为核心，正德、利用、厚生主要讲的还是家国天下之事，还是传统士人“自上而下”的考虑，与现代社会发展的实际还有欠缺和不足，即缺少自然之维和历史之维。所以，我们还需要从多维角度来考虑和谐问题，即人与人的社会和谐、人与自然的天人和谐，以及人与历史的和谐。

第一，人与社会的和谐。马克思指出：“个人的全面性不是想象的或设想的全面性，而是他的现实关系和观念关系的全面性。”① 中国传统文化重视人与人的关系，所以伦理学发达较早。这种伦理以儒家的“仁”为核心，讲的就是人与人的社会关系。中国传统文化重视“人和”,认为“人和”的重要性大于天时和地利。而实现“人和”需要个人和社会的共同“合力”。从个人角度看主张人通过修身实现理想的人格和完美的精神境界，而在实现人自身和谐的基础上，进一步实现人际关系的和谐。从社会角度看，需要情感与理性相结合的制度规范，这需要通过传统的“礼制”来实现。然而现代社会是高度发达的市场社会，市场关系成为人与人关系的形式。所以现代社会人与人的和谐必须处理好人们的市场关系。现代思想认为市场是交换的平台，其本质特征是竞争。但是，现代竞争市场带来许多矛盾，特别是在竞争压力下，人们采取了各种竞争手段，导致市场如战场、同行如敌手的状况。事实上，市场是合作的平台，竞争不过是促进效率的工具，即合作为体，竞争为用。只有这样认识市场才能从根本上解决市场竞争的矛盾。

第二，人与自然的和谐。马克思指出：“人靠自然界生活……

① 《马克思恩格斯全集》第46卷下，人民出版社，1980，第36页。

所谓人的肉体生活和精神生活同自然界相联系，也就等于说自然界同自身相联系，因为人是自然界的一部分。”[①]庄子说：“天地与我并生，而万物与我为一。”（《庄子·齐物论》）这就是把天、地、人看成一个统一的整体，认为天、地、人在本源上是相同的，而人是自然的一部分，自然与人类也是平等的关系。尽管人类可以通过科学技术而实现发展，但永远不可能摆脱自然，永远只能在自然规律下生存和发展，人再强大也不可能战胜自然，科学技术再发达也不可能打破自然规律。这也就是《道德经》所说的：“人法地，地法天，天法道，道法自然。”（《道德经》第二十五章）人类永远都要记住这一点，永远不要希望凌驾于自然之上。因此，不能过分地膨胀欲望而无止境地追求物质财富，以致毁灭性地利用自然资源。中国传统文化主张，人道源于天道，天人和谐必须以人自身和谐为基础，才能实现人与自然的和谐。在这样的认识前提下，人类的一切行为都要符合自然，与天地万物为一体，“以和天人”（《三国志·魏书·文帝纪》），“统和天人”（《后汉书·班彪列传》），实现天地一体之仁，即人与自然的和谐。

第三，人与历史的和谐。人的存在，既包括人的自然存在，也包括人的社会存在，还包括人的历史存在。所以，在“以人为本”的价值体系中，除体现人与自然和人与社会的两维关系外，还有人与历史的第三维关系。人与历史的关系，本质上就是人的生命延续和人在历史过程中的位置。易经说“生生之谓易”。“易”就是历史，

① 《马克思恩格斯全集》第42卷，人民出版社，1979，第95页。

就是一个民族在生命延续的同时，自强不息、革故鼎新、不断创造、不断进化、不断发展的过程。所谓的人与历史的关系也就是人的代际关系。现代人必然承继前代人，包括物质的、精神文化的，以及身体和心理的。而现代人也必然对后代人有直接的和深远的影响。人与历史的和谐，本质上就是处理好现代人承前启后的关系。中华民族根据自身的生命体验和历史过程，形成了以"人事为本"的人本史观，"观乎天文以察时变，观乎人文以化成天下"，"彰往察来"，以"理"、"仁"、中庸、中道，处理人与自然和人与社会的关系，处理当下与过去和未来的关系，在实现"三维和谐"的状态下不断延续和发展。

第三个层面：物质、身体和心灵的三元一体和谐。

正德、利用、厚生这"三事"和谐是一种平面和谐，自然、社会、历史的三维和谐是一种立体和谐。这两类和谐都是人与外部事物或外部世界的和谐。但是人的生活和幸福还需要内心世界的和谐。这类和谐是在外部世界影响之下，人的内心世界包括理性、感性和仁性三个方面的和谐。三维人性之和谐就是人的三种内在本性的内在和谐也就是内心的精神世界的和谐。从另一个方面来看，和谐社会所倡导的人与自然、人与社会的和谐，最终都需要通过人自身的和谐来实现，也就是说，人的和谐发展最终还要归结为人的自身和谐发展。所谓人自身的和谐发展，就是心物一元，身心一如，率性自由。

首先，心物一元。这是人的快乐幸福的基础。物由心知。心之所以名为心，一方面是因为心具有分辨、认知、思维的能力，另一方面心也是人的欲望的根源，有爱、有情、有义。就前一方面而言，外界一切事物都通过人的感官内化于人心，就后一方面而言，人的欲望就是对于外界事物的追求。心与物是不可以分裂为二元或多元的，如果分裂，那么心与物则不相关，心不应该能了知物，物也不应对心产生作用；另一方面，人对于物质资料的需要得不到满足，欲望与欲望的实现可能差距过大难以统一，这就成为人的不快乐的根源。心物一元不仅要通过各种努力来实现物质世界的发展以满足自身需要，还要根据外界条件来调节自心的欲求使之主动地与外部世界相一致。所以，人要幸福快乐就必须保持心物一元，也就是说，不断调整内心世界与外部世界的和谐，不断调节欲望与欲望实现的协调。事实上，如果说人的需要是无穷无尽的，那么这种无穷无尽的需要只能在精神王国中实现。人类所追求的超越应该表现在精神需要上，越是高级的需要越代表人的本质，人性的升华应该是逐步摆脱“物性”，越来越远离动物本能而实现超越，进入一种精神的“自由王国”。

其次，身心一如。心物一元强调的是内心与外部事物的关系，这是人的快乐的基础条件。但这还不够，还需要合理地调节人的身心关系，实现身心一如。王夫之认为，“心之神明”不是孤悬于身体之中或之外，而是遍在于每一个身体器官之中，心的作用要靠全身器官的动作、行为才能体现出来。他说：“一人之身，居要者心也。而心之神明，散寄于五藏，待感于五官。肝、脾、肺、肾，魂魄志思之藏也，一藏失理而心之灵已损矣。无目而心不辨色，无耳而心不知声，无手足而心无能指使，一官失用而心之灵已废矣。其能孤扼一心以绌群用，而可效其灵乎？”（《尚书引义》卷六《毕命》）所谓身心一如就是身心互为体用，不断交互作用，不断趋合为一的一种圆融过程，从而趋向于“一如”的境界。具体说，身心一如就是保持精神与形体的协调一致，即“形与神俱”。如果不一致、不和谐，就会导致人的身心不健康和不快乐。如孔子说：“益者三乐，损者三乐。乐节礼乐．乐道人之善，乐多贤友，益矣。乐骄乐，乐佚游，乐晏乐，损矣。”（《论语·季氏》）荀子认为：“凡用血气、志意、知虑，由礼则治通，不由礼则勃乱提僈；食饮、衣服、居处、动静，由礼则和节，不由礼则触陷生疾；容貌、态度、进退、趋行，由礼则雅，不由礼则夷固僻违，庸众而野。”（《荀子·修身》）而要实现身心一如，就必须“尽性践形”，提高个人的身心修养。如孟子所说：“形色，天性也；惟圣人，然后可以践形。”（《孟子·尽心上》）通过“尽性践行”实现身心和谐，身心健康，身心一如，即“平易恬淡，则忧患不能入，邪气不能袭，故其德全而神不亏”。（《庄子·刻意》）

最后，率性自由。“尚自由”是中国文化的重要传统。这种自由传统源于中国人的本能之“率性”。就是说，率性本于自然，是人的自然本性。“性也者，所受于天也，非择取而为之也。”（《吕氏春秋·季冬纪》）“性者，万物之本也，不可长，不可短，因其固然而然之，此天地之数也。”（《吕氏春秋·不苟论》）“率性而行谓之道，得其天性谓之德。”（《淮南子·齐俗训》）率性自由是一种生活状态也是一种生命状态。作为生活状态，人没有约束，根据自己的性情来生活，这种状态就是快乐。快乐也是一种生命状态，即本着生命的本来状态而生活。而生命的本来状态就是快乐的。但是社会的发展和异化使人们脱离了快乐状态，为了财富、荣耀等不休止地竞争，而在竞争中总是有成功和失败。在这个过程中，失败者自然不快乐，而成功者也不快乐，因为他们对得到的成功并不满足。所以，人们要回复到本来的快乐状态，就要摆脱各种欲望所带来的烦恼。这种状态首先要摆脱财富给我们带来的约束，包括匮乏的约束和丰富的约束。所以生产力是这种生活的基础条件。再具体说就是马克思所讲的财富像泉水一样涌流，劳动不再是生存的手段。但是仅仅生产力的发展是不够的，还需要人们自心的解放。就是说从自身的解放提升到自心的解放，即身的解放和心的解放。后一种解放依赖于前一种解放，但是前一种解放并不能代替后者的解放。所以，心物一元和身心一如才是解放的状态，才能实现率性而自由的生活。

第四个层面：天人合一的总体和谐。

正德、利用、厚生的“三事”和谐，人与社会、自然、历史的“三维”和谐，以及人的“自性”和谐，是人的自由和全面发展的条件。所有这些方面的和谐，最终可以总归为“天人合一”的总体和谐。

天人合一是中国儒家为主的传统世界观的最高概括，是人作为宇宙中心或天地之灵以观世界的方式。这种世界观认为，人的生命体正是宇宙运动变化的过程表现，可以说是一个小宇宙。因而身心关系和心物关系实际上预示着天人之间的关系。所以，天人关系与人的身心关系和心物关系本质上是同一的。也就是说，解决人的身心矛盾和心物矛盾，是解决天人矛盾的出发点。反过来，对于“天人合一”理念的认知，也是解决人的身心矛盾和心物矛盾的关键。

实际上，人类从一开始就始终处于天理人欲的纠结之中：人要获得更多更好的生活，必然要向大自然索取。而大自然有着自身的规律和轨道也就是天道，人类只有通过天理认识天道，因而只有通过天理对人欲进行自我限制、自我约束，才能使自己的欲望和行为符合天道，而不至于违背天道。这样，人的欲望才能得以实现，并且与自然相和谐。

不仅如此，社会发展包括政治和经济也需要符合天道自然，这就是正德、利用、厚生。宋儒说：“为天地立心，为生民立命。”这就是说天地本身是蕴含着价值的，亦即有“德”的，即所谓“天地之大德曰生”或“生生之德”。而“生”的具体体现，既为天下之众生，亦为大众之民生。这就是“天地之心”和“生民之命”。人是在天道“生生”的自然大化过程中，不断生成与发展的人的伦理性存在，决定人的天职和使命，就是体现天地之心，持守天地的“生生之德”。同样，也只有体现天地之心，持守天地的“生生之德”，人类自身才能得以生存和发展。所以，人类在发展过程中，不能只顾自身利益而无限制地利用和索取，而必须怀着感恩之心，尊重天地万物，尊重生命生灵，“民吾同胞，物吾与也”（张载：《西铭》），实现天地一体之仁。

如果我们能够真正地认同天人合一的宇宙观、世界观，人与自然的矛盾也就在解决之中了。然而，解决天人矛盾，实现天人合一，实际上要从人类自身做起，从解决人的身心矛盾和心物矛盾开始。具体说，就是要从点点滴滴的小事做起，从一蔬一饭，一瓢一饮开始，总之是从“尽性践形”做起。孟子说：“形色天性也。惟圣人然后可以践形。”（孟子·尽心上）这就要求人们通过主动的修养心性，使人内在的天赋不足的天性变成内在的自足的德性，从而使“形色”充分体现德性。这样，人们从自身和自心处解决了天理人欲问题，一箪食，一瓢饮，在陋巷，人不堪其忧，却也不改其乐，饭疏食饮水曲肱而枕，乐亦在其中矣。由于有了这种心境，“君子所性仁义礼智根于心，其生色也晬，然见于面，盎于背，施于四体，四体不言而喻”《孟子·尽心上》，自然身心健康。由此，身心一如，心物一元，天人一体，生生不息，万物和谐。

# 四 中国价值的系统重构

## （一）社会价值的多元统一

现代社会基本上是一个趋同社会。现代社会的核心价值是理性，而理性具有一种独特的同化功能，可以将一切传统的、多元的价值统一为单一的、标准的价值。经济方面，货币作为现代社会最强大的同化工具，成了衡量一切的价值标准。不仅所有的商品，包括商品以外的一切事物都可以变现为货币。人们获得和掌握的货币量的多少，成了人们能力和成功的唯一标志。文化方面，是否“流行”成了主流文化的标准，如收视率成为传媒业的金科玉律；统编教材、标准化考试和高考升学率成了成功教育的标准；政治方面，投票民主即多数民主整合了社会的各种价值取向，主流社会的价值成了全社会的价值，而少数人的意见被忽视或忽略不计，从而进入所谓的“被”时代。总之，共同的价值标准统治了所有人，也消除了各种价值倾向，“己所不欲，勿施于人”成了“己之所欲，强施于人”或“己所不欲，被施于人”。人—理性人—经济人—单向度的人，这种历史和逻辑的演进，同时意味着社会的单向度发展，更重要的是，人们也由此丧失了自由。

现代社会的价值单一倾向还导致社会竞争的加剧，并导致社会整体效益的降低和社会整体福利的消减。一方面，在现代社会里，人们追求的同一个目标，使用同一个价值标准，从而使个人发展的通道越来越狭窄，所谓千军万马挤一个独木桥，从而使社会上个人成功的概率大大降低。由于更多的人会在社会竞争中失败，所以必然降低社会的整体幸福感，并进而导致社会发展的不和谐。另一方面，长期的单一价值或统一价值降低了社会交往的意义，导致社会的整体效益下降。不同价值是社会交往的基础，正是由于人们具有不同的价值标准和不同的价值判断，才构成社会交往的意义和价值，也构成市场交换的意义和价值。而现代社会日益趋同的价值标准，导致了社会的同化也导致社会价值的统一，这样就使社会交往和市场交换的价值降低了，整体的社会效益也就降低了。

随着社会发展会分化出多个阶层，还会出现较为特殊的社群，这就必然导致社会价值重新转向多元化，而随着社会发展越过基本物质资料满足阶段以后，人们的社会目标和价值也必然趋向多元化。历史经验也可以证明，当人们积累了足够的财富时，价值观念会发生转变，从追求物质生活中的“效率”，转变为追求精神世界的极大丰富和文化生活的深入发展。也就是说，当人们的物质生活得到比较充分的满足后，就会以放弃“效率”为代价追求各种各样的生活目标，特别是从物质财富的积累转向精神生活的富足。约翰·格雷指出：“价值观念的竞争已然成为我们共同的状态。”他认为：“有许多种善的生活，其中的一些无法进行价值上的比较。在各种善的生活之间没有谁更好也没有谁更坏，它们并不具备同样的价值，而是不可通约的；它们各有其价值。”[①] 阿玛蒂亚·森指出：“主流价值也会随时间变化，每个社会都经历过这种价值的变迁”，“人们实际上有理由拥有更广泛的目标以及更具社会倾向的价值。”[②] 事实上，人们的社会需求既是不同方面的也是不同层面的，人们生活的目标也是多元的，因而社会价值目标也是多元的。这种多元价值转向，使人们各自追求各自的目标，平行而不交叉，合作而不竞争，有利于社会的和谐发展。

社会价值的多元性并不排斥社会价值的统一性。在某一历史发展阶段上可能是价值趋同占主导，而在另一个历史发展阶段上可能是价值多元占主导。人类社会历史上曾经历了数次多元价值与统一价值之间的相互转变，趋同有趋同的历史意义，多元也有多元的历史价值。总的来说，在以物质资料发展为主的历史阶段，价值往往是趋向于统一的，而社会发展越是超越基本物质资料需求阶段，人们的价值就越是向多元发展。这是因为物质资料的需求本身是有限的，有限的物质资料可以用统一的价值标准来衡量，而超越物质资料以后的精神文化需求却是无限丰富的，也难以用统一标准来衡量。这就是随着社会发展和进步价值日益多元的道理。不过，价值多元与价值统一的变迁，或从多元到统一，从统一到多元，往往是一个反复出现的过程。但现代社会的价值演变趋势是统一时代渐渐

---

① ［英］约翰·格雷：《自由主义的两张面孔》，顾爱彬、李瑞华译，江苏人民出版社，2005，第45~46页。

② ［印］阿马蒂亚·森：《理性与自由》，李风华译，中国人民大学出版社，2006，第18页。

走到尽头，从而开始了从统一转向多元的过程。

价值的多元发展也是人类社会从必然王国向自由王国转变的必然结果。马克思曾畅想了一个人的全面自由发展的历史阶段，在这个社会里，由于生产力已经高度发展，人们不为物质资料需求的满足而发愁，所以不必将大部分生命活动耗费在这个基本的方面，而是将更多的时间用在个性化方面的追求，所以才能够获得自由和全面的发展。自由全面的发展，一方面是不为分工所束缚，另一方面是全面的个性解放。这种解放和自由的结果必然是社会价值的多元化。马克思认为，人类的历史就是一个不断地从必然王国向自由王国发展的历史。所谓自由王国,是指非手段性生产和活动的领域，在这个领域中，人们生存活动的目的就在于自身，人的发展成了目的，劳动和其他一切人类活动都是为了实现主体自身的内在需要。人既是目的，又是手段，活动本身就体现了目的与手段、人的价值实现和创造过程的统一。实质内容就是人类主体本身能力的发展成为目的。“自由王国”按照事物的本性来说，它存在于真正的物质生产领域的彼岸。只有在彼岸的自由王国里，人们才能实现自由和全面的发展。

### （二）中道价值的选择

在中国传统社会的历史上，国家意识形态经历过三次大规模的构建。第一次是经过殷周变革后，文武周公“制礼作乐”以及确立“六经”为国家经典；第二次是经历春秋战国变革，汉代在立国七十多年后实行“罢黜百家，独尊儒术”的文化政策；第三次是经过唐宋变革后，从庆历新政和熙宁变法开始发生的理学革命直到理学被“悬为功令”。这就是说，在经济社会革命或变革后，必然需要文化和意识形态建设，这是社会走向长治久安的必要条件。从这三次国家意识形态构建的经验来看，基本都经历了正反两方面的意识形态选择并融合各家之后回归“中道”即“执两用中”过程。如周代礼乐是经历了文武之道以后的周文，儒家独尊是经过秦法和汉初黄老之后并融合百家的新儒，而理学也是经过释道之后并融合儒释道的道学。20 世纪末到 21 世纪初，一方面中国社会主义市场体制基本确立，社会主义经济现代化趋于完成；另一方面，各种现代性理论的历史使命也基本完成，中国社会开始进入一个新的历史阶段。在这种大的历史背景下，需要新的思想理论来指导中国社会的进一步变革和发展。这种新的思想理论一定是马克思主义和西方市场经济理论之后，并融合马克思主义理论和西方市场经济理论的“中道”。

第一，中道就是“执两用中”之道。古代圣贤都把“允执厥中”作为世代相传的治国之道。孔子将这种治国方法概括为“执其两端，用其中于民”(《中庸》)。中国经历了新民主主义革命和社会主义革命，又经历了 30 多年的改革开放和经济高速发展，经济现代化也趋于完成。革命与改革、改革与发展，三个方面的不同组合共同构成了几十年来复杂的社会价值取向：革命的结果是民族独立的完成和社会主义基本制度的建立，而改革和发展的结果是社会主义市场经济体制的建立和经济现代化的趋于完成。总之，中国共产党领导中国人民，经过几十年的奋斗，完成了革命、改革和发展的历史任务。党的十七大报告提出“不折腾”，从而对社会革命和经济革命做出了终结性判断。所以，经历革命与改革后的中国社会，应转入“用中”的轨道。

第二，中道就是综合创新之道。老子讲：一生二，二生三，三生万物。(《道德经》第四十二章）这里的“三”包含两方面意义：一方面表示“三”是“一”和“二”综合的结果，另一方面也表示“一”“二”之“中”，代表事物的“中道”。反过来说，中道代表综合创新之道，也是价值多元之道，因为只有多元才能创造价值，才能催生创新。价值多元与价值统一并不矛盾，这就是统一之下的多元，多元之下的统一，都可以用一个“中”来概括。“中”也表示多元社会价值中的一个核心价值，这个核心价值就是意识形态。社会价值可以多元，但意识形态是一定要统一的，因为意识形态代表民族和国家意志。从中国现代化的历史来看，马克思主义和西方市场经济作为两种价值体系，分别发挥着不同的历史作用，通过与中国具体实际相结合已经逐渐中国化，并出现了综合和融合的倾向，其结果必然是一种创新思想的出现。

第三，中道就是中兴之道。《诗·大雅·烝民序》说：“任贤使能，周室中兴焉。”宋王观国《学林·中兴》说：“中兴者，在一世之间，因王道衰而有能复兴者，斯谓之中兴。”近代以来，中国历史以社会变革和现代化为主旋律。而在社会变革完成以后，中国将以经济社会现代化为主题，在继承马克思主义现代性和西方现代性的基础上真正地走出中国式道路。总之，中国人民经历一百多年来的社会变革和现代化，在中国共产党的领导下，即将转向持续发展的“中兴”阶段。而中兴阶段的意识形态，不能是原教旨的马克思主义之道，也不能是西方式的自由市场经济之道，当然也不能是中国传统之道，而是经历历史的选择和淘汰最后保留下来的各种优秀思想的综合，这就是中兴之道。

第四，中道就是社会常道。孟子主张“中道而立”。(《孟子·尽心上》）董仲舒说:“能以中和理天下者，其德大盛。”(《春秋繁露》卷十六）柳宗元将这些思想概括为“大中之道”，说:“圣人为数，立中道以示于后，曰仁、曰义、曰礼、曰智、曰信，谓之五常，言以为常行者也。”(《柳宗元集》卷三《时令论》) 对于一个社会来讲，革命和变革是必须的。没有革命和变革，社会就不能前进，发展就会停滞。但是，剧烈的社会革命和变革完成以后，必须代之以一种相对稳定的社会制度。在这种稳定的社会制度下，社会必然进入一种常态发展。经历一百多年的社会革命和变革，中国社会主义市场经济制度基本确立，制度基本稳定，社会稳定发展，人民生活进入一种常态化。在这种常态下的发展，就要确立常道，必须建立符合常道的意识形态，使天下人民“咸守其经分，而无有失道者”，使“道达于天下”(柳宗元:《守道论》)。只有中道能够保证中国在和谐、稳定、和平的道路上继续发展。所以，中道是社会发展的“常道”，也是中国社会发展的根本之道。

转向中道和常道也就是社会革命的终结。道体流行，价值演变，是永无休止的历史过程。事实上，这种新的意识形态转向，其本身也就是一次根本性的革命。随着中国社会价值思想的变化和中国社会结构的变化，中道必然越来越成为代表社会最大公约数的价值，更符合最大多数群众的利益诉求。而中产阶层的利益决定他们能够兼顾多方面的利益，与最大多数的群众的基本利益一致，他们的利益诉求和价值思想可以代表“最大公约数”。中产阶层的基本价值观念就是中道。在转型过程中，必须坚持大多数群众的根本利益，要“以百姓之心为心”。（《道德经》第四十九章）社会革命必然由无产阶级发起，而中兴发展必由中产阶层支撑。中兴的成功，关键取决于中产阶层的成长和大中之道的畅行。

## （三）社会信仰的重建

中国历史上没有严格意义上的宗教，但并不等于中国人没有信仰。中国人的信仰采取了世俗的方式，就是将信仰整合在世俗的政治、经济和社会生活里。中国从汉武帝采纳董仲舒提出的“罢黜百家，独尊儒术”开始，儒家思想成为国家意识形态，成为普遍的社会信仰。所以说，儒家思想成为中国人的社会信仰或世俗宗教。即便是从印度传入中国的佛教，在传播的过程中也逐渐中国化和世俗化了。从某种意义上讲，这正是中华文化的优势所在。西方文化中宗教信仰十分强烈，西方甚至一度发展为政教合一的社会。所以现代化启蒙必须首先打破这种宗教信仰，并在此基础上重建对理性的信仰。而中国的现代化启蒙则不必经历这个过程。但是在一定历史条件下这又成为中华文化的缺陷。中国社会靠的是道德约束，是良知的约束，而没有对于彼岸的恐惧和向往，所以在价值理想瓦解之后的社会里，人们追求此岸的幸福往往可以不择手段。这也是中国社会尽管可以保持长时期稳定，却有可能在短期内迅速崩溃的原因之一。

中国近代以来的革命都建立过信仰体系，特别是共产党领导的人民革命，信仰曾经发挥了极其重要的作用。共产党的信仰就是改造社会，实现共产主义。为了实现这个理想，曾经动员了千千万万的民众来参与，就是说，中国共产党将信仰转变成为人民大众的需求。到改革开放时期，共产主义这个社会信仰在一定程度上被消解，造成了社会价值的真空。从理论上讲，共产主义成了彼岸的幸福，而同时社会并没有产生出其他价值理想。所以，当共产主义作为信仰消解以后，随着市场的迅速发育产生了“货币拜物教”，人们把金钱当作信仰了。

改革开放以来，中国日益成为一个高度理性的社会，导致理性与信仰的绝对冲突。根据理性的定义，理性就是人的趋利避害的本能。但是信仰不同，人们为了信仰可以不受理性的支配，就是说，为了信仰他们往往做出非理性的，即对自己不利甚至有损害的事。一个崇尚信仰的社会，一切理性、感性和仁性都可以得到提升，从而获得“形而上”的价值；相反，一个没有信仰的社会，一切思想和行为都必然滑向“形而下”，即世俗化、实用化和货币化。我们所处的时代是个没有信仰的时代。不仅没有宗教，道德伦理和社会良俗都遭到了严重破坏，这就使社会难以走向善治和法治。当下中国社会的问题是，既缺乏对法律制度、道德伦理、社会良俗的信仰，也缺乏对价值理想或对彼岸目标的信仰。而对于一个没有宗教信仰并且价值理想也泯灭的民族，重建对世俗的社会价值的信仰具有极为迫切的意义。具体说，就是从对法律的信仰开始，以道德的信仰为核心，以公序良俗为基础，最后上升到对价值理想的信仰。

第一，法律制度必须被信仰。法律应该是神圣的。但中国的现状是潜规则大于制度和法律，从而导致人们对法律的不信和不屑，法律也就难以被遵守。古希腊思想家苏格拉底为遵守法律的信仰不惜自我牺牲，中国古代法家子产、商鞅等也为维护法律而献身。这就是对法律的信仰。管子说："君臣上下贵贱皆从法"(《管子·任法》)；《慎子》主张"官不私亲，法不遗爱，上下无事，唯法所在"；韩非子主张"法不阿贵，绳不挠曲"，"刑过不辟大臣，赏善不遗匹夫"(《韩非子·有度》)等，都体现了法家对法律的信仰。没有对法律的信仰，就没有对法律的绝对遵守。当下的中国需要重建对法律的信仰。

第二，道德伦理必须被信仰。在中国文化中，缺少宗教文化的信仰。所以，通过宗教重建信仰是不现实的，也不符合时代发展的需要。长期以来中国社会都是以伦理为本位的，尽管"尊尊亲亲"、"三从四德"遭到批判，但其中体现了社会伦理的价值。事实上，在中国传统文化中仁性与信仰最为接近。所以道德重建可以从"致良知"开始。良知人人具有，个个自足，是一种不假外力的内在力量。"致良知"可以明辨是非，明断善恶，祛除"意之动"，昭彰"心之体"，在此基础上逐渐建立人们对道德伦理的信仰。

第三，公序良俗必须被信仰。公序良俗是不成文的习惯法。不经任何程序，没有任何规定，不会强制执行，但它具有力量，谁不遵守就会受到社会的普遍谴责，所谓“唾沫星子淹死人”就是这种力量。社会良俗往往是长期形成的，并且是由点滴构成的，存在于人们的生活日用之中，构成人们的思维习惯和行为方式。而这些思维习惯和行为方式是人们自觉遵守的，是发生于人们心内的力量，构成人们对个人思维和行为的自我约束，所以产生了信仰的力量。但是这些年来，由于社会的迅速变革导致传统的消解和价值的颠覆，公序良俗自然也就丧失了力量。所以，社会重建需要恢复人们对公序良俗的信仰。

第四，在确立对法律、道德伦理和公序良俗的信仰的基础上，需要重建社会对价值理想的信仰。人的生活不仅需要理性，还需要感性，需要仁爱；不仅需要仁爱，还需要价值理想。人类不能没有价值理想，没有价值理想的生活是不值得过的。而价值理想必须被信仰。《礼记·礼运》提出“大道之行，天下为公”就是一种价值理想，马克思提出共产主义也是一种价值理想。这些价值理想既可以作为“极高明”的目标来信仰，也可以作为“道中庸”的目标来践履。

## （四）价值理想的确立

大道之行，天下为公。这是中国传统社会的最高理想。尽管这种社会模式仅仅是作为一种理想而出现的，或者说是一种“乌托邦”，但的确代表了各代广大人民的美好愿景，所以一直被作为中国社会长久追求的价值理想。中国传统社会缺乏本土宗教，但社会信仰仍然普遍存在并且根深蒂固，而“天下为公”可以被视为最高的社会信仰。近代以来，康有为的《大同书》提出以“天下大同”作为理想社会，孙中山也接着提出以“天下为公”作为最高宗旨，共产党接受马克思主义以共产主义为理想目标。可见，中国人民尽管历经磨难，但仍不放弃对理想社会的追求。尽管这些社会理想并不都具有实践价值，却大大提高了社会目标，也赋予相关的社会行动以价值和意义。

中国共产党提出以共产主义为最高理想。共产主义作为一种政治信仰和思想体系，主张消灭生产资料私有制，把全人类从循环往复式的阶级斗争周期中解放出来，建立一个没有阶级、没有剥削和没有压迫的理想社会。这与中国传统文化主张的“天下为公”是基本一致的。但是，一个社会既要有“极高明”的社会理想，也要有“道中庸”的实现之途。儒家讲“极高明而道中庸”，就是说再高的价值理想也要有付诸现实的目标和行动。

至德之世，天下为公。这是我们社会共同的价值理想，同时也需要我们的具体实践，这就是确定“德”为核心价值，确定道德为共同遵守的行为准则，以公共的具有最大公约数的价值为标准，建立一个现实可行的理想社会。作为支配几千年中国传统社会的主流意识形态的儒家思想，其基本主张是“重义轻利”、“见利思义”、“以义制利”，当义利发生矛盾时，坚持“先公后私”，“先义后利”，“公者重，私者轻”，“不以天下私一人”的原则。这些价值理想和道德准则，与共产党的宏大目标和最高原则存在很大的共同性。从大禹治水“三过家门而不入”到孙中山的“天下为公”,到毛泽东的“为人民服务”，事实上也构成一个贯穿中国历史的价值统绪。这里是将“天下为公”的理想社会从空想变成科学，再从科学变成现实的实践。这里的实践就是人人讲道德，尚道德，道德被尊崇并被信仰，人人以道德自律，从而实现一个“至德”社会。在这种情况下，尽管说天下为公仍不能成为现实，但普遍的道德规范和价值追求仍能使我们进入一个更为美好的社会。尽管不能真正地实现天下为公的至德之世，但仍可以作为理想目标来实践。有这样一个目标，人们就会始终怀有希望，即始终保持“至德”的目标，始终怀有向善的追求，每个人的行为都保持自律，并遵循一定的道德标准，从而使我们的行为变得高尚起来。

# 第五章

## 新时代中国社会的转型

现代化是中华民族伟大复兴的必经之路。但是在现代化作为“舶来品”引入中国的同时，也必然带来异化和异化所导致的各种影响。新时代中国人民美好生活需要日益广泛，不仅对物质文化生活提出了更高要求，而且民主、法治、公平、正义、安全、环境等方面的要求日益增长。这是新时代中国价值革命的根本基础，也是新时代中国社会转型和发展的根本依据。新时代中国社会的转型和发展，就是要通过消费方式和生产方式变革，进一步走出现代化的中国道路。现代化的中国道路，一方面要进一步建立现代化经济体系，另一方面要实现以人为本，以民为本，民主公平，天人和谐，不断提高民生福祉的社会目标。而我们的终极目标，是重建马克思主义远大理想，消除异化，回归人本，实现人的自由和全面发展。

# 一　现代化：异化与回归

现代化的本质是人的现代化，必须秉持以人为本的发展宗旨。然而，不论是西方的现代化还是中国的现代化，都不可避免地出现异化现象，即背离了现代化的本旨，从“以人为本”转为“以物为本”。所以，我们要从中国传统价值出发，重新审视研究现代化的“人之道”与“物之道”的关系，提出从异化到回归的社会目标，并重释小康社会的价值理想。

## （一）现代化的本质

中国传统价值的核心是“以人为本”，即以“人之道”为本来之道。《尚书》：“惟人万物之灵”；《中庸》：“道不远人”；《性自命出》：“惟人道为可道也”；《荀子》：“道者，非天之道，非地之道，人之所以道也，君子之所道也。”在中华民族数千年历史上，一直坚持“以人为本”即“人之道”的价值传统，就是说，在处理“人之道”与“物之道”的关系时，始终主张用“人之道”来弘扬“物之道”，而不是用“物之道”来替代或束缚“人之道”。这种价值传统在相当长的历史时期起着主导作用，使得中华道德文明超前发展，并主导着物质文明的方向。然而到了近代,这种价值传统逐渐走向衰落,既不能主导物质文明的方向,又不能推进物质文明的发展,结果是物质文明全面落后于西方。与中国价值传统相反,西方现代价值的特点是以“物之道”弘扬“人之道”,具体地说,就是通过科技理性和市场理性实现物质文明的高度发展,实现以物质文明为主体的现代化。不仅如此,率先完成工业革命的西方国家,为了扩大市场还以其武力侵略中国,从而加剧了中国价值传统的危机,也促使中国价值从“人之道”转向“物之道”。

从历史角度看,“人之道”向“物之道”的转变也就是“传统之道”向“现代之道”的转变,是中国现代化进程的关键性转变。“人之道”的核心是“仁”,是公平;“物之道”的核心是“力”,是效率,两者具有不同的价值取向。对于贫穷落后并遭受外国侵略的中国来说,当务之急是发展经济,富国强兵,自立于世界民族之林,所以,必然以“物之道”来理解现代化。当然,“现代之道”并不是排斥“人之道”,而是通过物质生产的发展,使人的状况相应地得到改善,就是说,在物质资料发展的基础上,使人的生存发展权得到尊重,人性得到发展,个性得以张扬。总之,“现代之道”强调物质生产力的发展,主张用“物之道”弘扬“人之道”,认为没有生产力的发展,没有“物之道”的发展,也就没有“人之道”的发展。这种“现代之道”转换为马克思主义话语,就是生产力决定生产关系,经济基础决定上层建筑,也就是唯物史观。

当中国共产党人接触到马克思主义以后,最早接受的理论就是马克思主义唯物史观。这是因为,对于生产力极端落后和积贫积弱的旧中国来说，马克思的生产力论是最具吸引力的学说。毛泽东指出："中国一切政党的政策及其实践在中国人民中所表现的作用的好坏、大小，归根到底，看它对中国人民的生产力的发展是否有帮助及其帮助之大小，看它是束缚生产力的，还是解放生产力的。"[①]中国共产党人认为，在半殖民地半封建社会的旧中国，帝国主义、封建主义和官僚资本主义的统治，是造成中国社会长期落后的根本原因。而"生产力本身的要求，则是用革命方法解除这种旧有生产关系的束缚，推翻这种旧有生产关系，建立新的生产关系，建立新民主主义的生产关系，因而使全国一切积极的生产力获得向上发展的可能，替未来的更进步的更能自由地发展生产力的社会主义社会准备条件"。[②]于是，中国共产党领导中国人民，通过浴血奋战取得新民主主义革命的胜利，实现了民族独立和解放，为解放生产力打下了基础。新中国建立以后，中国人民以最快的速度完成了经济恢复，并从新民主主义经济向社会主义过渡，进行了对农业、手工业和资本主义工商业的社会主义改造，实行计划经济体制。中国共产党人认为，社会主义革命的目的也是解放生产力。[③]社会主义改造完成以后，我们的根本任务由解放生产力转变为保护和发展生产力。[④]毛泽东指出：中国落后的原因主要是没有新式工业，而"要中国的民族独立有巩固的保障，就必需工业化"。[⑤]1957 年，毛泽东

---

① 《毛泽东选集》第 3 卷，人民出版社，1991，第 1079 页。

② 《毛泽东文集》第 5 卷，人民出版社，1996，第 61 页。

③ 《毛泽东文集》第 7 卷，人民出版社，1999，第 1 页。

④ 《毛泽东选集》第 5 卷，人民出版社，1977，第 218 页。

⑤ 《毛泽东文集》第 3 卷，人民出版社，1996，第 146 页。

在《关于正确处理人民内部矛盾的问题》中提出了建设工业现代化、农业现代化和科学文化现代化的思想。1959 年，毛泽东进一步提出国防现代化，从而形成完整的“四个现代化”思想。这样，中国共产党就把保护和发展生产力的社会要求进一步转变为工业化和现代化的战略目标。

1979 年，中国共产党十一届三中全会确定了改革开放的大方向，经过思想解放运动，中国社会的现代理性被真正地唤醒，革命时代的激情转变为发展经济的动力。于是，中国开始了转向社会主义市场经济的伟大变革。邓小平指出：“社会主义和市场经济之间不存在根本矛盾。问题是用什么方法才能更有力地发展社会生产力。我们过去一直搞计划经济，但多年的实践证明，在某种意义上说，只搞计划经济会束缚生产力的发展。把计划经济和市场经济结合起来，就更能解放生产力，加速经济发展。”[①]“改革促进了生产力的发展，引起了经济生活、社会生活、工作方式和精神状态的一系列深刻变化。改革是社会主义制度的自我完善，在一定的范围内也发生了某种程度的革命性变革。”[②]所以，“改革也是解放生产力”[③]。到 20 世纪末，中国基本完成了社会主义市场经济体制建设，中国的现代化也取得了举世瞩目的伟大成就。到 2010 年，中国的 GDP 总量已经占据世界第二位，并开始向中等发达国家水平过渡。

纵观中国现代化的百年历史和成就，可以说，这就是马克思

① 《邓小平文选》第 3 卷，人民出版社，1993，第 148~149 页。

② 《邓小平文选》第 3 卷，人民出版社，1993，第 142 页。

③ 《邓小平文选》第 3 卷，人民出版社，1993，第 370 页。

主义唯物史观在中国成功实践的结果。然而，在中国现代化过程中“物之道”日益凸显，发展生产力，“发展是硬道理”，“科技是第一生产力”，“时间就是金钱，效率就是生命”等等成为社会的普遍口号。相反，人的发展包括人的精神文化和道德水平的发展，社会公平或共同富裕目标等被大部分人忘到脑后了。总之，“人之道”被“物之道”所压抑、所淹没、所消解。一方面，科学技术不断进步，物质生产不断扩大，生活水平不断提高，但另一方面，人的道德水平和精神文明水平，特别是人的幸福感没有同步提高，有的方面甚至大大倒退了。正所谓“为学日益，为道日损”：一切物质方面的进步都在大行其道，而为了实现“现代之道”，一切人的方面的价值却在日益消解。可见，我们实现了马克思主义唯物史观所主张的“物之道”，却忽视了马克思主义的“人之道”，即人的自由全面发展。这不能不令我们反思，反思我们的现代化历史，以便透过“物之道”的反思找回“人之道”的精髓。

### （二）现代化的异化

现代化成为人间正道，这在西方是16世纪以来的历史。相对于日益趋于腐朽没落的传统社会而言，现代化是符合“道”的，因而是“正道”，是“大道”。就是说，现代化在发展现代科技和工业化以及市场经济过程中，极大地解放和发展了生产力，极大地丰富了人们的物质生活，使人们在很大程度上摆脱了自然的约束，摆脱了物质资料匮乏的限制，发展到了一个新的历史阶段。从西方现代化历史上看，尽管一直以人道主义作为核心价值，现代化所追求的“物之道”本身也是为了弘扬“人之道”。但是在现代化的实践过程中，不仅“物之道”偏离了“人之道”，还从根本上否定了现代化的“本来之道”甚至“背道而驰”。例如，科学技术创造了能够毁灭人类的武器，市场理性超越了伦理道德规范，使人类的生态环境和人文环境都遭到了破坏，进入了现代的蛮荒之地。这不能说不是现代化的悖论。

对于中国来说，现代化始于18世纪中叶，是引自西方的“舶来品”。一方面，中国人民对于这种“舶来品”有一个艰难的认知和认同过程；另一方面，伴随着中国的现代化，传统与现代之间始终存在着此消彼长的损益过程，即“为学日益，为道日损”（《老子》第四十八章）。所谓“为学日益”，包括科学技术的进步、生产力的发展、人们生活水平的提高等，这些都是进步的、有益的，所以应该是不断增加的。所谓“为道日损”，即为了实现“现代化之道”，不能不以本体价值的损失为代价，包括价值之损、人文之损、传统之损，而从根本上讲则是人本性之损。近代以来的中国，特别是新中国的数十年来，现代化已经成为整个中华民族的共识，成为公认的“大道”。但是，从现代化的实践来看，总是将物质生产力的发展和物质水平的提高作为第一目标，特别是在现代化压倒一切的社会历史运动中，物的价值的提高和人的价值的贬损成为不可避免的结果。所以，在一定时期里，“为道日损”之所“损”，与“为学日益”之所“益”，共同促进了现代化进程，损益关系总体上看是益大于损。但是，随着现代化的发展，所“益”者进入递减阶段，而所“损”者进入本质深度，这就导致现代化的负面效应日益显现，导致人、社会乃至自然价值的加速贬损，损益失衡并进而倾斜，现代化不仅脱离“正道”甚至“背道而驰”。

现代化的“背道而驰”现象是资本主义异化造成的。早在工业化初期，马克思就深刻揭示了西方资本主义的异化现象，并深刻批判了资本主义社会中“物的世界的增值同人的世界的贬值成正比”这种扭曲状况，指出：“在我们这个时代，每一种事物好像都包含有自己的反面。”“我们的一切发现和进步，似乎结果是使物质力量具有理智生命，而人的生命则化为愚钝的物质力量。”[①]这种异化影响了资本主义的生产过程，使“生命活跃表现为生命的牺牲，对象的生产表现为对象的丧失，转归异己力量、异己的人所有”。[②]这就是说，资本主义按其本质而言具有一种力量，能把人所创造的一切有价值的东西都变成它自己的反面。

中国的现代化作为现代化的一种模式，自然脱不开现代化的窠臼。从中国现代化的历史过程来看，特别是在社会主义市场经济体制下，物的现代化取得了巨大的成就，包括工业化生产方式、科学技术的应用、城市化和生活福利的提高等。毋庸置疑，物的现代化为人的现代化提供了物质基础，在此基础上人的现代化得到发展。但我们不能无视一个重要现实，即人的现代化远远落后于物的

① 《马克思恩格斯全集》第12卷，人民出版社，1962，第4页。

② 《马克思恩格斯选集》第1卷，人民出版社，1995，第52页。

现代化，并与物的现代化形成巨大反差。实际上，这不过是西式现代化本身的矛盾在中国所结的果实而已。就是说，西方现代化的异化现象，也同样发生在中国的现代化过程中，人们在追求物质资料发展的同时，将物质资料的发展当作唯一的或最高的目的，从而导致反客为主现象，即手段成了目标，而目标本身却迷失了。发展生产力是为了最大限度地满足人们的物质文化需求，而为了发展生产力人们采取了一系列变革和创新，这样，技术和制度变革成了手段，发展生产力成了目标，而满足人的需要和人的发展的本来目标却被丢掉了。

现代化的“物之道”与“人之道”的矛盾，一方面体现为人与自然的冲突，另一方面体现为人与人的冲突。从人与自然的关系来看，在功利目的和物质利益的驱使下，人类在开发和利用自然的过程中，不顾自然的承受力进行掠夺性开发。但自然资源是有限的，人类的贪婪索取已经使自然遭到破坏并威胁到人类自身的生存和发展。特别是近代以来，由科学技术造就的工业生产方式，在利益动机驱使下，不可避免地对人类生存的自然环境造成严重的破坏。从人与人的关系来看，在经济利益决定一切的现代市场经济环境中，人与人之间到处渗透着互相利用的精神，完全成了抽象物或活机器之间相互斗争和互相操纵的关系。在这里，每个个体都是以个人为中心来核算成本与收益，却将社会成本排除在外，这就必然造成社会整体利益的严重损害。

现代化的“物之道”与“人之道”的矛盾，还进一步导致人的价值世界的分裂。现代化使得人类物质生活水平大大提高，相对于农业社会有了根本性改变。但是在现代化过程中，人们追求物质财富却忘记了追求物质财富以改善生活和提高幸福存在的目的，相反将物质财富作为目的。物质财富反过来成为一种支配人、奴役人的非人格力量。在这种情况下，人已不再是自由自觉的主体，不再是自己命运的主人，其生命活动不是取决于自己的兴趣、意愿或意志，而是被某种外在的目的所规定了，即人的目的被物的价值所规定了，人成了“倒置之民”。另一方面，人们所有的提高物质生产和占有物质财富的手段都成了目的，并反过来加大了人的片面性，如分工的发展、科技的发展、工厂生产的发展等，使人丧失了丰富的主体规定性，成为片面的人和单向度的人。对于这些人来说，生活仿佛只是一种对于物质财富的占有和享受，而物质上的富有又往往掩盖着精神上的贫困，人的内心世界变得偏狭、自私、冷漠或麻木不仁，甚至缺乏起码的道德修养、信念和爱心。所以，享有高度现代文明的人类，一点都不缺少物质条件，但的确缺少某种信仰甚至最基本的道德良心。

### （三）从异化到回归

异化并不是反历史和反进步的现象，恰恰相反，异化也是社会进步的一种方式。但异化是一个矛盾体，或者说是一把双刃剑，它一方面能推进社会进步和历史发展，但在一定条件下又会转变为对历史和进步的否定。所以，在人类历史发展过程中，异化是一个必须的过程，而从异化到回归也是一个必经的过程。事实上，人类历史正是在异化与复归两个反复发生的过程中实现进步和发展的。16 世纪开始的现代化过程，经过数百年已经取得了巨大成就，生产力获得空前的发展，使人类社会在很大程度上摆脱了长期的物质匮乏，从自然的束缚下获得相当程度的解放。但是，现代化从一开始就面临着异化所预设的陷阱，人被异化了，物被异化了，自然天地被异化了，而到 21 世纪这些问题积累到无以复加的程度。中国从 19 世纪开始进入现代化历程，经过一个半世纪的发展，现代化趋于完成，而在目前的阶段，与现代化进程始终相伴的异化也日益凸显，其负面效应更是日益加重。所以，现代化的进一步主题，应该是从异化到回归，从“物之道”回归于“人之道”。

现代化的本质是以“物之道”弘扬“人之道”。就是说，现代化的目的是要解决人类所受到的自然的束缚和物质匮乏的束缚，从根本上讲是要提高人类的福祉，所以是以人为本的。但是现代化的异化导致“物之道”与“人之道”颠倒，物的发展成为现代化的目标和本质，而人的发展反倒成了工具和手段。所以，现代化的回归，从“物之道”回归于“人之道”,也就是回归于现代化的“本来之道”,即回归于人本之道。

以人为本有两个方面的含义：第一个方面，“人是本质”。马克思在《〈黑格尔法哲学批判〉导言》中明确提出“人的根本就是人本身”和“人是人的最高本质”这样的命题，并对“使人成为受屈辱、被奴役、被遗弃和被蔑视的东西的一切关系”进行了深刻的批判。[①] 马克思指出：人的“任何一种解放都是把人的世界和人的关系还给人自己”。[②] 这里，马克思给我们指出了人的解放的本质，即使人从资本主义生产关系下解放出来，回归于人的本来世界和本来关系，总之就是回归于人。第二个方面，以人为本位，现代化从异化到回归，就是要回归现代化本来的目的，也就是重新确定以人为本的发展目标，即回归以人为本位。西方现代化过程中的人性彰显，一方面是将人从对神的崇拜中解放，另一方面是将人从自然的束缚下解放。前一方面说的是从相信神到相信自己。这就是启蒙。后一方面是说利用自然力和科学技术，实现生产力的提高和物质资料的丰富，这样使人能够摆脱自然的束缚。这就是现代化。但是，人们在实现现代化的过程中，不是将物质发展作为实现人的发展的手段，而是将人的发展作为增进物质发展的手段，本来以人的发展为目的的生产力发展，转变成为了生产力而发展生产力了。所以，人类从异化状态下解放，就是要回归于人的本位，就是要明确：一切发展都是为了人本身。

从“物之道”回归于“人之道”,除了确立“人是本质”和“以人为本位”外，现实社会中还必须解决生产目的问题。马克思比较了古代社会与现代社会的生产，指出:“在古代人那里，财富不表现为生产的目的。”[③] 马克思认为:“古代的观点和现代世界相比，就显得崇高得多，根据古代的观点，人，不管是处在怎样狭隘的民族

① 《马克思恩格斯选集》第 1 卷，人民出版社，2012，第 9~10 页。

② 《马克思恩格斯全集》第 1 卷，人民出版社，1956，第 443 页。

③ 《马克思恩格斯全集》第 46 卷上，人民出版社，1979，第 485 页。

的、宗教的、政治的规定上，毕竟始终表现为生产的目的，在现代世界，生产表现为人的目的，而财富则表现为生产的目的。”[①] 总之，马克思认为生产要以人为目的。而要实现以财富为目的的生产回归到以人为目的的生产，首先要实现以消费为目的的生产。生产是为了最大限度地满足人们物质文化需要。所以消费是目的。而在消费的后面起作用的是需要。马克思指出："消费生产出生产者的素质，因为它在生产者身上引起追求一定目的的需要。”“消费为生产创造作为内在对象，作为目的的需要。”[②] 随着人民生活水平的不断提高和新生人口的不断增加，消费者对产品的需求量总是不断增加，对产品的质量要求也总是不断提升，而且日复一日地产生着层出不穷的新需求。正是广大消费者不断增长的消费需求，才推动着生产的不断发展，所以，消费是生产不断发展从而经济不断增长的决定性因素，也就是说，最后是“消费的需要决定着生产”。[③] 可见，异化和从异化到回归，直到生产目的的根本转变，在整个生产方式变革中具有枢纽性意义。

从现代化异化的回归，是人类的第二次解放。现代化是解放普罗米修斯。这种解放从根本上说是人的解放，是人的欲望的解放，是人的本性的解放，也是人的创造力的解放。在中世纪宗教思想统治下，人的这种欲望或本性是被压抑、被束缚的。文艺复兴以来，西方的人性解放经历了数百年历程。1819 年雪莱创作诗剧《解放

① 《马克思恩格斯全集》第 46 卷上，人民出版社，1979，第 486 页。

② 《马克思恩格斯选集》第 2 卷，人民出版社，2012，第 692、693 页。

③ 《马克思恩格斯选集》第 2 卷，人民出版社，2012，第 699 页。

了的普罗米修斯》，歌颂了人类对人的理性解放和科技生产力解放的渴望。然而，这种解放也包括了人类最原始的本性的冲动，各种原始的源自动物的欲望，从而也带来邪恶的影响。就是说，现代化在解放普罗米修斯的同时也解放了魔鬼，人们在追求物质生产力的发展过程中，反而束缚了人自身的发展，特别是束缚了人的精神的发展，包括宗教信仰的泯灭、价值理想的消失、道德伦理的沦陷等等。所以，普罗米修斯解放之后，人类还面临着第二次解放的任务。马克思指出："实际可能的解放是以宣布人是人的最高本质这个理论为立足点的解放。"[①] 马克思还指出："任何一种解放都是把人的世界和人的关系还给人自己。"[②] 人类的第二次解放，用哲学话语来说明，就是人类从异化状态的回归，即回归于人，回归人的本位。第二次解放与第一次解放不同。第一次解放是从宗教异化状态下的解放，而第二次解放则是主体从客体束缚下的解放，是人类从物欲即原始本性或自利理性束缚之下的解放，也就是人类从现代性异化状态下的解放。

① 《马克思恩格斯选集》第 1 卷，人民出版社，2012，第 16 页。
② 《马克思恩格斯全集》第 1 卷，人民出版社，1956，第 443 页。

# 二　消费方式变革

## （一）消费本质：需要与需要的满足

工业化、市场化和城市化本身作为现代社会的三大核心特征，大大推进了人类社会的进步。但是，当这“三化”完成以后，现代化所形成的经济运行轨道和社会发展惯性却不能得到改变，从而导致过度的工业化、过度的市场化和过度的城市化。这些现代性的过度发展，必然导致经济社会矛盾向相反的方向转化。中国现代化起步较晚但速度较快，很多矛盾在我们毫无思想准备的情况下就迎面而来了。这既是现代化的后发优势所致也是现代化的后发劣势所致。所以，我们面临着双重的历史任务，既要进一步完成现代化，也要对现代化过快所带来的矛盾加快治理。这就是中国现代化面临的双重问题。对于中国来说，现代化的后发优势不仅在于有外来技术和经验可以借鉴，还在于“前现代”的观念意识记忆犹存。对于相当一部分中国人来说，经历过前现代的贫困，有过俭朴生活的经历，还能知道生活的本质究竟是什么。所以，回归的路并不遥远。生活方式的重建，关键问题是必须弄清楚我们到底需要什么，我们的真实需要是什么。

生活方式主要是消费方式。消费就是需要和需要的满足。所以，生活方式变革首先要解决需要和需要的满足问题。现代消费异化就是消费脱离了人类的本质需要，而这种消费异化导致的结果则是社会的自然环境和人文环境的危机。西方马克思主义者通过对消费异化的批判，提出未来社会革命的理论。他们认为，未来的社会革命，将不是发生在生产领域，而是发生在消费领域。[①] 西方现代化的主要进步源于生产领域，即生产变革导致社会其他各个方面的变革。但是，当现代化进入成熟阶段以后，生产力发展所能提供的变革力量便开始递减，这个领域必然出现制度固化现象，从而成为阻碍社会变革的力量。所以，社会变革的力量必然出现在其他领域。这就是消费变革。

从消费异化回归消费的本质，首先要解决需要的本质问题。需要分为人类的本质需要和非本质需要。本质需要是在特定的社会发展水平之上和在一定的社会习俗约束之下，人们的社会生活所"必要"的需求。除此之外的需要就是非本质需要，而非本质需要产生的消费行为主要是"炫耀性消费"。凡勃仑在《有闲阶级论》一书中提出，"炫耀性消费"的动机不在于或不主要在于追求生活质量的提升，而在于显示消费者的身份、地位和财富。"炫耀性消费"不仅存在于有闲阶级中，而且也存在于一些收入并不高的家庭中。他们在家庭内部可以生活节俭，而在大庭广众面前的消费中则要显示"阔绰"，实际上是一种"面子"需要。事实上，炫耀性消费是

① 李琴:《当代西方消费主义文化的唯物史观思考——消费问题研究的新视角》,《学术界》2006年第2期。

社会上普遍存在的现象。

其次要解决需要满足的程度问题。需要满足问题也就是消费的限度问题。在社会发展的一定阶段，人们的需要总是有限的。庄子说:“鷦鹩巢于深林，不过一枝;偃鼠饮河，不过满腹。”(《庄子·逍遥游》)中国古人认为消费的满足就是“够”，即以“足用”为限。孟子说:“五亩之宅，树之以桑，五十者可以衣帛矣。鸡豚狗彘之畜，无失其时，七十者可以食肉矣。百亩之田，勿夺其时，数口之家可以无饥矣”，“仰足以事父母，俯足以畜妻子。”(《孟子·梁惠王上》)这就是一种丰衣足食和知足常乐的社会状况。但现代社会的特点是不仅要满足基本需要，而且还要满足炫耀需要，不仅要满足消费需要，而且还要实现更多地占有。而以占有为目的的需要则是无限制的，永远得不到满足。人的炫耀需要是奢侈和浪费的根源，而占有需要时贪婪和腐败的根源。如果说炫耀背离了消费本质的话，那么占有则完全背离了需要的本质。

最后,要解决消费的目的问题。需要与消费并不完全是一回事。在工业社会和市场经济体制下，为解决需求不足问题，人们主张刺激消费以满足生产扩大趋势。然而，经过刺激而产生的消费，完全可能是一种过度消费甚至是浪费。因为这种消费并不是由人们的自然需要产生的，而是为了社会再生产的延续人为地创造的。刺激消费作为政府经济政策实际上源于大危机时代。根据现代经济学理论，经济危机的根源在于有效需求不足，而要消除危机就必须扩大有效需求，以满足供给，实现市场出清。可见，这里不是供给满足需求，而是需求满足供给，不是生产满足消费需要，而是消费满足生产需要。这也是现代社会的一种本末倒置现象。

总之，消费本质的回归，首先是使消费回归到满足人的本质需要方面来，避免炫耀式消费的扩大；其次要回归到以人类本质需要的满足为限，避免过度消费和不必要的浪费；最后是要明确消费的目的是满足人的本质需要，而绝不是为了创造供给以满足生产需要。这实际上是一种根本性的观念变革，事实上是从现代异化的回归。

## （二）消费变革：节俭、自然、审美

消费变革可以分为两个不同的层面：一个层面是与消费观念和消费方式有关的，如节俭、自然和审美；另一个层面是与消费的社会效应有关的，如伦理、公平与和谐。

第一，节俭。崇俭黜奢是中国文化的不变传统。无论是儒家、道家、墨家都主张崇俭黜奢，总是将节俭归之于善，将奢侈归之于恶。《左传》说："俭，德之共也；侈，恶之大也。"（《左传·庄公二十四年》）不过，中国古人对节俭并不做绝对的理解，而是采取适度原则。《周易》曰："节，亨，苦节，不可贞。"（《易·节》）王夫之说："俭者，节其耳目口体之欲，节己而不节人。"（王夫之：《俟解》）不过到了近代，受西方现代观念影响，中国学者也提出鼓励消费的观点。如谭嗣同认为，由于崇俭，人们"持筹握算，铢积寸累，力遏生民之大命而不使之流通。今日节一食，天下必有受其饥者；明日缩一衣，天下必有受其寒者。家累巨万，无异穷人。坐视羸瘠盈沟壑，饿殍蔽道路，一无所动于中，而独室家子孙之为计。”（《仁学》二十）可见，谭嗣同的这些观点已经比较“现代”了。当中国真正进入现代化进程以后，特别是进入市场经济体制以后，消费观念发生了质的变化，特别是在某些需求疲软阶段，鼓励消费成为撬动市场的政策手段。所以，中国逐渐将节俭传统抛弃了。更为严重的是，现代消费往往成为一种被动的强迫性消费。就是说，这种消费并不是源于人们真正的需要，而是在厂商的广告刺激下或其他某种力量鼓动下进行的消费。这种消费需求是创造出来的，是外生的而不是内生的，在这种情况下，不仅生产出现了“为生产而生产”的情况，还出现了“为消费而消费”的情况，到最后则进一步发展到“为生产而消费”的情况。所以，要实现消费变革，从消费异化回归，就要重新提倡节俭和崇俭禁奢。

第二，自然。在中国文化传统中，人不是自然之主而是自然的一部分，即所谓天人合一。西方文化传统以人为中心，实际是天人两分。但现代社会的生产力发展，在很大程度上已经与自然发生了冲突，在某种意义上说，这种冲突的原因并不在于生产方式而在于消费方式。在现代经济中，消费成为社会发展的逻辑起点，社会发展的动因也要落实到消费力的提高方面，这就导致消费主导了生产。这就是说，“大量消费”导致“大量生产”，而“大量生产”推动着人类去无限度地开发自然资源，使环境、能源和生态承受巨大的压力。波德里亚认为，消费不是单一的经济行为或生活方式，而是与生态文化、生态文明相统一的社会生态系统的一个重要环节，因而经济社会发展对自然生态环境具有特殊的路径依赖。圭亚那学者施里达斯·拉夫尔也认为:“消费问题是环境危机问题的核心,人类对生物圈的影响正在产生着对于环境的压力并威胁着地球支持生命的能力。从本质上说,这种影响是通过人们使用或浪费能源和原材料所产生的……对自然资源的透支和对自然生态的污染,正在日益造成家园的失落,成为我们生存的巨大危险和缺憾。”① 为了解决现代化与资源环境的关系,就必须从消费变革入手。这就是改变人们的消费习惯,倡导一种有机的生活方式,使人的消费活动符合自然规律,即顺自然而为。如果人们的消费是理性的,欲望是有限的,社会需求受到约束,那么人们就不会盲目地扩大再生产,人类就能够从生产和消费以及自然的恶性循环中解脱出来。

第三,审美。古人说:“食必常饱,然后求美;衣必常暖,然后求丽;居必常安,然后求乐。”(刘向:《说苑》卷二十)这番论述与马斯洛需求层次理论有异曲同工之意。随着生产能力的发展,人类需要不断变化,因而人类消费的重心也不断变化。到现代社会,人类消费已从生存性消费向享受性消费和发展性消费转变,而伴随着这种转变,消费的审美化趋势也越来越突出地显现出来。美国经济学家加尔布雷斯认为,当消费发展到某一限度时,凌驾一切的兴趣也许在于美感。托夫勒也提出,我们正从以满足物质需求为主的经济过渡到一种与满足心理需求相联系的经济,所以“会有更多的

---

① 〔圭亚那〕施里达斯·拉夫尔:《我们的家园——地球》,夏堃堡等译,中国环境科学出版社,1993,第13页。

经济力量转向满足消费者对美和气派、个人爱好和感官享受等方面变化无常、五花八门和因人而异的需要。制造部门将投入更大的财力、物力有意识地设计心理优势和心理满足”。[①] 事实上，这种消费趋势存在两个方面：一方面是炫耀式消费，这代表了消费的异化；另一方面是审美式消费，这代表了消费层次提高和人类消费发展的健康方向。这种审美化方向的消费，还有更高层次的标准，即对人生意义、人生价值、宇宙真谛的追求。这事实上是人与动物的根本区别，正如费尔巴哈所说：“动物只为生命所必须的光线所激动，人却更为最遥远的星辰的无关紧要的光线所激动，只有人，才有纯粹的、理智的、大公无私的快乐和热情。”[②]

### （三）消费变革：伦理、公正、和谐

消费变革的另外一个层面涉及伦理、公正与和谐。消费作为人类社会生活的基本内容之一，不仅是经济现象，而且是伦理现象。从消费的伦理性质出发，必然引出消费的公正问题，包括人的基本消费权力的保证和消费公平目标的实现。此外，还包括在消费行为中人与社会和人与自然的和谐。

第一，伦理。一定的消费伦理观念是社会物质生活的反映，

① ［美］托夫勒：《未来的冲击》，孟广均译，新华出版社，1996，第189页。

② 北京大学哲学系美学教研室编著《西方美学家论美和美感》，商务印书馆，1980，第210页。

而人们在消费活动中总是受一定的消费伦理观念的引领。尽管现代生产是社会化大生产，但现代消费则是非常个体化的行为，人们消费什么，怎样消费，完全由个人决定。这就是所谓消费者主权论的根源。现代社会的消费异化导致消费主义盛行，而消费主义更强调以个体为中心，特别鼓励人们到消费中去寻找人生的意义。在他们看来，“我消费我存在”，消费是人们自我满足的根本途径，甚至认为人们占有和消费得越多，消费形式越是高档奢侈，人生就越有价值。这样，以“个体”为中心的消费就进一步转变为以“自我”为中心的消费。在这种社会生活方式之下，消费主义把个人的满足感建立在自己是否比身边的人或比自己的过去消费得更多的基础上。但事实上，消费并不完全是个人的事情，任何个体的消费都具有公共性。个人消费不仅关乎社会经济发展，而且影响社会生活、自然环境，以及道德伦理。而消费的伦理性是说个体消费不能违背社会一般意识之下的公共利益。所以，我们必须建立科学消费伦理，积极倡导健康文明的消费方式，避免因人类扭曲的物欲所导致的消费异化和消费主义，避免自然生态和人文生态的进一步失衡。

第二，公正。既然消费并不完全是个人的事，那么就存在是否公正的问题。在现代社会，由于人们的个人收入不同，个性爱好、文化背景及受教育程度不同，消费观念和消费方式存在各种差异。这种消费差异是社会存在和发展的必然现象，因而具有一定的合理性。但是如果这种差异过大就成为“消费不公”，并且与人类基本生存和发展的公平原则相悖。消费应该是人的一种基本权利，而消费公平则是作为一种基本人权的价值和目标。这是因为消费是人的基本生存和幸福快乐的基础条件，随着社会的发展和进步，消费水平和方式也不断变化和提高，任何社会都必须保证人们的基本生存权利，保证人们与社会发展水平和道德标准相适应的基本消费。总之要避免“过饥”或“过饱”。另外，消费公正还包括代际公正。中国传统社会具有浓重的宗法性和伦理性。所以极其重视代际关系。特别是儒家思想，特别重视尊老爱幼，孝道成为社会的基本伦理之道，家族延续是家庭的基本目标。在中国人的心目中，宁肯自己节省也要子女过得更好。所以，消费的代际公正观是根深蒂固的。对于一个社会来讲，消费的代际公正要求致力于解决全球环境恶化和资源枯竭等问题，并保证经济社会的可持续发展。

第三，和谐。现代消费社会是一个异化社会，充满了消费冲突。现代消费主义是与生产无限扩大趋势联系在一起的。现代生产者为了生产的持续，不断地刺激人们的消费欲望，不断创造“需求”。但事实上，这种需求是虚假的、非理性的，更是浪费的，不仅不能给社会带来益处，反而会增加人们的经济负担。进一步讲，这种“虚假需求”会进一步刺激生产的无限制扩大，还会增加资源环境压力，导致生态危机。此外，消费异化和消费主义还导致社会的文化观念的矛盾和冲突。波德里亚指出：消费逻辑不仅支配着物质产品，而且支配着整个文化、性欲、人际关系以至个体的幻象和冲动。这种不断复制传播的、内爆出的一种无差别的仿像流使得当今世界的政治、经济、文化消失了界限，社会万象处于目眩神迷的变幻流动之中，哲学话语、社会理论、大众传播理论以及政治理论的边缘正在侵蚀消融，甚至不同社会形态和意识形态结构都不再壁垒森严。在这个生产过剩的消费社会中，当代人的活法是白色的，没有感情介入，没有形而上冲动，也不可能有理想热忱。[①] 只有当消费回归于俭，亦即当人们放弃炫耀消费模式后，人们就不必追求更多地占有，对物质资料的贪欲会减弱，节俭成为人们的自然习惯。如果消费欲望缩小了，占有欲望也会随之减少，至少消费不再成为刺激占有欲的因素。只有当消费回归于俭，人们放弃“多多益善”的消费模式后，生产的无限扩张趋势才会得到缓解，生产对自然的压力自然会减轻，人与自然的关系也会逐渐和谐。当人们放弃“多多益善”的消费模式后，“以我为中心”的经济伦理也会得到改善，人与人的关系，特别是人的代际关系都会得到相应的改善，自然会减轻环境压力，促进人与生态的和谐。

### （四）消费导向：消费方式决定生产方式

马克思指出：“人从出现在地球舞台上的第一天起，每天都要消费，不管在他开始生产以前和在生产期间都是一样。”[②] “生产为消费创造作为外在对象的材料；而消费为生产创造作为内在对象、作为目的的需要。”“消费在观念上提出生产的对象，把它作为内心的图像、作为需要、作为动力和目的提出来。”[③] 这就是说，消费总

① 〔法〕让·波德里亚：《消费社会》，刘成福、全志钢译，南京大学出版社，2000，第 231 页。

② 《马克思恩格斯全集》第 23 卷，人民出版社，1972，第 191 页。

③ 《马克思恩格斯选集》第 2 卷，人民出版社，2012，第 691 页。

是为生产创造出新的需要，引导生产的方向和方式。

西方古典经济学认为，现代资本主义经济发展的动力是生产，是持续改善和更新生产条件和基础设施，并且培育兢兢业业和具有一定生产技能的劳动者。所以他们主张节欲和积累，并鼓励人们踏实工作，为社会创造财富。但是当西方进入消费社会以后，新古典主义和凯恩斯主义经济学主张消费第一，即通过各种方式扩大人们的消费需求以满足生产的需要，即维持社会不断扩大的再生产。在这种经济模式下，如果没有更大的物质欲求和消费动机，物质生产和财富创造将失去动力，再生产就不能持续，现代社会经济运行就要停滞甚至停止。这样，消费转向了主导方面，也就颠倒了生产与消费的关系。马尔库赛认为，在当代资本主义社会，统治者把操纵消费作为社会控制的手段，通过制造各种“虚假需求”，人与商品的关系完全颠倒了，不是商品为满足人的需要而存在，而是人为了使商品得到消费而存在。这是一种根本的颠倒。正是这一颠倒导致了现代社会的矛盾和危机。所以，社会变革也就必须从消费变革开始。

消费方式变革的根本方面就是在物质资料消费方面回归于“俭”。回归于“俭”并不是“禁欲”，而是消除消费异化，重新认识消费的本质，重新定位消费的意义。马克思指出：“真正的经济——节约——是劳动时间的节约。”“而这种节约就等于发展生产力。”[①] 实际上，消费主义导致的过度消费是浪费了人们本来可以

① 《马克思恩格斯文集》第 8 卷，人民出版社，2009，第 203 页。

不用于生产的时间，这些时间完全可以用来进行文化创作、休闲生活、艺术欣赏等。就是说，这些时间应该是用来提高生活质量和生命价值的，而在现代经济模式下只能是为了生产的无限制扩大而用于生产。但这些生产活动并不是真正有意义的，纯粹是为生产而生产。相反，如果我们回归于俭，也就是将这些过度的消费“节约”下来，即不再为了生产的无限制扩大而进行没有意义的消费，那么，我们也就没有必要为了这些没有意义的生产活动耗费我们的时间和生命。这样，我们就可以大大提高生活质量、生活品位、智商和情商。正如马克思所说的，这类节约“决不是禁欲，而是发展生产力，发展生产的能力，因而既是发展消费的能力，又是发展消费的资料。消费的能力是消费的条件，因而是消费的首要手段，而这种能力是一种个人才能的发展，生产力的发展”。[①]通过马克思的这一逻辑，我们可以将传统意义上的节俭赋予现代意义，从而使生产主导的现代经济转向消费主导。这个视角的转变可以决定现代经济生活的根本变革。

当消费回归于俭，但绝不是禁欲，而是将消费的物质主义转向精神文化方面。马斯洛曾百思不得其解：“为什么富裕使一些人发展而使另一些人停留在‘物质主义’的水平上。”[②]事实上，这个“马斯洛难题”根源就在于现代经济社会的生产决定或生产导向模式。这种经济模式使人们无限制地扩大消费成为无限制地扩大生产的前

---

① 《马克思恩格斯文集》第 8 卷，人民出版社，2009，第 203 页。

② 〔英〕柯林·威尔森：《心理学的新道路》，杜新宇译，华文出版社，2001，第 180 页。

提条件，进一步讲，人们的无限贪欲是这种生产模式延续的条件。然而，当我们将消费需求作为经济导向的话，方向就会得到转变。当人们超越消费的“物质主义”之后，文化精神消费将成为消费的重心。也就是说，当人们从无限制的物质资料消费转向精神文化消费后，对物质世界的压力会得到减轻，生产也必然从物质生产转向文化生产。反过来看，精神的东西增加了，人们对物质财富的追求自然会减弱，本性的贪婪会因为精神提高而改变。所以马斯洛说：“我们有必要在自我实现者的定义上再加上一条，即他不仅身体健康，基本需要得到满足，能积极地发挥能力，而且忠实于一些他正在为之奋斗或摸索着的价值。”[①] 这里，马斯洛不仅将其需求层次增加了自我实现，而且将自我实现需求增加了精神和价值追求。所以，消费回归于俭，绝不是回归于简单的“自然主义”，更不是“禁欲”，而是超越“物质主义”消费转向精神文化消费，使人类消费生活跨上一个新的台阶。这正是“消费决定生产”的真正含义。

① ［英］柯林·威尔森：《心理学的新道路》，杜新宇译，华文出版社，2001，第180页。

# 三 生产方式变革

## （一）生产目的转变

### 1. 人是目的

对于社会生产来说，生产目的具有至关重要的意义。现代生产重在物质资料的增加，通过科学技术对自然资源和自然力高效率的利用，使社会产出呈几何级数的增加。这就必然导致生产目的的异化，即生产从满足人们物质文化需要转变为最大化利润和高速度增长，并进一步异化为 GDP 指标。

事实上，生产目的的异化源于现代社会人的异化。我们可以从现代社会人的价值观念的变化观察到这种异化的产生和不断深化的过程。人可以通过劳动改变自然物使之符合人自身的需要，还可以通过劳动创造快乐、幸福和美感。所以，劳动是人的本质属性。但是，在现代社会，劳动异化了。人的劳动能力成了劳动力，劳动力成为商品进入市场；当劳动力进入生产过程以后，进一步成为可变资本，而劳动过程也就转变为生产剩余价值的过程。通过这一系列转变，人成了一种资源，即劳动资源，现代生产过程产生了对劳动资源的管理，现代经济学也相应地产生了劳动资源管理学。而在新古典经济学中，人进一步转变成为可以创造利润的人力资本，表面上看是使人力获得“最高的评价”，但事实上将人的异化推向了极点。总之，人成了工具，即生产物质产品的工具、创造剩余价值的工具、创造利润的工具、创造GDP的工具。可见，在现代社会中，目的成了手段，本质成了工具，人成了“倒置之民”。

价值革命必须重新确定人的位置，即重建“人是目的”的观念。“人是目的”这个命题是康德提出的。康德指出：“你的行动，要把你自己人身中的人性，和其他人身中的人性，在任何时候都同样看作是目的，永远不能只看作是手段。”[①]这是因为只有人才有理性，只有人才是理性的存在。没有理性的自然存在物，以及由人的行动得到的对象，都只是具有相对价值的外物。反之，我们把有理性者称为人，因为它的本性就证明它是目的，而不能只当作工具。人作为理性存在者，是自在地作为目的而实存着的，他不单纯是这个或那个意志所随意使用的工具。康德指出：“假如真有个最高的实践原则，或是支配人的意志的无命令式，那末它一定是意志的客观原则，一定能作为普遍的实践规律。为的是：这么个原则一定是由‘原因其自身是目的就当然是人人的目的之对象’这个概念引出来。这个原则的根基在于：有理性之物是以自己为目的而存在，……因此实践的令式如下：你须要这样行为，做到无论是你自己或别的什么人，你始终把人当目的，总不把他只当做工具。”[②]

马克思在《1857—1858年经济学手稿》中，比较了古代社会

① ［德］康德：《道德形而上学原理》，苗力田译，上海人民出版社，2005，第43、48、60页。

② ［德］康德：《道德形而上学探本》，商务印书馆，1957，第43页。

与现代社会的生产，指出：“在古代人那里，财富不表现为生产的目的。”“人们研究的问题总是，哪一种所有制形式会造就最好的国家公民。财富表现为目的本身，这只是少数商业民族——转运贸易的垄断者——中才有的情形，这些商业民族生活在古代世界的缝隙中，正像犹太人在中世纪社会中的情形一样。问题在于，一方面，财富是物，它体现在人作为主体与之相对立的那种物即物质产品中；而另一方面，财富作为价值，是对他人劳动的单纯支配权，不过不是以统治为目的、而是以私人享受等等为目的。在所有这一切形式中，财富都以物的形式出现，不管它是物也好，还是以存在于个人之外并偶然地同他并存的物为媒介的关系也好。”[①]马克思认为：“古代的观点和现代世界相比，就显得崇高得多，根据古代的观点，人，不管是处在怎样狭隘的民族的、宗教的、政治的规定上，毕竟始终表现为生产的目的，在现代世界，生产表现为人的目的，而财富则表现为生产的目的。事实上，如果抛掉狭隘的资产阶级形式，那么，财富岂不正是在普遍交换中造成的个人的需要、才能、享用、生产力等等的普遍性吗？财富岂不正是人对自然力——既是通常所谓的‘自然’力，又是人本身的自然力——统治的充分发展吗？财富岂不正是人的创造天赋的绝对发挥吗？这种发挥，除了先前的历史发展之外没有任何其他前提，而先前的历史发展使这种全面的发展，即不以旧有的尺度来衡量的人类全部力量的全面发展成为目的本身。在这里，人不是在某一种规定性上再生产自己，而是

① 《马克思恩格斯全集》第46卷上，人民出版社，1979，第485~486页。

生产出他的全面性；不是力求停留在某种已经变成的东西上，而是处在变易的绝对运动之中。”[①] 可见，异化、从异化到回归，生产目的的转变在整个生产方式变革中具有枢纽性意义。

### 2. 消费是目的

生产是为了最大限度地满足人们的物质文化需要。这是生产的真正目的。而具体化在经济体系中，生产则是为了满足消费。所以，消费是目的。但是在现代资本主义社会，消费不是目的而只有利润才是目的。如果没有利润，资本主义生产必然就停止了，因为没有人仅仅为了满足社会的消费需要而从事生产。马克思指出：在资本主义社会，工业资本家作为“工业的宦官投合消费者的最下流的意念，充当他和他的需要之间的牵线人，激起他的病态的欲望，窥伺他的每一个弱点，然后要求对这种殷勤的服务付报酬”。[②] 所以，一切生产方式的设计，生产过程的组织，都围绕着利润这个中心。这就是生产的异化。马尔库塞认为，现代资本主义生产方式深刻地改变着人类的需要方式和行为，消费变成了满足生产的手段，人不是消费的主人，而是消费的奴隶。人的需要中的精神因素正丧失殆尽，精神文化需要正在蜕变为物质需要的形式，它的一切内涵都可以也必须用金钱这个“一般等价物”加以衡量。英国学者西莉亚·卢瑞（CeliaLury）指出：这种社会是一种“生产者主导理论”的社会经济体系，它生产的商品是因为有用才有意义，而不是因为有意

---

① 《马克思恩格斯全集》第 46 卷上，人民出版社，1979，第 486 页。

② 《马克思恩格斯全集》第 42 卷，人民出版社，1975，第 133 页。

义才有用。如果是后者，就是“消费者主导理论”的社会经济体系。[①]

要解决这个矛盾，就必须重新建立以消费为目的的生产，即以满足人们需要亦即以满足消费为目的的生产。一切生产的最终目的都是为了满足消费。马克思指出：“没有消费，也就没有生产，因为如果没有消费，生产就没有目的。”[②] 消费从两个方面生产着生产：一方面，“产品只是在消费中才成为现实的产品”。这是因为，“产品不同于单纯的自然对象，它在消费中才证实自己是产品，才成为产品。消费是在把产品消灭的时候才使产品最后完成”。另一方面，“消费创造出新的生产的需要，也就是创造出生产的观念上的动机”，同时也“创造出在生产中作为决定目的的东西而发生作用的对象”。这就是说，“消费在观念上提出生产的对象，把它作为内心的图像、作为需要、作为动力和目的提出来”。总之，“没有需要，就没有生产”。[③] 而在消费的后面起作用的是需要。“消费生产出生产者的素质，因为它在生产者身上引起追求一定目的的需要。”“消费为生产创造作为内在对象，作为目的的需要。”[④] 随着人民生活水平的不断提高和新生人口的不断增加，消费者对产品的需求量总是不断增加，对产品的质量要求也总是不断提升，而且日复一日地产生着层出不穷的新需求。正是广大消费者不断增长的消费需求，才推动着生产的不断发展，所以，消费是生产不断发展从而经济不断

---

① 〔英〕西莉亚·卢瑞：《消费文化》，张萍译，南京大学出版社，2003，第 310 页。

② 《马克思恩格斯选集》第 2 卷，人民出版社，2012，第 691 页。

③ 《马克思恩格斯选集》第 2 卷，人民出版社，2012，第 691 页。

④ 《马克思恩格斯选集》第 2 卷，人民出版社，2012，第 693 页。

增长的决定性因素，也就是说，“消费的需要决定着生产”。[①]

### 3. 再生产模式的转变

资本主义生产的异化，核心就是生产目的的异化。所以要消除这种异化，就必须转变生产目的。随着生产目的的转向，社会再生产模式将发生转变，社会生产模式将出现一系列根本性变化。

第一，从交换价值向使用价值回归。事实上，现代生产方式反映了商品社会财富形式变化所带来的商品拜物教观念。在自然经济中，社会财富的形式主要是物质产品，随着商品货币经济的发展，特别是当货币成为主要的财富形式以后，人们对财富的追求表现为对商品货币的追求，也就是对于交换价值的追求。马尔库塞指出：人们在把物质需求作为自己的基本需求以后，实际上他们已是“为了商品而生活”，把商品作为自己“生活的灵魂”。[②]这样，人同商品的关系完全被颠倒了，不是商品为了满足人的需要而被生产，而是人为了使商品价值得以实现而消费。这种“强迫性消费”导致人与物之间关系的颠倒，亦即人的本质的异化。要改变这种状况，就必须改变社会生产方式，从以交换价值为目的的生产转回到以使用价值为目的的生产。这样，人们对财富的占有从货币形式转回到实物形式，对财富的追求从无限转回到有限，从而消解了人的无限占有欲望，使人从异化的人回到本来的人。

第二，从利润最大化转向效用最大化。生产第一和效率至上

---

① 《马克思恩格斯选集》第2卷，人民出版社，2012，第699页。

② 〔德〕赫伯特·马尔库塞：《单向度的人：发达工业社会意识形态研究》，刘继译，上海译文出版社，2006，第10页。

是现代经济生活的基本原则。美国管理学家泰罗提出，工业实践及其管理的根本目的是生产率，科学管理就是“发挥每个人最高的效率，实现最大的富裕”，所以，他提出的口号就是：“更多，更多，更多”。而“更多”的目的并不是为了增加更多的使用价值，而是为了提高生产者的收益也就是利润。如果没有利润，即便是增加使用价值的生产也是不能进行的。可见，现代社会生产的根本特征，就是最大限度地提高效率，最大限度地增加产量，从而最大限度地提高利润和利润率，而生产的真正的效用却被大大忽视了。尽管利润指标可能是最具有激励效应的指标，却是最丧失人性的指标，即生产背离了“人是目的”的基本原则。而要改变这种现代社会生产的弊端，就必须转变社会生产的效率标准，从利润最大化转回到效用最大化。

第三，物质资料生产为中心转向生命生产为中心。社会生产包括两个方面：物质资料生产和生命生产。马克思指出：“全部人类历史的第一个前提无疑是有生命的个人的存在。”[①]这就是说，社会生产首先是人的生命的生产，所以一切社会生产都应该以人的生命生产为中心。但是在现代资本主义制度下，人的生命生产反倒依附于物资资料的生产，生产目的不是为了人而是为了物。所以，生产方式的变革就是要使物质资料生产为中心转向生命生产为中心。然而，“生命的生产，无论是通过劳动而生产自己的生命，还是通过生育而生产他人的生命，就立即表现为双重关系：一方面是自然

① 《马克思恩格斯全集》第1卷，人民出版社，1995，第67页。

关系，另一方面是社会关系”。[①] 要改变社会以物质资料生产为中心的现状，就必须首先改变现有的生产关系，也就是改变现代市场经济制度。

第四，生产无限扩大趋势转向平衡循环再生产。从生产主体方面考察，生产决定论的典型代表就是“富兰克林式”的资本家。这种类型的资本家具有强烈的生产积累和财富积累意识，勤劳、节俭，其一切活动的最高目的就是“以钱生钱”。而要实现这种再生产的延续性，就必须不断地扩大消费。正如马克思所指出的：“每个人都千方百计在别人身上唤起某种新的需要，以便迫使他作出新的牺牲，使他处于一种新的依赖地位，诱使他追求新的享受方式，从而陷入经济上的破产。” [②] 这就导致社会再生产陷入无限扩大趋势，对自然界和人类社会自身都造成严重的压力，特别是随着科技的发展，使得这种矛盾和紧张日益加剧。生产模式转变就是要摆脱竞争和利润压力，转向平衡的循环经济，实现人与自然的平衡交换以及人与社会的平衡交换。

## （二）生产方式转变

回顾人类工业的发展史，科学和技术的每一次革新，都首先

---

① 《马克思恩格斯选集》第 1 卷，人民出版社，2012，第 160 页。

② 《马克思恩格斯全集》第 42 卷，人民出版社，1979，第 132 页。

体现在制造业上，促进着人类生产方式的改变和创新。近些年来，随着网络信息技术、大数据、云计算运用威力初显，互联网技术正在参与到生产过程中，信息化和工业化交织，人类工业正向4.0时代发展。“工业4.0”的概念描述了由集中式控制向分散式增强型控制的基本模式转变，目标是建立一个高度灵活的个性化和数字化产品与服务的生产模式。它意味着在产品生命周期内对整个价值创造链的组织和控制迈上新台阶，意味着从创意、订单，到研发、生产、产品交付和服务，再到废物循环利用，在各阶段都能更好地满足日益个性化的顾客需求。在这种模式中，传统的行业界限将消失，并会产生各种新的活动领域和合作形式。对于整个制造业产业体系来说，诸如全生命周期管理、总集成总承包、互联网金融、电子商务等产业新价值链也将出现，由此产生的生产力是极为巨大的。而更为深远的影响是，制造业的这种革命将渗透到整个人类社会，所有人和人、人和物以及物和物之间通过互联网实现“万物互联”，这将重构整个社会的生产工具、生产方式和生活场景。

### 1. 手工艺术生产的复兴

工业革命的结果是大机器生产代替了手工艺生产，生产不是以人为中心而是以机器为中心。这种生产模式大大提高了生产率，提高了产品的社会供给，使更大多数消费者的需求得到了满足。但是大机器产品与人手和人心产生了距离，缺少美，缺少人气，难以体现人的心灵。所以，机器大生产并不一定是人类最适当的生产方式。机器大生产的优势在于标准化和规模化，本质上在于效率的提高。不过这仅仅是生产力发展的一个阶段而已，并不能成为唯一的或永恒的生产方式。这种生产方式仅仅是解决人们基本的物质需要，而当生产力发展到较高的阶段时，即超出一般性物质资料需要时，这种生产方式事实上就开始过时了。

我们可以观察到，在大工业高度发展的基础上，手工艺开始复兴了。第一，个性化需求的发展是手工艺复归的社会基础。事实上，个性化是在大工业高度发展的生产力基础上得以凸显的。工业化之前，人们的需求没有得到完全满足，必须通过大规模生产标准化产品来提高供给水平。而在这些基本需求得到满足之后，人们的需求开始多样化起来。而这种多样的个性化需求，需要新的生产方式来满足。这是手工艺复兴的生产力基础和社会需求基础。第二，社会需求日益感性化。社会需求的个性化与人的感性发展相关。一方面，物质资料需求得到满足以后，人们转向精神文化需求；另一方面，人们对于物质资料产品的要求也发生了变化，希望这些产品能够满足人们的感性需求。而机器制造品企业难以满足人们的这种需求的变化，所以产生了对手工艺的需要。手工艺产品直接就是人们汗水和心血的结晶，从这些产品中，我们甚至可以直接感受得到作者的心境、爱欲、情操。第三，现代科学技术提供了手工艺复兴的条件。手工艺复兴仍不能脱离机器生产。一方面，大机器生产为手工艺生产提供最基础的材料和新的手工工具；另一方面，现代科技的发展使大机器生产也越来越“柔性化”了。更重要的是，大机器生产创造的生产率能够使更多的“小生产”摆脱对基本物质资料的依赖，从而能够对这些“小生产”构成支持。

手工艺复兴对价值本质和决定会产生重要影响。第一，价值不是一般劳动构成的而是特殊劳动构成的。资本主义生产的劳动是异化劳动，劳动本身包含的劳动创造，即劳动创造所产生的快乐和幸福感完全不存在了，劳动仅剩下资本家生产剩余价值的作用。劳动的这种特点在机器大生产过程中得到极端的体现，机器生产缺乏情感因素的注入。而手工艺生产不仅是生产有用物品、生产使用价值，更重要的是生产情感和人际关系。所以，手工产品是一种感性产品。在手工艺产品中，不仅包含着一般性的劳动，更包含了个性化的劳动、创造性的劳动。劳动从一般劳动重新转化为具体的特殊劳动，劳动的特殊性在这里重新得到体现。第二，决定价值的因素不是成本而是创造性或者说是创意。手工艺与大机器生产的不同之处在于：机器生产的产品价值是由生产成本决定的，是生产出来的，而手工艺生产的价值是创意决定的，所以价值是创造出来的。在这里，价值的大小不是由一般劳动的量决定的，而是由个别的创意价值决定的，是供需双方个别交换的行为，在很大程度上取决于双方个人的主观偏好。第三，产品文化含量成为产品价值的重要内容。大机器工业也产生了相应的文化，但这种文化的特点是理性的、机械的、唯物的。但是手工艺产品是感性的、人性的和心智的。所以，构成手工艺品价值的主要不是科技含量而是文化含量。第四，市场价值变化趋势不同。机器产品的市场价值是呈下降趋势的，而手工制品的价值是呈上升趋势的。这是因为机器制品是由成本决定的，科技和规模总是带来成本的下降，但是手工制品是由创意决定的，其特点是差异化和个性化，即各有各的价值。所以，手工艺制品的市场价值趋势必然是上升的。

### 2. 家庭自主创业的复兴

工业革命之前，家庭生产是普遍的生产方式。工业革命使生产场所从家庭转向集中的工厂，从而产生了工厂制度。工厂生产是一种集中的规模化生产方式，就工厂本身来讲，其直接动因和直接结果是大大提高了生产效率，本质上是一种技术变革。但是这种生产方式打破了传统的家庭结构，原来的男耕女织的自然分工被彻底瓦解，分工从家庭成员间的分工转变为根据机器需要的分工。离开家庭的生产，生产者走向工厂却脱离了家庭，导致传统的家庭制度动摇，也冲击了传统的家庭伦理关系。

在个性化越来越强的现代社会，大规模的工厂化生产的局限性越来越突出，不能满足日益发展的个性化生活需要。与此同时，现代科学技术的发展为社会生产的转型提供了条件，大规模定制成为工业社会向后工业化时代转变时出现的生产形式。这种生产方式是通过大规模生产方式来满足市场的个性化需求。但是，随着个性化的进一步发展，这种生产方式也必然要退出历史舞台，而以家庭为单位的生产方式将大规模复兴。也就是说，随着技术的发展和生产方式的演变，“大规模”逐渐缩小，而“定制”将逐渐扩大，最终的结果必然是工厂生产被“家庭生产”所取代。另一方面，工厂生产是应集中和集聚效应而出现的，而随着互联网技术和“云制造”的发展，家庭生产模式越来越成为可能，从而促进了家庭生产方式对工厂生产方式的替代。21 世纪初出现并流行的“创客”，实际上是新的家庭生产方式的雏形。人们在家庭中开设作坊，通过网络将自己的生产活动与整个市场联系起来，完全根据市场上的个性化需求进行生产，人们不仅可以实现足不出户的消费，也可以实现足不出户的生产。现代家庭生产并不是大工业的附属而是独立地直接与市场联系在一起的。工业革命期间也曾一度出现过家庭生产兴起的情况。但是当时的家庭生产是大机器生产的附属环节，是机器生产的补充，这种家庭生产随着大机器生产的发展最后消失了。但是新的家庭生产是直接与市场连接的，是通过网络和“云计算”实现的供需关系。在这里，需要是个性化的，而需要的满足也是个性化地满足，亦即通过家庭这种小规模的生产组织来实现的。当然，家庭生产与大规模制造业的发展并不矛盾，现代家庭生产也离不开大规模生产，也要以大规模生产为基础。但不同的是，这种大规模生产的重要性已经不比从前，已经不是社会生产的中心而只是基础了，真正的制造活动已经大部分转入家庭了。

家庭生产方式将改变社会价值基础。新的家庭式生产方式将劳动与创造联系起来，从而将劳动与快乐联系起来。现代化大工业生产方式导致人的劳动的异化，劳动仅仅作为谋生手段存在，特别是大机器生产的分工细化，影响人的劳动兴趣，劳动过程与创造过程渐行渐远，最终成为一对矛盾体。现代家庭生产是一种小范围的分工，分工不是固定的，人们可以根据兴趣进行选择和转换，为此并不需要付出更大的成本，最终产品与人们的构思和想象是一致的，所以更能发挥人们的想象力和创造力。另一方面，现代的工厂化生产方式是以机器为中心的分工、以市场为中心的生产，社会价值完全“去伦理化”了。而新的家庭生产方式将重建价值的伦理基础。工厂式生产将人们分为生产者和消费者，分为雇主和雇员，使社会关系全面地市场化，导致社会关系的伦理覆灭。而家庭生产方式是以家庭成员为主的生产，在这种生产组织内部，伦理关系就自然代替了市场关系。就是说，家庭式生产将引起社会伦理的变化，并进而导致传统伦理观念的复兴。

### 3. 市场合作观念的复兴

19 世纪西方自然科学的重大发现之一，就是达尔文的进化论。而达尔文进化论源于斯宾塞的社会进化论。自从达尔文主义和斯宾塞主义流行以来，“物竞天择，适者生存”就被认为是自然和社会的不变法则。事实上，进化论所提出的自然竞争法则也就是丛林法则。但是，人类社会毕竟不同于自然界，人更不同于动物。第一，人有灵而物无灵，人有情而动物无情。笛卡尔说“我思故我在”，费尔巴哈说“我欲故我在”，马尔库塞说“我爱故我在”，说的就是人与物、人与动物的区别。总之，人不同于动物之处在于人有情有理，即有感情有理性。第二，人能群而动物不能群，就是说人能够有目的和有意识地合作而动物不能。“由于他们的需要即他们的本性，以及他们求得满足的方式，把他们联系起来（两性关系、交换、分工），所以他们必然要发生相互关系。”[①] 人类必须通过合作才能生存，才能战胜其他“类”的挑战。第三，人类的“群”即合作导致人的另一方面行为即分工。分工与合作是同一块硬币的正反面。人类的理性决定人们要分工，分工产生效率，而一旦有了分工就必须合作。分工基础上的合作就是市场，即通过市场来实现分工下的

① 《马克思恩格斯全集》第 3 卷，人民出版社，1960，第 514 页。

合作。第四，人作为有情动物，必然产生情缘关系。情缘关系首先源于血缘关系，作为人缘关系的分工与合作进一步加强了这种情缘关系。情缘关系反过来又促进了人缘关系。所以人类的社会关系是血缘和情缘决定的人缘关系。马克思指出：“人的本质并不是单个人所固有的抽象物，实际上，它是一切社会关系的综合。”[①]不论物质资料的生产还是人口的生产，都“表现为双重关系：一方面是自然关系，另一方面是社会关系”。人的自然关系决定了人与动物的共同性，人的社会关系决定了人不同于动物的特殊性，即人之为人的本质，而“社会关系的含义是指许多个人的合作”。[②]从根本上讲，市场竞争源于人的动物本性的残存，而合作才是人的类本质。

人类社会的本质在于劳动和创造。在人类社会发展过程中，人们不断创造着属于自己的“类本质”的东西即文化，这个过程就是人文化成。中国人民在进化和发展过程中，观乎天文以察时变，关乎人文以化成天下，通过劳动合作生产产品，通过市场实现交换，并在这一过程中创造了独特的合作文明。但是在西方列强进入中国时，所遵循的是弱肉强食的丛林法则，它们在征服和毁灭了一系列文明以后，试图以同样的方式征服和毁灭中国和中国的古老文明。在亡国灭种的危机下，中国人民普遍接受了达尔文的进化论，试图以其人之道还治其人之身。所以，中国现代的竞争文化是在西方文化影响之下形成的。这种竞争文化加速了中国的经济发展和现代化

① 《马克思恩格斯选集》第 1 卷，人民出版社，2012，第 135 页。

② 《马克思恩格斯全集》第 3 卷，人民出版社，1960，第 33 页。

进程，但使中国传统文明遭到消解，从而带来了一系列经济和社会矛盾。而要缓解或解决这些社会竞争所导致的社会矛盾，有必要阐扬中国传统的合作文化。

马克思认为："把自由竞争看成是人类自由的终极发展，认为否定自由竞争就等于否定个人自由，等于否定以个人自由为基础的社会生产"，这是一种"荒谬的看法"。[①] 当下社会变革的一项重要目标，就是要改变现代市场经济以丛林法则为特征的竞争法则和竞争观念，实现市场向合作的本质回归。一方面，我们必须重新认识竞争的意义和价值。合作并不排斥竞争，但竞争不能成为市场的本体，而只能作为"用"来理解。在中国文化中，竞争从属于合作。合作是根本的，而竞争则是提高合作效率的手段。所以是合作为本，竞争为用。事实上，企业或个人的市场行为，不能以打败对手为目标，不能采取以邻为壑的方式竞争。这就是竞争伦理或市场伦理，也是市场竞争行为的底线。另一方面，我们必须重新认识市场的意义和价值。马克思说过：人们不仅要在市场上"以物易物"或以劳动交换劳动，还要在社会上"用爱来交换爱"，"用信任来交换信任"。[②] 可见，市场并不仅仅是产品交换的场所，也是情感交流的平台。这就使市场不仅具有经济价值而且具有伦理价值。市场不再是简单的交易场所，或是竞争与合作的平台，而是具有伦理价值的道德平台，这样就可以给市场行为规划道德标准。

---

① 《马克思恩格斯全集》第 46 卷下，人民出版社，1980，第 160~161 页。

② 马克思：《1844 年经济学哲学手稿》，人民出版社，2000，第 108 页。

18世纪西方理性霸权建立后，一切行为正当性都必须放在理性的审判台上评判。但是，在理性霸权建立后，道德逐渐失去了权威，人们考虑行为的“合理性”，但是很少考虑行为的“合德性”。中国在现代化过程中，文化受到西方文化的浸染，丛林法则逐渐成了社会的普遍信仰。越来越多的人认为，市场经济就是优胜劣汰，弱肉强食就是最合理的自然选择机制。但实际上，在自然主义的也就是达尔文主义的市场经济中，充斥着寡头垄断、恶性竞争、败德行为等，这些都是与市场自由理念格格不入的。社会行为不能没有底线，市场行为也不能没有底线。这个底线除了法律外还有道德。所以，新的市场经济要规划两个底线，一个是法律底线，一个是道德底线。法律底线由政府实施,而道德底线由社会舆论和良知实施。这也是保证市场从竞争转向合作的基本制度安排。

# 四　劳动异化的消除

## （一）生产向生活回归

古典经济学认为，在生产与消费的关系上，生产是占主导地位的方面。他们把生产、交换、分配和消费区分开来，特别是把生产和消费截然分开，把生产界定为对有用的物质产品的创造和再创造，将消费限定为商品交换完成后对商品的使用活动。在这种现代社会体制下，生产就是就业，生产就是GDP，人们为了生产而生产，完全忘记了生产的目的是为了人们更好地生活。反过来，人们的生活也是为了生产的目的，因为人们的生活消费是为了劳动力的再生产，人们消费商品的过程还是产品价值实现的必经过程，总之是为了再生产的继续进行。这就是生产和生活的双重异化。

要消除现代社会的异化现象，回归生活世界，就必须实现生产向生活的回归。

首先，生产是为了生活而进行的。人们生产的目的并不是为了更多地生产，而是为了更好地生活。生产的目的是人，是要满足人的各种需要。所以，生产不是目的，生活才是目的。因而，社会的中心要从生产向生活回归，回到生活世界的本质。其次，生活能体现社会的多元价值。生产活动以单一理性为原则，而生活却充满了丰富的感性。现代社会的生产受理性主义支配，效率成为第一原则。而效率有一套衡量指标，这些指标都可以归结为货币，即一切生产活动都可以还原为通用的价值尺度即货币。现代生产的这种特点进一步影响到生活领域，一切生活包括消费都归结为货币尺度。这样即便是多种多样的生产活动也被归纳为千篇一律的标准。只有生产中心回归于生活中心，才能从单一的理性世界回归丰富的感性世界，从单一的价值标准回归多元的价值标准。最后，生产向生活回归也是历史的必然。为生产而生产的社会只出现在现代社会，具体说就是以利润为目的的资本主义市场经济制度。在这个制度下，利润的停滞就是生产的停滞，没有利润生产就不能进行。另一方面，为生产而生产也是生产力水平较低的社会特点，因为在这种情况下，没有利润的刺激生产者就没有内在的动力。当生产力发展到一定水平，社会生产不再需要利润刺激的时候，生产必然向生活回归。

生产向生活的回归，并不是简单地从以生产为中心转向以生活为中心，而是要实现生产与生活的一体融合，本质上是要回归到生产与生活的一体性。生产与生活的一体性，就是要回到物质资料再生产与生命再生产合一的本来状态去。在这里，生产生活作为人的类生活，本来就是"产生生命的生活"，劳动作为人的"自由的有意识的活动"与人的生命活动是一致的，生产生活与人的生命生活也是一致的。正如马克思所指出的："劳动这种生命活动、这种生产生活本身对人来说不过是满足一种需要即维持肉体生存的需要的一种手段。而生产生活就是类生活。这是产生生命的生活。一个种的整体特性、种的类特性就在于生命活动的性质，而自由的有意识的活动恰恰就是人的类特性。生活本身仅仅表现为生活的手段”①

## （三）工作向劳动回归

古希腊诗人赫西俄德在《工作与时日》中，描述了人类生活的五个时代，即黄金时代、白银时代、青铜时代、英雄时代和黑铁时代。自从走出黄金时代开始，人类就必须无休止地劳动和工作。马克思指出，在资本主义社会，工人阶级直接堕入到了“黑铁时代”。人们从自由劳动者转变成了雇佣劳动者，成了机器上的一个部件，成了流水线上的一个工序，他们的劳动成了固定时间、固定地点、固定收入，并且是完全为谋生的劳动。

事实上，这种状况是工业社会的普遍现象，实际上是现代社会的标志性特征：人们为了生活不得不工作，实际上不过是将个人的生命时间与收入进行了交换，将个人的劳动过程交换给了某个生产组织。劳动本应该作为人的本质的体现，而劳动产品则是劳动价值的体现。但是在现代社会，整个生产劳动的过程转而表现为两个不同的方面：一方面是不断追逐和获取产品价值和利润的过程，另一方面是劳动者获得和使用工资的过程；一方面劳动只是作为生产过程的要素之一，另一方面劳动只是获取工资的手段。这就使“劳

① 马克思:《1844 年经济学哲学手稿》，人民出版社，2000，第 57 页。

动”完全异化为“工作”。

劳动是人的类本质。人与动物不同，动物和自己的生命活动是直接同一的，动物不把自己同自己的生命活动区别开来，它就是自己的生命活动。“人是唯一能够由于劳动而摆脱纯粹的动物状态的动物——他的正常状态是和他的意识相适应的而且是要由他自己创造出来的。”[①]人能使自己的生命活动本身变成自己意志的和自己意识的对象。所以，人的生命活动是有意识的生命活动。“正是由于这一点，人才是类存在物。或者说，正因为人是类存在物，他才是有意识的存在物，就是说，他自己的生活对他来说是对象。仅仅由于这一点，他的活动才是自由的活动。异化劳动把这种关系颠倒过来，以致人正因为是有意识的存在物，才把自己的生命活动，自己的本质变成仅仅维持自己生存的手段。”总之，“异化劳动把自主活动、自由活动贬低为手段，也就把人的类生活变成维持人的肉体生存的手段”。[②]

马克思认为，整个人类的劳动史就是“人的自由自觉的劳动——异化劳动——劳动复归”的历史。现代社会的工作首先是生产劳动。马克思定义的生产劳动是生产剩余价值的劳动，也就是创造利润的劳动。要实现工作向劳动回归，最重要的制度条件就是劳动不再采取雇佣形式，劳动成为自由的劳动。传统的农业社会，人们的劳动方式是自由的，没有限制，是“日出而作，日落而息”，

① 《马克思恩格斯全集》第 20 卷，人民出版社，1971，第 535 ~ 536 页。

② 马克思：《1844 年经济学哲学手稿》，人民出版社，2000，第 57、58 页。

与自然时间一致。在中国传统的小康社会，各个家庭男耕女织，自给自足，享受天伦之乐。而在现代资本主义社会，劳动者丧失了劳动资料，要劳动，要获得生活资料，就必须到资本家的工厂中劳动。这种劳动是雇佣形式的，是在别人监督下进行的，劳动产品也不属于自己。要实现工作向劳动的回归，就必须改变现有的生产体制，使劳动者使用自己的生产资料进行生产，使劳动真正成为为自己生活而从事的劳动。

要实现工作向劳动回归，最根本的条件是劳动不再作为谋生手段，不再受到物质条件的制约。马克思认为，当人们的劳动还受到物质生产发展程度的强制，还没有“成为吸引人的劳动，成为个人的自我实现”[①]时，劳动就还不能说是真正自由的活动，还只能是谋生的手段。因为“劳动始终是令人厌恶的事情，始终是外在的强制劳动，而与此相反，不劳动却是‘自由和幸福’”。[②]只有当人不再把劳动当作外在生存的需要，而是作为主体的内在价值和自我目的的积极实现时，也就是不再作为谋生的必要手段时，劳动才成为自由快乐的劳动。马克思指出：人类的“自由王国只是在由必需和外在目的规定要做的劳动终止的地方才开始；因而按照事物的本性来说，它存在于真正物质生产领域的彼岸”。[③]这就是说，人从物质生产领域中解放出来，由外在目的和需要规定的劳动的结束，才是自由自觉的劳动活动的开始。但这里的重要前提仍是生产力的高

① 《马克思恩格斯全集》第 46 卷下，人民出版社，1980，第 113 页。

② 《马克思恩格斯全集》第 46 卷下，人民出版社，1980，第 112 ~ 113 页。

③ 《马克思恩格斯全集》第 25 卷，人民出版社，1974，第 926 页。

度发展。只有生产力得到高度发展，在劳动对个体来说失去了谋生的实用性后，劳动也才会失去它“消极的规定”，[①]才会有完全积极的真正自由的劳动。尽管任何时候的劳动都可能是紧张的，需要付出的，但人在其中不再仅仅感到艰辛乏味，而是创造的乐趣和精神的愉悦，“因而个性的劳动也不再表现为劳动，而表现为活动的充分发展”。[②]

## （三）劳动向快乐回归

劳动是人的类本质。劳动的本质是创造，创造的本质是快乐。但是在劳动成为谋生手段以后，劳动就转变成工作。而现代社会，特别是资本主义市场经济条件下，劳动异化达到极致，劳动成了创造剩余价值的活动，与资本利润结合在一起了。劳动变得唯利是图，成为被雇用、被约束的行为，劳动力沦为一件庸俗的商品。在这里，“劳动对工人来说是外在的东西，也就是说，不属于他的本质；因此，他在自己的劳动中不是肯定自己，而是否定自己，不是感到幸福，而是感到不幸，不是自由地发挥自己的体力和智力，而是使自己的肉体受折磨、精神遭摧残”。[③]在这里，“他的劳动不是自愿的劳动，而是被迫的强制劳动。因此，它不是满足劳动需要，而只是满足劳

① 《马克思恩格斯全集》第 46 卷下，人民出版社，1980，第 113 页。

② 《马克思恩格斯全集》第 46 卷上，人民出版社，1979，第 287 页。

③ 马克思:《1844 年经济学哲学手稿》，人民出版社，2000，第 54 页。

动需要以外的那些需要的一种手段。劳动的异己性完全表现在：只要肉体的强制或其他强制一停止，人们会像逃避瘟疫那样逃避劳动”。[①]“最后，对工人来说，劳动的外在性表现在：这种劳动不是他自己的，而是别人的；劳动不属于他；他在劳动中也不属于他自己，而是属于别人。”“这种活动是他自身的丧失。”[②]所以，马克思提出重新将劳动解放出来，令它回归本质，而这个本质就是快乐。

首先，劳动就是生存，是人的本质需要。马克思认为，人首先是作为一种自然有机体而存在，自然无机界是人赖以生存的条件，人的实践活动是人和自然界相联系的直接形式。这就是劳动。劳动使人摆脱动物界，然后劳动使人的能力不断提升。恩格斯指出，人不仅要“在社会关系方面把人从其余的动物中提升出来”，实现第一次进化，而且还必须“在社会关系方面把人从其余的动物中提升出来”，实现第二次进化。[③]随着社会的发展和进步，物质资料的丰富程度能够完全满足人们的基本需要，人们追求物质财富的欲望发生递减，人们之间为争夺控制和支配生活资源而展开的激烈竞争也将成为过去，人们把目标转向人本身的发展，最后达到对劳动本身的需要。此时，劳动成为人们生活的第一需要，人只有在劳动中才能充分享受自由自觉的乐趣，只有在劳动产品的创造上才能体现自我的价值，劳动使人的价值得到实现和提升。这时的劳动就成为人的本质需要。

第二，劳动就是创造，是利己和利他的统一。在资本主义生

---

① 马克思：《1844年经济学哲学手稿》，人民出版社，2000，第55页。

② 马克思：《1844年经济学哲学手稿》，人民出版社，2000，第55页。

③ 《马克思恩格斯选集》第3卷，人民出版社，2012，第860页。

产方式下，一方面，劳动者的劳动不仅是为了自我生存的需要进行的，也是为了资本所有者的利润需要进行的，劳动过程附属于资本过程，因而是被动的而不是自主的；另一方面，劳动者的劳动不是自主的，而是在流水线上进行的，劳动者变成了机器的附属品，成了机器运转的一个环节。在这种生产方式下，劳动者的劳动也是十分机械的、枯燥的，很难有快乐的感觉。如果劳动是劳动者的自由创造过程，劳动的性质就会发生根本的转变，从而成为快乐的源泉。在这种创造性的劳动过程中，劳动是劳动者的享受，完全是他所乐意的活动。马克思说："假定我们作为人进行生产。在这种情况下，我们每个人在自己的生产过程中就双重地肯定了自己和另一个人：（1）我在我的生产中物化了我的个性和我的个性的特点，因此我既在活动时享受了个人的生命表现，又在对产品的直观中由于认识到我的个性是物质的、可以直观地感知的因而是毫无疑问的权力而感受到个人的乐趣。（2）在你享受或使用我的产品时，我直接享受到的是：既意识到我的劳动满足了人的需要，从而物化了人的本质，又创造了与另一个人的本质的需要相符合的物品。（3）对你来说，我是你与类之间的中介人，你自己意识到和感觉到我是你自己本质的补充，是你自己不可分割的一部分，从而我认识到我自己被你的思想和你的爱所证实。（4）在我个人的生命表现中，我直接创造了你的生命表现，因而在我个人的活动中，我直接证实和实现了我的真正的本质，即我的人的本质，我的社会的本质。"①

① 《马克思恩格斯全集》第42卷，人民出版社，1979，第37页。

第三，劳动就是快乐，是自由的生命体现。劳动作为人的本质属性，可以包括两个方面的含义，一方面，劳动是人的本能的属性；另一方面，劳动是人的创造性属性。劳动的这两方面属性，决定人的劳动的快乐属性。但是在私有制的前提下，劳动是一种被迫的活动，是加在劳动者身上的外在的需要，而不是由于内在的必然的需要。因而劳动是一种痛苦。要使人的劳动回归快乐，就必须消除劳动的异化。马克思认为，真正的属于人的本质的劳动应该是一种自愿的劳动，即“我在劳动中肯定了自己的个人生命，从而也就肯定了我的个性的特点”。[①] 在劳动中，人不仅把自己与客观外界物区分开来，把外界物作为自己的对象，同时还把人与自己的生命活动作为对象。这样，人在劳动和其他生命活动中所感到的自己的力量及成功的快乐，所获得的生命活动的自由，在人类的主体意识的发生与发展中，会逐渐成为人的一种特殊的生命需要。在这种情况下，“我的劳动是自由的生命表现，因此是生活的乐趣”。[②]

## （四）理想的自由王国

马克思早就指出：在未来社会，“人以一种全面的方式，也就

① 《马克思恩格斯全集》第 42 卷，人民出版社，1979，第 38 页。
② 《马克思恩格斯全集》第 42 卷，人民出版社，1979，第 38 页。

是说，作为一个完整的人，占有自己全面的本质”。[1]随着社会劳动生产率的提高，工作时间减少，闲暇时间相应增加。人们通过闲暇消费，追求自己的爱好、发展自己的个性，保证自己的体力和智力获得充分自由的发展和应用。这是人的自由全面发展的前提条件。然而，就人的本质来讲，人所追求的并不单纯是物质生活和物质享受，还需要有精神生活和精神享受，还包括个性和自由。所以，发展的目的不仅仅是物质生活的全面提高，不仅仅是人的生命质量和生活质量的全面提高，还要求生活内容的多种多样，包括快乐劳动、率性自由、身心一如。

但是现代化和经济发展的现实，与人的自由全面发展的目标并不一致，如此现代的生活并不快乐幸福。就是说，在现代化过程中，尽管人们的幸福感与物质资料增长呈正相关关系，但两方面不可能实现同比例提高。在一定条件下，物质资料增长对人们幸福感的边际贡献率可能从提高转为下降。这就是所谓的“幸福拐点”。而要改变这个“幸福拐点”，就必须创建一种“率性自由”的生活方式。马克思曾描述过未来社会人的自由全面发展的状况：“任何人都没有特殊的活动范围，而是都可以在任何部门内发展，社会调节着整个生产，因而使我有可能随自己的兴趣今天干这事，明天干那事，上午打猎，下午捕鱼，傍晚从事畜牧，晚饭后从事批判，这样就不会使我老是一个猎人、渔夫、牧人或批判者。”[2]在这里，劳动性质

---

① 马克思:《1844 年经济学哲学手稿》，人民出版社，2000，第 85 页。

② 《马克思恩格斯选集》第 1 卷，人民出版社，2012，第 165 页。

完全改变了，劳动异化完全消除了，“劳动是劳动者的直接的生活来源，但同时也是他的个人存在的积极实现”。[1]在这种情况下，人们的劳动是创造性的劳动。劳动就是生活，劳动就是创作，因而劳动既创造价值也创造快乐，还生产美。[2]这种生产模式和劳动方式，必然导致现代定制化生产的发展和手工艺技术的复兴。这就是率性自由的生活，率性而自由，自由而率性。

马克思说:“人的类特性恰恰就是自由的自觉的活动。”[3]“自由是全部精神存在的类的本质。”[4]马克思在《资本论》中还明确规定：共产主义是以“每个人的全面自由的发展为基本原则的社会形式”。[5]马克思认为，在未来的理想社会，在物质生产的劳动时间内，人的劳动不再是谋生的手段，而是生活的第一需要，在自由时间内，个人可以根据自己的爱好和特长进行各种精神性的自由活动，如科学活动、艺术活动、社交活动、娱乐活动、工艺活动。马克思说：“个性得到自由发展，因此，并不是为了获得剩余劳动而缩减必要劳动时间，而是直接把社会必要劳动缩减到最低限度，那时，与此相适应，由于给所有的人腾出了时间和创造手段，个人会在艺术、科学等等方面得到发展。”“那时，一方面，社会的个人的需要将成为必要劳动时间的尺度，另一方面，社会生产力的发展将如此迅速，以致尽管生产将以所有的人富裕为目的，所有的人的可以自由

---

① 《马克思恩格斯全集》第 42 卷，人民出版社，1979，第 28 页。
② 马克思:《1844 年经济学哲学手稿》，人民出版社，2000，第 54 页。
③ 马克思:《1844 年经济学哲学手稿》，人民出版社，2000，第 56 页。
④ 《马克思恩格斯全集》第 1 卷，人民出版社，1956，第 67 页。
⑤ 《马克思恩格斯全集》第 23 卷，人民出版社，1972，第 649 页。

支配的时间还是会增加。固为真正的财富就是所有个人的发达的生产力。财富的尺度决不再是劳动时间，而是可以自由支配的时间。[1]在这种情况下，所有自由时间都是供自由发展的时间。只有这样，人才能充分发展自己的自由个性和创造能力，才能获得自由全面的发展。

马克思指出："自由王国只是在由必需和外在目的规定要做的劳动终止的地方才开始；因而按照事物的本性来说，它存在于真正物质生产领域的彼岸。象野蛮人为了满足自己的需要，为了维持和再生产自己的生命，必须与自然进行斗争一样，文明人也必须这样做；而且在一切社会形态中，在一切可能的生产方式中，他都必须这样做。这个自然必然性的王国会随着人的发展而扩大，因为需要会扩大；但是，满足这种需要的生产力同时也会扩大。这个领域内的自由只能是：社会化的人，联合起来的生产者，将合理地调节他们和自然之间的物质变换，把它置于他们的共同控制之下，而不让它作为盲目的力量来统治自己；靠消耗最小的力量，在最无愧于和最适合于他们的人类本性的条件下来进行这种物质变换。但是不管怎样，这个领域始终是一个必然王国。在这个必然王国的彼岸，作为目的本身的人类能力的发展，真正的自由王国，就开始了。但是，这个自由王国只有建立在必然王国的基础上，才能繁荣起来。工作日的缩短是根本条件。"[2]在这个理想社会中，异化劳动废除了，直

① 《马克思恩格斯全集》第 46 卷下，人民出版社，1980，第 218~219、222 页。

② 《马克思恩格斯全集》第 25 卷下，人民出版社，1974，第 926~927 页。

接的物质生产过程摆脱了贫困和对抗的形式；虽然物质生产活动仍然受自然必然性制约，但生产力的高度发展，使人们的自由时间增加，社会必要劳动缩减到最低限度，这就给所有的人腾出了时间和创造手段，使人们可以获得全面自由的发展。

# 第六章

## 中国价值与协和世界

中华民族的历史是从“中原”走向“天下”，自始至终抱有“天下主义”情怀，坚持王者无外，怀柔远人，王道荡荡，协和万邦。但是近代以来，中国的“天下主义”遭遇西方的“丛林法则”，尝到了“落后挨打”的苦果。这是中国民族主义兴起的根源。但中国的民族主义兴起并不与“天下主义”相悖，而是以民族自身为起点，从“以身观身”延展至“以天下观天下”，以图“修之于天下，其德乃普”的价值实现；同时坚持“己所不欲，勿施于人”的原则，追求“和而不同，美美与共”的理想目标。当今世界出现新的变局，西方盛极而衰，中国复兴崛起。但是，王不待大，强不必霸，中国坚持“天下主义”情怀和永不称霸的承诺，以中国价值协和世界，提倡与世界各国各民族共同构建人类命运共同体，实现天下一体之仁。

# 一　“中国”观的历史演变

## （一）“宅兹”中国

夏商时期并没有出现“中国”一词。甲骨卜辞中有“五方”之说，其中有“中商”，可视为“中国”之源头。从现有考古资料看，最早的“中国”一词见于1963年陕西宝鸡出土的“何尊”，其铭文记载周武王克商，廷告上天曰：“唯王初迁宅于成周，复禀武王礼，福自天，在四月丙戌，王诰宗小子于京室，曰：昔在尔考公氏，克达文王，肆文王受兹因（命），唯武王既克大邑商，则廷告于天，曰：余其宅兹中国，自之牧民。”此外，《尚书·周书·梓材》有“皇天既付中国民越厥疆土于先王”的记载；《诗·大雅·民劳》说：“惠此中国，以绥四方……惠此京师，以绥四国”；《诗经·大雅·桑柔》有“哀恫中国，具赘卒荒”的说法。这里的“中国”应指关中至河洛一带的中原地区，也就是当时的京师。所以西汉贾谊说：“古者天子地方千里，中之而为都。”（《新书》卷三《属远》）

秦通过兼并战争统一中国，不但将原秦国统辖的地区包括进来，更将春秋战国时期一直被视为“夷”的楚、越、吴以及其他地区也都包括进来。西晋江统《徙戎论》说：“始皇之并天下也，南兼百越，北走匈奴，五岭长城，戎卒亿计。虽师役烦殷，寇贼横暴，然一世之功，戎虏奔却，当时中国，无复四夷也。”（《晋书》列传第二十六）这是因为经过春秋战国时期的文化扩展与融合，这些地区都已经“中国化”了，而随着政治上的统一，自然纳入中国范围。此时，经济政治文化都实现了统一，“中国化”大大加速了。

自汉代以后，“汉”成了“中国”的代称。如胡三省为《资治通鉴》作注时说：“汉家威加四夷，故夷人率谓中国人为汉人，犹汉时匈奴谓汉人为秦人也”（《资治通鉴》卷二〇二，调露元年七月己卯条胡三省注）；又说：“汉时匈奴谓中国人为秦人，至唐及国朝则谓中国为汉，如汉儿、汉人之类，皆习故而言”（《资治通鉴》卷二十二,征和四年六月丁巳条胡三省注）;他还在为契丹“朝廷制度，并用汉礼”作注时说：“北方谓中国为汉”（《资治通鉴》卷二八五，开运三年十二月己卯条）等;均说明汉代以后多谓“中国”为“汉”。清代满族人入主中原后自称“中国”,[①] 如康熙二十八年（1689 年）同沙俄签订《中俄尼布楚议界条约》时,清政府用“中国”代替“大清”。此后“中国”一词正式成为大清国名。[②]

---

① 参见郭成康《清朝皇帝的中国观》,《清史研究》2005 年第 4 期；黄兴涛:《清代满人的“中国认同”》,《清史研究》2011 年第 1 期。

② 赵永春:《从复数“中国”到单数“中国”——试论统一多民族中国及其疆域的形成》,《中国边疆史地研究》2011 年第 3 期。

## （二）“夷夏”中国

夷夏之别始于春秋战国时期。周以外地处中原地区的卫、齐、鲁、晋（韩、赵、魏）、宋、郑等诸侯国都被称为“中国”，而秦、楚、吴、越等则被视为“夷狄”。这是由于“中国”地区经济政治和文化制度先行发达起来，特别是周代礼乐制度的施行，使得文明程度大大提高并与周边地区形成较大差距。很多古代经典都将“中国”解释为最高的文化场域，是道德教化之地，是道德生活之所。如《战国策》说:“中国者，聪明睿智之所居也，万物财用之所聚也，贤圣之所教也，仁义之所施也，《诗》《书》《礼》《乐》之所用也，异敏技艺之所试也，远方之所观赴也，蛮夷之所义行也。”（《战国策》卷十九《赵策二》）

夷夏之别首先源于不同的文化习俗，而根本标志则是礼乐制度:“中华者，中国也，亲被王教，自属中国，衣冠威仪，习俗孝悌，居身礼仪，故谓之中华。非同远夷狄之俗：被发左衽，雕体文身之俗也。”（《唐律疏议》附录：唐律释文卷第三名例）这种夷夏观认为，“夷狄譬如禽兽”（《文献通考》四裔考），“夫戎、狄，冒没轻儳，贪而不让。其血气不治，若禽兽焉”（《国语》卷二《周语中》）。孔子甚至认为“夷狄之有君，不如诸夏之亡也”（《论语·八佾》）。《春秋公羊传》说吴“无君无大夫”（《春秋公羊传》襄公二十九年），因而是夷狄。另一方面，夷夏之别也是一种等级秩序，即“帝王临御天下，中国居内以制夷狄，夷狄居外以奉中国”。（何乔远:《皇明文征》卷二十三）《春秋》对同一个吴，用称子与不称子表明两种不同的褒贬态度，如楚侵蔡，吴师救蔡，被认为是“夷狄也而忧中国”，故称为吴子；但是吴入楚，则被认为是夷狄之行为，则不称为吴子。(《春秋公羊传》定公四年）这种等级秩序和价值判断完全是以礼制为依据的。

中国视夷狄为夷狄，但并不否认他们也是中国体系的组成部分，并且依据礼乐文化或接纳或拒斥，而并不追究其种族与血缘。孟子曾说：“舜生于诸冯，迁于负夏，卒于鸣条，东夷之人也。文王生于岐周，卒于毕郢，西夷之人也。地之相去也，千有余里，世之相后也，千有余岁，得志行乎中国，若合符节。先圣后圣，其揆一也。”(《孟子·离娄下》)这就是说，孟子认为舜和周文王分别是“东夷”和“西夷”之人，但他们所创建的夏和西周两代都属于“中国”。所以《春秋左传·闵公元年》说：“戎狄豺狼，不可厌也；诸夏亲昵，不可弃也。”夷夏之别并不是绝对的，随着社会文化发展，夷狄也可以上升为华夏。如楚国早时被视为夷狄，楚武王曾表示，“我蛮夷也，不与中国之号谥”。(《史记·楚世家》) 但随着楚国经济文化的发展，到楚成王时得到周王朝的承认与封赐，并被授予“镇尔南方夷越之乱”(《史记·楚世家》) 的权力。秦国护送周平王东迁有功，“平王封襄公为诸侯”，秦始“与诸侯通使聘享之礼”(《史记·秦本纪》)，成为诸夏的一部分。相反，也有由“夏”变“夷”的例子。杞国原本是夏朝皇族的后裔，周武王“封大禹之后于杞”(《史记·周本纪》)。然而，“杞人春秋称侯，庄二十七年绌称伯，至此用夷礼，贬称子”（杜预：《春秋左传正义·僖二十二年》)，至春秋时期，杞国已经被称为夷狄之国。中国甚至以礼为依据反过来检视自身的行为是“夷”还是“夏”。如《公羊传·昭公二十三年》说:“中国亦新夷狄也。”对此何休解释说:“中国所以异乎夷狄者，以其能尊尊也。王室乱,莫肯救,君臣上下败坏,亦新有夷狄之行。”(何休:《春秋公羊传注疏》昭公二十三年)

夷夏观念在中国历史上的影响可谓深远，直到清末仍有夷夏之辩。这种“夷夏”观念一方面反映了中华民族长期以来的文化自信，另一方面也反映了某一历史时期的文化封闭状况。近代以前，中国所能接触到的“域外文化”，除佛教文化外基本上都是中国主体文化的衍生，很少能对中国文化产生重大的冲击，从而导致中国文化的盲目自信以致自我封闭状况。到了近代，西方文化发展超越了中国的传统文化，使中西文化格局发生了根本转变。但是在近代初期人们对此并没有足够的认识，所以仍将西方称为“西夷”。随着人们对中西文化的认识加深，特别是经过中西文化的比较，“夷夏”之辩也就转变成了“中西”之辩。这种转变具有极为深远的意义。就夷夏之辩而言，中国并不将“夷”看作一个“他者”，所存在的差异是文明程度和文化发展的差异，所以存在以夏变夷和以夷变夏的可能。但在中西之辩中，中国完全将西方视为“他者”，并不认为有两者相互转变的可能。这也是近代中西文化冲突的重要原因之一。

### (三)“天下”中国

中国古人一直认为中国处于“天下”之中。当然，在世界观尚未形成、人们地理知识有限的情况下，世界上各个民族都可能认为自己处于世界之中位置。事实上这也是人类以自我为中心观察世界所导致的一种十分自然的结果。但是中国古人的这种认识，除了地理观念之外，还包含着深刻的价值观念。

首先，从“天地之中”到“天下之中”。中国处于天地之中的认识,从一些上古神话中可以看到。三国时吴人徐整的《三五历纪》记载：天地混沌如鸡子，盘古生其中。万八千岁，天地开辟，阳清为天,阴浊为地。(李昉等:《太平御览》天部下)东晋葛洪《枕中书》说:昔二仪未分，溟涬鸿蒙，未有成形。天地日月未具，状如鸡子，混沌玄黄。已有盘古真人，天地之精，自号元始天王，游乎其中。可见，传说中的盘古作为中国先民，认为自己处于天地之中。随着对客观世界的认识，人们的“天地之中”观念进一步具体化为“天下之中”。最早的“天下之中”指的是黄河中下游的中原河洛地带。夏商时代的中国是事实上的“天下之中”,也就是历史上的“中原”。中国处在“天下之中”，而中国以外即为四夷。在中国古人心目中，中国直接统治的地区为中国本土，其周围四夷均为臣属之地，所谓“天子有道，守在四夷”(贾谊:《新书》卷六)，中国是居天地之中者曰中国，四夷是居天地之偏者。

其次，从“化成天下”到“协和万邦”。“天下”是“中国”所能认识到的地理范围。尽管中国分为夷夏，但并不将夷夏关系固定化，所以并不将各个“方国”或“夷”排斥在“天下”之外，而是包含在内，并怀柔之、文化之，最终是要将天下中国化也就是文明化，亦即“化成天下”。可见，天下观并不是一个国家民族概念，而是一个文化影响力概念。中国各代秉持天下观的目的并不是实现以民族国家为单位的统一，而是以“中国”为中心“协和万邦”。由于没有形成国家民族概念，所以国家疆界也不明确，实际上只是形成了以“中国”为核心的中心区域、外围区域以及边缘区域。“中国”采取“怀柔远人”乃至怀柔天下的政策，希望通过自己的影响力“协和万邦”、“化成天下”。这是“极高明”的目标即天下大同之理想。但是在实现天下大同之前则选择“道中庸”之法，具体说就是采取“协和万邦”的对外政策。这就是中国历代所怀之“天下主义”。可见,中国的天下主义分为两个层次:一是“极高明”的“化成天下”目标，二是“道中庸”的“协和万邦”政策。但是不论是哪一个层次的天下主义，都与传统的夷夏观紧密联系着。“化成天下”就是要“用夏变夷”(《孟子·滕文公上》)，要天下万邦走向文明之道；而在不能实现这一目标之时则通过“怀柔远人”以“协和万邦”。

最后，从“夷夏”观念到“天下”观念。夷夏观念与天下观念还是存在一定矛盾的。一般地说，“中国”强大到建立“天下”帝国的历史时期，天下观念流行，而当“中国”受到外来势力威胁的历史时期，夷夏之别就被强调。相应地，盛行天下观念时，华夷观念就比较淡化；盛行华夷观念时，天下观念就被削弱。[①]从中国历史上看，宋代是夷夏观和天下观总体转折的时代。当时，中国受到来自北方各个少数民族政权的压力，不仅没有能力将这些地区“中

① 赵汀阳:《天下体系的一个简要表述》,《世界经济与政治》2008 年第 10 期。

国化”，甚至受到他们严重的军事威胁。在这种背景下，夷夏之辨受到进一步的强调，成为一种意识形态。北宋石介的《中国论》说：“天处乎上，地处乎下，居天地之中者曰中国，居天地之偏者曰四夷，四夷外也，中国内也。天地为之平内外，所以限也。夫中国者君臣所自立也，礼乐所自作也，衣冠所自出也，冠昏祭祀所自用也……曰各人其人，各俗其俗，各教其教，各礼其礼，各衣服其衣服，各居庐其居庐。四夷处四夷，中国处中国，各不相乱，如斯而已矣，则中国中国也，四夷四夷也。”（《徂徕集》卷十）但是，中国的天下情节仍始终不渝。如朱熹说：“《春秋》大旨，其可见者，诛乱臣，讨贼子，内中国，外夷狄，贵王贱伯而已。”（《朱子语类》卷八十三）他坚持以文化来区分“中国”和“夷狄”，并认为应用先进的文化来感化“夷狄”，最终达到“天下为一，诸侯朝觐，狱讼皆归”（《朱子语类》卷一百〇五）的正统标准。

清代实现了一统天下，天下观重新得到强调。雍正说：“我朝肇基东海之滨，统一诸国，君临天下。所承之统，尧舜以来中外一家之统也；所用之人，大小文武，中外一家之人也；所行之政，礼乐征伐，中外一家之政也。内而直隶各省臣民，外而蒙古极边诸部落，以及海澨山陬，梯航纳贡，异域遐方，莫不尊亲，奉以为主。”（《清世宗实录》卷一三〇，雍正十一年四月己卯）可见，清代的中国自信又大大加强了，不仅重新整合了夷夏之辩，更强调了天下归一的理念。不过，此时的“中外”仍是中国与周边区域的关系。清代的君主们没有看到，在遥远的西方有一群被基督文化整合在一起的民族，开始认识到地球是圆的，并以这种新的世界观观察世界并遥望东方。相比之下，大清的“天下”视野就相形见绌了。

清代中期，由于西风东渐，文化和贸易均有扩大，中国人的视野大大扩大了，并且提升了对西方和世界的认识。林则徐的《四州志》划出了一个大致的世界轮廓，而魏源的《海国图志》与大体同时出现的徐继畬所著的《瀛环志略》，则从地理出发，述及各国历史沿革、行政区域、民情风俗、人口土地、物产矿藏、政治制度等。这使中国人开始认识到，远离华夏万里以外的各国并不是古时的蛮夷戎狄，而是具有自己独特历史的文明体，从而对这些外“夷”有了新的认识，在一定程度上改变了以中国为世界中心的传统观念。张之洞说《海国图志》“为中国知西欧之始”（《劝学篇·广泽》）；梁启超说：“中国士大夫之稍有世界地理知识，实自此始。”①

## （四）“价值”中国

中国人不仅认为自己在地理上处于天下之中，更认为自己是处在各夷狄的环围之中，具有地理环境和文化制度上的优越感。这两种优越感导致心理上对“中”的崇拜，从而使“中”成为一种价值或意识形态。所以，“中国”也是价值中国。

中华民族是个尚“中”的民族。从《尚书》的“允执厥中”，到《论

① 梁启超：《中国近三百年学术史》，载梁启超：《梁启超论清学史二种》，朱维铮校注，复旦大学出版社，1985，第467页。

语》的“允执其中”、老子的“守中”，再到孟子的“执中”以及《中庸》的“用中”等，表明中华民族尚中传统的基本形成。此后，中庸作为整个民族的核心价值，对民族和国家的政治生活和经济生活乃至百姓日用发挥着重要影响。除“居中”之意外，按照《说文》的理解，“中”意味着上下通达，这种“上下通”包含着不同层面的意义，包括天人或天地之间的通达，社会上层与下层之间的通达，上一世代与下一世代之间的世代沟通等。[①] 而要实现“上下通”就必须“守中”。可见，中作为价值最初源于古人对地理和空间的认识，以后逐渐成为民族的价值传承。

但另一方面，中华民族的尚中传统并不妨碍民族文化与其他文化的区别性，这就是中华民族较早形成的礼乐制度。《论语·学而》说：“礼之用，和为贵，先王之道斯为美”；《中庸》说：“喜怒哀乐之未发谓之中，发而皆中节谓之和”；《礼记·乐论》说：“乐由中出，礼自外作。乐由中出，故静；礼自外作，故文。大乐必易，大礼必简。乐至则无怨，礼至则不争”，礼乐相辅相成就是要达到这种“和”的境界。礼，虽以等级为特质，却以贵和为价值追求。就是说，人与人之间、事与事之间彼此有差别，而礼就是通过“中”调整这些差别而使之有序从而实现“和”。这就是说，礼乐制度充分体现了“中”的价值。这就使“中”成为中华民族重要的文化标识。

“居中”或“守中”作为民族价值传承，也表明民族意识的开

① 陈赟：《从“民族－国家”到“天下”：“天下”思想的未来遗产》，http：//wen.org.cn/modules/article/view.article.php/c12/1386。

放性。这也是“中”的“上下通达”之意。上下通达既没有地理空间的局限，也没有价值观念的自我局限，所以才能使中华民族始终处于开放状态，包括对其他民族的融合、对外来事物的接纳，特别是对外来文化的兼容。礼乐制度既可以作为区别于其他民族即夷狄的文化特征，也可以作为兼容其他民族文化的法宝。在中华民族历史上，作为地理空间以及特定文化承载的中国，虽然相对固定，但上下贯通意义上的文化中国则是可以变化的，这就是所谓的“诸侯用夷礼则夷之，夷而进于中国则中国之”。(《韩愈集》卷十一杂著一《原道》) 这是中华民族数千年保持领先地位的重要原因，也是中华民族数千年来能够一直存续、中华文明未曾中断的原因。

## 二 “天下”观的历史演变

### （一）“天下主义”的形成与演变

中国人的“居中”观念衍生出“天下之中”的意识，这种“天下之中”的意识进一步发展为传统的“天下主义”。从中国“天下主义”形成和演变的历史来看，天下主义既有“协和万邦”的具体政策，也有“化成天下”的价值理想，体现了中国传统的“极高明而道中庸”的方法论。从历朝历代“天下主义”的具体实践来看，尽管一直秉持“化成天下”的价值理想，但更多的是“协和万邦”的政策实践。

从“天下主义”产生的历史背景看，当时的“中国”并不是一个统一的帝国，“天下”之“中国”以及“万邦”之间都没有十分明确的疆界和范围。因此“天下”只是个“泛中国”。在这种情况下，“中国”以“天下主义”的情怀和“协和万邦”的气度来处理与方国的关系。《大禹谟》称当时“野无遗贤，万邦咸宁”；《吕氏春秋·用民》说“当禹之时，天下万国”；唐徐坚《初学记·黄帝赞》称，“黄帝在位”、“垂衣而治”、“万国乂安”。所以，“天下主义”是一种“协和”模式而不是一种统治模式。就是说，在中国人的心中，并不是要对天下实行统治，而是要实现“协和”。到秦汉时期，中国实现了统一，中华帝国在观念上虽沿袭天下概念，仍把中原以外的其他地域看作天下的一部分，但已经重新理解了天下的内外远近关系，从而削弱和修改了过去的天下概念。“大一统帝国这一新身份使原来的文化边界变成了政治边界，原来文化性的华夷之别变成了政治性的华夷之别”。[①]

秦汉以降，中国基本上保持着统一帝国，虽域内统一，但边缘模糊，“中国”与“天下”并行不悖但有所区别也时有变化。总的来看，在中国统一和强盛之时，“天下主义”比较流行，而当中原受到外夷威胁之时，“天下主义”则趋于衰微。这是由于，“天下主义”需要实力支撑，包括硬实力和软实力，既需要强大的向心力也需要强大的控制力。汉唐时中国的实力和影响所及达到了已知的地理边界，所以，中国就是天下，天下就是中国。到了宋代，中国的周边已经崛起了一系列少数民族政权，中国只是天下的一部分，天下主义则成为一种理想情怀。朱熹编撰《四书》，将《大学》放在首篇，其所含意蕴就是将“治国平天下”之学作为“大学”，作为士人的价值理想。到了明代，中国士人的天下意识又恢复和增强了。王阳明说：“大人者，以天地万物为一体者也，其视天下犹一家，中国犹一人焉。”（《王阳明集》卷二十六续编一《大学问》）明亡时顾炎武说：有亡国，有亡天下，“易姓改号，谓之亡国；仁义充塞而至于率兽食人，人将相食，谓之亡天下”。(《日知录》卷十三《正始》)由此可见中国传统的天下观已经转变为天下人民了。总之，

① 赵汀阳：《坏世界研究》，中国人民大学出版社，2009，第161~183页。

直到近代之前，中国的天下主义从未消亡，总是以不同的形式存在着，即便是在民族危亡之时，仍保存着一定的天下情怀。这也是中华民族衰而不亡的原因之一。

到了清代中期以后，西风东渐，西方文化逐渐开始影响中国，东西方冲突日渐加剧，但构成最大压迫的还是西方的经济政治入侵。特别是鸦片战争失败后，中国人的“天下主义”不仅不能作为价值理想，甚至作为外交实践也行不通了。所以，天下主义转变为民族国家主义。不过,这种转变对于中国人来说是一个痛苦的过程，一个可以君临天下的大国，不得不屈尊于外邦小国，本来可以恩惠于天下的，却不得不屈求外邦留情。此后，“天下主义”渐渐成为历史的记忆了。

## （二）从“天下主义”到“世界主义”

西方的世界主义观念出现于希腊化时代。当时，亚历山大征服了波斯，希腊人的世界扩大到了西亚和整个地中海。尽管这个地域范围仍是有限的，但在当时看来则是极大地扩大了。在这种历史背景下，希腊的斯多葛学派提出世界主义思想。芝诺最早提出“四海之内皆兄弟”的口号，而塞涅卡则提出“世界公民”概念，梯利进一步把这种思想称为“胸怀全球的人道主义”。[①] 这种世界主义思

---

① ［美］梯利:《西方哲学史》，葛力译，商务印书馆，1995，第132页。

想在罗马时代得到进一步发扬，无论是普罗提诺的太一说还是奥古斯丁的光照说，都充分地体现了用“整体”视角看世界的世界观。

中世纪欧洲处于邦国林立的分裂状态，但基督教是统一的，世界主义以宗教形式出现。到中世纪晚期，随着欧洲的逐渐兴起、古典文明的复兴，政治上的世界主义也开始重现。但丁在他的《论世界帝国》一书中全面阐述了自己的世界主义思想。但丁认为，要实现人类所需要的统一与和平，就必须创立一元化的政体。只有创立一元化的政体，人类才能拥有统一的文明，才能实现世界和平与普天下的幸福，才能从整体的角度统一治理这个世界，才能服从理性、实现自由，最终以“天国”和“天父”为榜样，使人类到达最佳状态。为了获得良好的世界秩序，但丁主张建立世界政体，即世界帝国。[①]他认为，人的理性和神的威力都表明，没有公理就没有罗马帝国，罗马帝国就是公理的象征。所以，应该由罗马人建立世界帝国，并以公理一统天下。可见，但丁的世界主义，是暗含着一种极端民族主义的世界主义，或者说是一种帝国主义的世界主义。

西方 18 世纪的启蒙运动，以“理性”的名义推进“世界主义”。启蒙学者们试图建立超验永恒、普世皆准的真善美标准，认为普遍性的“理性”必将战胜民族性（地方性）的历史、习俗和偏见。他们否定不同民族的不同历史和特性，转而在超历史、超民族的个人基础上，建构世界主义理想。[②]康德认为，所谓的世界主义，实际

① ［意］但丁·阿利盖里：《论世界帝国》，朱虹译，商务印书馆，1985，第 13 页。

② 河清：《民族主义与世界主义》，《读书》1996 年第 9 期。

上就是把世界历史按照一个以人类物种的完美的公民结合状态为其宗旨的大自然计划来加以处理的哲学尝试，必须把它看作可能的，并且还是这一大自然所需要的。[①]国家之间要想结束野蛮的自然状态，就应该建立一个逐渐消除战争的永久和平的国际同盟。康德还为这个国际同盟制定了三个正式条款：每个国家的公民体制都应该是共和制；在世界事务中国际权利应该以自由国家的联盟制度为基础；世界公民权利将限于以普遍的友好为其条件。[②]

16 世纪到 19 世纪是西方迅速扩张的世纪。他们以其世界主义向世界各地扩张，实际上是向世界各地殖民。西方的殖民主义以欧洲为中心，向东西两个方向扩展：西向到达美洲再到太平洋，东向最后到达中国。这样，西方殖民者的世界主义与中国传统的天下主义遭遇并发生严重的冲突。随着西方入侵对中国的不断冲击，“天下主义”观念也经历了一个逐步瓦解的过程，最终为民族主义、世界主义和国际主义所取代。

鸦片战争以后，中国士人开始反思传统的“天下观”和“夷夏观”，逐渐接受了西方的民族国家观念和国际秩序观念。这种转变意味着承认中国只是“天下”的一部分,既不是“天朝”也不可能“君临天下”，而只是国际社会的一员。但另一方面，中国作为独立的民族国家，也应享有独立的国家主权和平等的国际地位。因而，中国士人开始对中国半殖民地现实状况有了深刻的认识。于是，他们利

① ［德］康德:《历史理性批判文集》，何兆武译，商务印书馆，1990，第 18 页。

② ［德］康德:《历史理性批判文集》，何兆武译，商务印书馆，1990，第 105~118 页。

用国际法规则为中国争取自身的国际地位和权益，“一方面对中国隔膜于公法之外提出批评，另一方面又对各国不以公法对待中国表示愤恨”。[①]这就是中国从“天下主义”到“世界主义”转变的历史背景。

康有为在他的《大同书》中构想了一个“无邦国，无帝王，人人平等，天下为公”的“大同社会”。在康有为看来，人人平等还只是“小同”，“人物平等”才是“大同”；破国界、破政府还只是“小同”，破“人类中心论”才是“大同”；天下万民一体同看，还只是“小同”，只有天下万物（含人与人、人与物、物与物）一体同看，方为“大同”。康有为主张“破除九界”，其中“去国界”是破除国家中心论，“去种界”是破除民族中心论，“去类界”是破除人类中心论。可见，康有为所坚持的仍是传统的“天下主义”。不过与康有为同时的梁启超却一度认同西方的世界主义。梁启超将中国历史划分为上世史、中世史和近世史三个时期，并相应地把中国的身份概括为“中国之中国”、“亚洲之中国”和“世界之中国”三个阶段。他认为，近代中国无疑是“世界之中国”，所以，“我们的爱国，一面不能知有国家不知有个人，一面不能知有国家不知有世界”。[②]他认为列国当以世界主义为依归，不再永远因守国家主义，不再局限于狭隘的国家主义之下。他主张在列国之上建立一个世界政府，使人人均得为“世界公民”。中国人民在“做中国国民”的同时，也“做世界公民”，在“爱国”的同时，也秉持

① 金观涛、刘青峰：《从“天下”、“万国”到“世界”——晚晴民族主义形成的中间环节》，《二十一世纪》2006年第4期。

② 梁启超：《欧游心影录节录》，载梁启超：《饮冰室合集》专集之二十三，中华书局，1989，第21页。

“超国家的高尚理想”。[①] 他说：“世界主义属于理想，国家主义属于事实；世界主义属于将来，国家主义属于现在。”[②]

然而，中国的世界主义与西方的世界主义有所不同。西方世界主义是在国家主义基础上提出的，意在以民族国家为基础向世界扩张，通过扩张的方式实现世界主义；而以梁启超为代表的中国世界主义则在西方压力下被动地转向国家主义。至此，中国人民开始认识到，中国不是天下之中，万国也不是“天下”之万国，而是世界万国，各有疆界和人民。总之，中国传统的天下主义不得不认同西方的世界主义，同时中国的民族国家意识也开始形成了。

### （三）从“世界主义”到“民族主义”

近代以前的历史上，中国基本上没有民族主义而只有天下主义思想。如梁启超说：“‘全人类大团体’的理想，我们中国是发达很早的，我们向来并不认国家为人类最高团体。”[③] 陈独秀也断言：“中国古代的学者和现代心地忠厚坦白的老百姓，都只有‘世界’或‘天下’底观念，不懂得甚么国家不国家。”[④] 但是当西方列强来到中国以后，我们则不得不接受了世界主义。但世界主义与民族主义是一

---

① 梁启超：《欧游心影录节录》，载梁启超：《饮冰室合集》专集之二十三，中华书局，1989，第150页。
② 梁启超：《自由书·答客难》，载梁启超：《饮冰室合集》专集之二十三，中华书局，1989，第39页。
③ 梁启超：《国际联盟评论》，载梁启超：《饮冰室合集》专集之二十三，中华书局，1989，第126页。
④ 陈独秀：《学生界应该排斥底日货》，《新青年》第7卷第2号。

体两面的观念。如梁启超早年追随康有为讲“大同”，后来放弃大同思想转而信仰国家主义。他认为讲世界主义是清谈误国，“今日世界之事，无有大于中国之强弱兴亡者”，所以中国人讲国家主义，即等于世界主义。[①]所以，中国在接受世界主义的同时也逐渐转向并确立了自己的民族主义。

实现从世界主义向民族主义转向的是孙中山。1921年后，孙中山在宣讲三民主义时，几度提及有人用世界主义反对其提倡的民族主义。他说：世界主义对中国实不适用。因中国积弱，主权丧失已久，宜先求富强，使世界各强国皆不敢轻视中国。中国欲倡世界主义，必先恢复主权与列强平等。[②]他揭露世界主义的帝国主义本质。他说：强盛的国家和有力量的民族已经雄占全球，无论什么国家和什么民族的利益，都被他们垄断。他们想永远维持这种垄断的地位，再不准弱小民族复兴，所以天天鼓吹世界主义，谓民族主义的范围太狭隘。其实他们主张的世界主义，就是变相的帝国主义与变相的侵略主义。他主张中国提倡民族主义，如果民族主义不能存在，到了世界主义发达之后，我们就不能生存，就要被人淘汰。他说：我们今日要把中国失去了的民族主义恢复起来，用此四万万人的力量为世界上的人打不平，这才算是我们四万万人的天职。列强因为恐怕我们有了这种思想，所以便生出一种似是而非的道理，主张世界主义来煽惑我们。说世界的文明要进步，人类的眼光要远大，民族

① 梁启超：《自由书·答客难》，载梁启超：《饮冰室合集》专集之二十三，中华书局，1989，第39页。
② 《孙中山全集》第5卷，中华书局，1985，第558~559页。

主义过于狭隘，太不适宜，所以应该提倡世界主义。近日中国的新青年，主张新文化，反对民族主义，就是被这种道理所诱惑。但是这种道理，不是受屈民族所应该讲的。我们受屈民族，必先要把我们民族自由平等的地位恢复起来之后，才配得来讲世界主义。[①]

孙中山主张民族主义但并不否认世界主义。他将世界主义视为人类社会发展的目标，而以民族主义为实现这一目标的工具。他接受民族自决和弱小民族联合起来实现独立自主的新观念，用民族主义实现内部的自我联合，再联合世界上的所有弱小民族，共同用公理打破强权，而只有当强权打破以后，世界上没有野心家，到了那个时候，我们便可以讲世界主义。不仅如此，孙中山还将民族主义视为实现世界主义的基础，“象俄国的一万万五千万人是欧洲世界主义的基础，中国四万万人是亚洲世界主义的基础，有了基础，然后才能扩充。所以我们以后要讲世界主义，一定要先讲民族主义，所谓欲平天下先治其国。把从前失去了的民族主义从新恢复起来，更要从而发扬光大之，然后再去谈世界主义，乃有实际”。[②]

### （四）中国共产党：民族主义与国际主义

马克思主义本质上是国际主义的。马克思曾号召没有祖国的

① 《孙中山全集》第 9 卷，中华书局，1986，第 216~217、223~226 页。

② 《孙中山全集》第 9 卷，中华书局，1986，第 220、231 页。

工人反对本国的资本家阶级统治，号召“全世界无产者，联合起来”。但是在国际工人运动中，马克思主义却不能不面对各个民族国家的具体现实问题。所以，国际主义与民族主义之间始终存在着结合与冲突。恩格斯说：“国际联合只能存在于国家之间，因而这些国家的存在、它们在内部事务上的自主和独立也就包括在国际主义这一概念本身之中。”[①] 恩格斯曾提出，在社会主义革命过程中，胜利了的无产阶级如何对待原有殖民地的问题。他认为，“胜利了的无产阶级不能强迫他国人民接受任何替他们造福的办法，否则就会断送自己的胜利”，就不是真正的无产阶级国际主义。[②] 关于国际主义，列宁有一个著名的界定：“真正的国际主义只有一种，就是进行忘我的工作来发展本国的革命运动和革命斗争，支持（用宣传、声援和物质来支持）无一例外的所有国家的同样的斗争、同样的路线，而且只支持这种斗争、这种路线。”[③] 可见，主张国际主义的马列主义并不排斥民族主义，而是将两者有机地结合起来。

早期的中国共产党人基本上都是民族主义者，但是在接受马列主义的同时，他们也接受了国际主义。毛泽东认为，中国问题本来是世界的问题，中国改造不着眼于世界改造，则所改造必为狭义，必妨碍世界。[④] 周恩来说：“我们虽是中国人，我们的眼光终须放到全世界上来。我们不必想取捷径，也不必畏难苟安，全世界无产阶

---

① 《马克思恩格斯全集》第 39 卷，人民出版社，1974，第 84 页。

② 《马克思恩格斯选集》第 4 卷，人民出版社，2012，第 548~549 页。

③ 《列宁选集》第三卷，人民出版社，1995，第 54 页。

④ 毛泽东：《新民学会会务报告》第一号，载中国革命博物馆、湖南省博物馆：《新民学会资料》，人民出版社，1980，第 18 页。

级为创造新社会所共负的艰难责任，我们也应当分担起来。”他还说：“世界上只有一个共产主义能使这个责任无国界无种界地放在无产阶级肩上，也只有他能使中国民族得列于人类中间彼此一视同仁。”[①] 在第一次大革命时期，中国共产党正式提出“中国革命是世界革命的一部分”。1940 年，毛泽东在《新民主主义论》中系统地阐述了中国革命与世界革命的关系。他认为，有两种世界革命，第一种是属于资产阶级和资本主义范畴的世界革命。第一次帝国主义世界大战和第一次胜利的社会主义十月革命，改变了整个世界历史的方向，从此以后，开始了第二种世界革命，即无产阶级的社会主义的世界革命。他认为，中国革命是无产阶级领导的革命，无产阶级的领导权、革命的社会主义前途，决定了这种革命是无产阶级世界革命的一部分。但是，无产阶级的领导权，在第一阶段上建立新民主主义的社会和建立各个革命阶级联合专政的国家的目的，恰是为社会主义的发展扫清更大的道路，它的前途只能是社会主义，是无产阶级社会主义世界革命的一部分。

在新中国建立前夕，毛泽东指出：“中国必须独立，中国必须解放，中国的事情必须由中国人民自己作主张，自己来处理，不容许任何帝国主义国家再有一丝一毫的干涉。”[②]“中国的领土主权，中国人民必须保卫，绝对不允许外国政府来侵犯。”“人民政府愿意考虑同各国建立外交关系，这种关系必须建立在平等、互利、互相

① 《周恩来早期文集（一九一二年十月 ~ 一九二四年六月）》，中央文献出版社、南开大学出版社，1998，第 457~458 页。

② 《毛泽东选集》第 4 卷，人民出版社，1991，第 1465 页。

尊重主权和领土完整的基础上”。[①] 这些声明和宣告，充分体现了中国共产党的民族主义立场。而在取得民族独立并建国以后，毛泽东多次阐述中国共产党的国际主义理念：“已经获得革命胜利的人民，应该援助正在争取解放的人民的斗争，这是我们的国际主义的义务。”[②] 他还指出：“社会主义国家是完全新型的国家，是推翻了剥削阶级而由劳动人民掌握权力的国家。在这些国家间的相互关系中，实现着国际主义和爱国主义相统一的原则。共同的利益和共同的理想把我们紧紧地联结在一起。”[③] 可见，中国共产党是将无产阶级国际主义与中华民族主义结合起来。

① 《毛泽东选集》第 4 卷，人民出版社，1991，第 1461 页。

② 《1963 年 8 月 8 日毛泽东接见非洲朋友时的谈话》，1963 年 8 月 9 日《人民日报》。

③ 《在苏联最高苏维埃庆祝伟大的十月社会主义革命四十周年会议上的讲话》，1957 年 11 月 7 日《人民日报》。

# 三　中国价值与协和世界

## （一）东西方的“大同”思想

中国很早就有一个大同理想。《礼记》说：“大道之行也，天下为公，选贤与能，讲信修睦，故人不独亲其亲，不独子其子，使老有所终，壮有所用，幼有所长，鳏寡孤独废疾者皆有所养；男有分，女有归，货恶其弃于地也不必藏于己，力恶其不出于身也不必为己，是故谋闭而不兴，盗窃乱贼而不作，故外户而不闭，是谓大同。”这个大同社会并没有设定范围，而是对着当时人们所能认识到的“天下”而言的。对于中国人的传统世界观来看，中国就是天下，天下就是世界。所以，这个大同理想直接就是世界的理想，大同也直接就是世界大同。

尽管这个“大同”之世仅仅存在于传说中的上古时代，却成为后世人们的理想。老子说：“执古之道以御今之有。能知古始，是谓道纪。”（《道德经》第十四章）孔子曰：“大道之行也，与三代之英，丘未之逮也，而有志焉。”（《礼记・礼运》）而到了近代，中国所知的“天下”已经完全不同。这个“天下”不仅是中国视域内的天下，而是全球视域的天下。在这个天下，除中国之外还有众多的“他者”，并且某些“他者”还一度对中国进行侵略和欺侮。尽管如此，中国人的大同理想仍未泯灭。康有为在《大同书》中描述了人类历史的三个阶段，即由“据乱”进为“升平”（小康），由“升平”进为“太平”（大同）的必然规律，并设想了大同社会的理想状况。他说：“吾为天游，想象诸极乐之世界，想象诸极苦之世界，乐者吾乐之，苦者吾救亡，吾为诸天之物，吾宁舍世界天界绝类逃伦而独乐哉！”[①]在他的理想社会里，已经没有国家，“大同无邦国，故无军法之重律；无君主，则无有犯上作乱之悖事；无夫妇，则无有色欲之争，奸淫之防，禁制、责望、怨怼、离异、刑杀之祸；无宗亲兄弟，则无有望养、责善、争分之狱；无爵位，则无有恃威、怙力、强霸、利夺、钻营、佞谄之事；无私产，则无有田宅、工商、产业之讼；无尸葬，则无有墓地之讼；无税役、关津，则无有逃匿、侵吞之罪；无名分，则无欺凌、压制、干犯、反攻之事”。[②]“人人相亲，人人平等，天下为公”，正如《礼记》所描述的一样。他认为，“大同”是“仁”的最终归途。

西方也有一个“大同”理想，这就是希腊斯多葛学派提出的世界主义（Cosmopolitanism）。他们把希腊城邦看作“整个宇宙或整个世界”，而他们自己就是“世界公民”。尽管他们的思想已经大大突破了当时流行的“希腊中心论”，但仍是“以希腊观天下”而不是“以天下观天下”。但是到18世纪，这种“世界观”成了西方殖民主义的借口。他们认为，西方文明是契合所有人的“普世文明”，其他不同的文明都应在“扫荡”之列。同时，西方殖民者还进一步

① （清）康有为：《大同书》，陈得媛、李传印评注，华夏出版社，2002，第8页。

② （清）康有为：《大同书》，陈得媛、李传印评注，华夏出版社，2002，第332页。

将进化论接入社会理论，衍生出“物竞天择、适者生存”的“丛林法则”。在这种世界主义驱使下，西方的民族国家成了帝国主义列强，以丛林法则到处弱肉强食，进行征服战争。到19世纪末，帝国主义将世界领土瓜分完毕。此时，世界分为两类国家：一是广大殖民地的各宗主国，二是各宗主国的广大殖民地。在这个过程中，西方列强用来福枪和炮舰毁灭了大部分非西方文明，世界基本上实现“大同”了。可见，西方的“大同”是同质化的大同，是以消灭文化“多样性”为代价的大同。

到20世纪后期，世界又掀起新的一波“全球化”浪潮。这实际上是西方“大同”理想的延续，其实质就是进一步的“欧化”和“美化”。尽管这一轮“大同”浪潮与几个世纪前的“血与火”的征服战争有所不同，但预期的结果是一样的，即现代化所过之处种种“多样性”丧失殆尽，只剩下一个“单一的”世界或“单向度”的世界。西方著名政治家前联邦德国总理施密特曾经坦承他们“几乎不了解儒家思想及其影响力，对印度教和佛教同样知之甚少，对伊斯兰教也几乎不甚了解”。尽管如此，他们要强迫自许多世纪，乃至数千年来就信奉各自的宗教的几十亿人接受他们的“宪法、民主、个人基本权利的观念”，实际上是“强迫别人接受西方目前的价值标准”。他们认为，西方文明是一种“普世文明”，西方价值是一种“普世价值”，他们的价值标准就是全人类的“共同标准”。[①]1997年

① ［德］赫尔穆特·施密特:《全球化与道德重建》，柴方国译，社会科学文献出版社，2001，第66～67页。

9月1日，近30位卸任的政府首脑和国家元首，向当时的联合国秘书长科菲·安南提交了一份《世界人类义务宣言》草案，目标是“构成一种全球共识，一种最基本的全球伦理共识”，是“达成一种世界公认的最低限度的道德基本准则”，是实现“任何个人和社会机构能够始终铭念”的，“作为所有人民和国家努力实现”的“共同标准”,是“教诲和推动全世界人承认并遵行”这些“共同标准”。[①]但事实上，这仍是西方“大同”主义的延续和深化，真正的“共识”是不可能通过“同”的方式实现的，而必须通过“和”的方式实现，即“和而不同”。所以，全球理念应从“同”转移到“和”方面来。

## （二）西方普世主义危机

早在希腊化时代的斯多葛学派就提出过普世主义或世界主义思想，认为人类可以在共同理性的支配下顺着共同本性生活。中世纪的基督教神学认为基督是普世的，因而产生了走遍世界的传教士。中世纪晚期，但丁在《论世界帝国》中进一步阐述了世界主义思想。18世纪的启蒙运动以“理性”的名义进一步扩展了西方的“世界主义”。黑格尔说：“理性向来统治着世界、现在仍然统治着世界，因此也就统治着世界历史。”[②]这就是西方普世主义的基本源流。

---

① ［德］赫尔穆特·施密特：《全球化与道德重建》，柴方国译，社会科学文献出版社，2001，第264页。

② ［德］黑格尔：《历史哲学》，王造时译，上海书店出版社，1999，第10~11页。

现代西方资本主义将自己的价值作为普世价值向全球推广。西方的这种普世价值观可以从两方面来认识。一方面，世界历史是存在“趋同”阶段的，如西方的希腊化时代和东方的“汉化”时代，从近代以来的历史看，可以说是西方化时代或现代化时代。在这样的趋同时代，普世价值观流行也是有道理的。但是，在世界历史上更多的是“趋异”时代即多元化时代，即使是“趋同”时代也不可能实现真正的世界大同。所以，西方的普世价值观在一定历史时期是有效的，但绝不可能作为人类社会的终极目标。亨廷顿指出：“普世文明的概念是西方文明的独特产物。19世纪，‘白人的责任’的思想有助于为西方扩大对非西方社会的政治经济统治作辩护。20世纪末，普世文明的概念有助于为西方对其他社会的文化统治和那些社会模仿西方的实践和体制的需要作辩护。普世主义是西方对付非西方的意识形态。”[①]20世纪晚期，西方的这种世界主义进一步转变为新自由主义的意识形态，它们在实行新自由主义政策的同时，也将这一意识形态强行向非西方国家输出。它们认为：“非西方国家的人民应当认同西方的民主、自由市场、权力有限的政府、人权、个人主义和法制的价值观念，并将这些价值观念纳入他们的体制。然而，在其他文明中，赞同和提倡这些价值的人只是少数，大部分非西方国家的人民对于它们的占主导地位的态度或是普遍怀疑，或是强烈反对。西方人眼中的普世主义，对非西方来说就是帝

① 〔美〕塞缪尔·亨廷顿：《文明的冲突与世界秩序的重建》，周琪等译，新华出版社，2002，第55~56页。

国主义。”①

但是另一方面，反对西方普世价值思潮也一直存在和发展着。事实上，真正对西方普世价值挑战的不是理论本身，而是经济发展所导致的世界经济格局改变的历史事实。20世纪，世界经济在地理空间上发生了重大的变化。当西方资本主义扩张到达世界最后一个角落时，也标志着西方世界发展盛极而衰的到来。第二次世界大战以后，世界殖民体系最终瓦解了。此时，代表现代文明的工业生产已不限于西方国家，非西方国家大多走上工业化道路。在亚洲，不仅日本经济出现高速发展成为世界重要的工业大国，而且随后出现了韩国、新加坡等新兴工业化国家和地区，然后是中国、印度、巴西、俄罗斯等金砖国家的出现。特别是中国，通过改革开放实现了经济腾飞，到21世纪初一举成为世界第二位的经济大国。可以肯定地预言，中国经济的发展，将进一步改变世界历史的空间结构。这都表明，不以西方价值为指导的国家和民族，同样能够在保持自己文化特点的同时实现经济起飞和发展，并自立于世界民族之林。

冷战结束后，美国学者亨廷顿提出“文明冲突论”（Clash of Civilization），认为：未来世界国际冲突的根源将主要是文化的而不是意识形态的和经济的，全球政治的主要冲突将在不同文明的国家和集团之间进行，文明的冲突将主宰全球政治，文明间的（在地缘上的）断裂带将成为未来的战线；国际政治的核心部分将是西方文明和非西方文明及非西方文明之间的相互作用。亨廷顿认为：全

---

① ［美］塞缪尔·亨廷顿：《文明的冲突与世界秩序的重建》，周琪等译，新华出版社，2002，第200页。

球政治格局正在以文化和文明为界限重新形成，并呈现出多种复杂趋势：在历史上第一次出现了多极的和多文明的全球政治；不同文明间的相对力量及其领导或核心国家正在发生重大转变，文明间力量的对比会受到重大影响；一般来说，具有不同文化的国家间最可能的是相互疏远和冷淡，也可能是高度敌对的关系，而文明之间更可能是竞争性共处（Competitive Coexistence），即冷战和冷和平；种族冲突会普遍存在，在文化和文明将人们分开的同时，文化的相似之处将人们带到了一起，并促进了相互间的信任和合作，这有助于削弱或消除隔阂。亨廷顿提出的“文明冲突论”表明，西方最终必须放弃它们的普世价值观念，必须放弃普世主义。

## （三）王霸之道：王不待大，强不必霸

中国传统思想主张“大同”，但中国文化的“大同”是理想目标而不是现实目标，现实目标是“小康”。小康目标与天下为公的大同理想不同，是一种“中庸”的亦即现实的“天下为家”的社会模式。但是，中国传统文化并不在此停留，而是在“小康”的基础上，“以身观身，以家观家，以乡观乡，以邦观邦，以天下观天下”，从而建立一种“天下观”。而在“天下观”的基础上，再反观自身，从“物格致知”开始，诚意正心，修身齐家，治国平天下，最后“明明德于天下”。

中国文化之所以能够建立这种“天下观”，并以实现“明明德

于天下”为终极目标,是因为中国文化以“和”为核心。所谓的“和”就是在“不同”的前提下求得的“同”,即“和而不同”之同。“小康”是在“和而不同”的世界模式下,能够保持个性和多样性的社会模式。大道既隐,天下为家,人类进入小康社会。但是小康也可以成为“王道之始”(《孟子·梁惠王上》),即从个小康开始,实行王道,并推而广之,“明明德于天下”,最终实现“天地万物一体之仁”。孔子认为,君主应有高尚的道德品格,不仅要以德治国,还要以德对待他国。只要本国坚持为政以德,占有国家间道义的高地,必能“譬如北辰,居其所,而众星共之”。(《论语·为政》)孟子说:“以德行仁者王,王不待大”(《孟子·公孙丑上》)。就是说,君王应对本国人民“施仁政”,从而形成巨大的道义力量,只要拥有这种道义力量,就可以成就王道,即获得国际体系中的王者地位,而并不完全取决于国家实力的大小。

中国传统文化主张“恕道”,即“己所不欲,勿施于人”。在此基础上还可以推己及人,即“己欲立而立人,己欲达而达人”(《论语·雍也》)。朱熹说:“近取诸身,以己所欲譬之他人,知其所欲亦犹是也。然后推其所欲以及于人,则恕之事而仁之术也。”(《四书章句集注》《论语集注》卷三)恕就是强调在处理人与人、民族与民族、国家与国家之间的关系时,应反观自身,换位思考,尊重别人的文化特性和历史背景,平等看待别人的优缺点,绝不将自己的意志强加于人,即强不必霸。

在全球化的进程中,我们共同居住的星球变得越来越“小”,人们称其为“地球村”。然而人们的“眼界”却远未提升到相应的高度。由于人的本能和不恰当的教育结果，人们习惯于将任何不同于自己同族的思想与行为视为“异类”，从而使得不同文明之间的冲突频频发生。“国家利益至上主义”和极端的“民族主义”思潮甚嚣尘上，并成为打压其他文化、干涉别国内政、掠夺国际资源的思想基础。事实上，当世界只有一种文明和文化存在时，这种非多元文化的世界将是人类的末日。因此我们主张，各种文明应该“各美其美，美人之美，美美与共，天下大同”（费孝通）。只有这样，才能构建一种不同文明和文化和谐共存的世界格局。

第一，亲仁善邻，协和万邦。中华民族历来崇尚“和为贵”、“和而不同”、“协和万邦”、“兼爱非攻”等理念。在处理国家关系上，中华民族更主张“亲仁善邻”（《春秋左传·隐公六年》），使“近者悦，远者来”（《论语·子路》）。海洋足够大，天空足够大，地球足够大，世界足够大，容得下各国共同发展繁荣。在现代化过程中，一些国家越来越富裕，另一些国家长期贫穷落后，这样的局面是不可持续的。各国在谋求自身发展时，应该积极促进其他国家共同发展，让发展成果更多、更好，惠及各国人民。所以，我们要共同维护和发展开放型世界经济，共同促进世界经济强劲、可持续平衡增长，推动贸易和投资自由化、便利化，坚持开放的区域合作，反对各种形式的保护主义，反对任何以邻为壑、转嫁危机的意图和做法。

第二，和而不同，包容互鉴。中国传统文化主张和而不同，就是承认文明的多样性和共存共荣。文明多样性是人类社会的基本特征。不同民族、国家之间要彼此善待，相互友爱，和谐而又不千篇一律，不同而又不相互冲突。和谐以共生共长，不同以相辅相成，不能把自己的意愿强加于人，不能按照自己的文化、模式和制度去评判其他国家行为的对错与好坏。不同民族、不同文明多彩多姿、各有千秋，没有优劣之分，只有特色之别，“万物并育而不相害，道并行而不相悖”（《礼记·中庸》）。人类历史告诉我们，企图建立单一文明的一统天下，只是一种不切实际的幻想。我们要尊重文明多样性，推动不同文明交流对话、和平共处、和谐共生，不能唯我独尊、贬低其他文明和民族。我们要倡导交流互鉴，注重汲取不同国家、不同民族创造的优秀文明成果，取长补短，兼收并蓄，共同绘就人类文明美好画卷。

第三，尊重平等，反对霸权。中国传统文化主张王道。王道就是平等共和之道。孟子说：“以力假仁者霸，霸必有大国，以德行仁者王，王不待大。汤以七十里，文王以百里。以力服人者，非心服也，力不赡也；以德服人者，中心悦而诚服也”（《孟子·公孙丑上》）；“仁者为能以大事小”、“智者为能以小事大”（《孟子·梁惠王下》）。就是说，国家不分大小、强弱、贫富，都是国际社会的平等成员，都有平等参与国际事务的权利。各国的事务应该由各国人民自己来管。我们要尊重各国自主选择的社会制度和发展道路，反对出于一己之利和一己之见，采取非法手段颠覆别国合法政权。中国不认同“国强必霸论”，中国人的血脉中没有称王称霸、穷兵黩武的基因。中国坚持不干涉别国内政原则，不会把自己的意志强加于人，即使再强大也永远不称霸。

第四，平等互利，合作共赢。当今世界正在发生深刻复杂的变化，和平、发展、合作、共赢的时代潮流更加强劲，国际社会日益成为你中有我、我中有你的命运共同体。“合则强，孤则弱。”（《管子·霸言》）合作共赢应该成为各国处理国际事务的基本政策取向。合作共赢是普遍适用的原则，不仅适用于经济领域，而且适用于政治、安全、文化等其他领域。应该把本国利益同各国共同利益结合起来，努力扩大各方共同利益的汇合点，不能这边搭台、那边拆台，要相互补台、好戏连台。要积极树立双赢、多赢、共赢的新理念，摒弃你输我赢、赢者通吃的旧思维，而应采取平等互利、合作共赢的政策。

总之，儒家从最简单、最基本的家庭伦理出发，以“仁”为核心，以“和”为根本，推己及人，层层扩展，演绎出一整套“国际”政治理想。这种理想同样符合当下世界治理的需要，为政以德、交国以礼、以和为贵、协和万邦，正是使天下由“无道”走向“有道”、从混乱走向安定和谐的有效途径。

# 四　王道理想与天下主义的重建

## （一）天下主义的逻辑进路

中国传统士人一直具有天下主义情怀。这种天下主义情怀体现在各家的思想及其它们的著述之中。如道家提出“以天下观天下”（《道德经》第五十四章）、“抱一为天下式”（《道德经》第二十二章）；墨子讲“天兼天下而爱之”（《墨子·天志篇》）、“视人之国若视其国”（《墨子·兼爱篇》）；法家讲“为天下治天下”（《商君书·修权篇》）；而儒家一方面讲总体的价值理想，即“以天下为一家，中国为一人”（《礼记·礼运》第九），另一方面讲个体的政治抱负，即“修身、齐家、治国、平天下”等。尽管视角有所不同，但都是从“天下”出发，将自己也放在“天下”之中。在他们的意识中，尽管自己身在一“家”一“国”，但并不专属于某家某国，而是“天下”的一分子，并是为“天下”服务的。所以中国传统士人的基本精神是以天下为己任。

在中国历史上，国源于家，所以称“家国”和“国家”。这意味着家国不分，家即国，国亦家。所以，在中国传统的政治思想中，从家到国，再从国到天下，始终贯穿着“家”的一般原则，亦即从以血缘为基础的“家”扩大至“民族国家”，再扩大至“天下”即“家国天下”，反过来说则是“天下一家”。按照这个逻辑，既然家是生活中利益计较趋于最小化的一种生态环境，人与人之间一方面相亲相爱，另一方面爱有等差，由己及人，从个人到家庭再到社会、到国家、到天下。就儒家思想传统而言，一方面追求“极高明”，即天下为公的大道理想；另一方面实践着“道中庸”，即“天下为家”的小康目标，所谓“上治祖祢尊尊也，下治子孙亲亲也，旁治昆弟，合族以食，序以昭穆，别之以礼义，人道竭矣”(《礼记·大传》)。

及至近代，随着“天下主义”的瓦解，孙中山一方面继承了儒家传统的家国观念，另一方面结合国际国内的历史环境，创造性地提出“国族”概念。国族主义也就是孙中山的民族主义。孙中山强调，顺乎自然的王道形成的共同体便是民族，依靠人为力的霸道结合成的团体便是国家。从中华民族的形成与发展历史看，国是家的延续和扩大，也是家族和宗族的延续和扩大，随着中华民族的发展，自然形成“家国天下”。《诗经·北山》曰:“普天之下，莫非王土；率土之滨，莫非王臣。”《礼记·礼运》也如是说:“圣人乃以天下为一家，以中国为一人也。”所以，在中国历史上始终没有形成现代意义上的“民族”和“国家”概念,有的只是“家国天下”。梁启超在《新民说》中也认为中国人“历来只知有天下而不知有国家”。可见，根据家国天下的逻辑进路，天下主义是必然结果，而家国天下与马克思主义所说的必然王国也有异曲同工之处。

不过，近代以来，西方霸道主义盛行，在世界上推行弱肉强食的丛林法则，用短短的数百年时间就毁灭了几大文明体。在这种霸道主义之下，中国的王道主义遭遇困境，天下主义也随之走向衰落。在这种历史背景下，中国发生了由天下主义到世界主义的转变，并进而转为民族主义和国家主义。这是因为，不经过这种转变，中国就不能抵抗西方的殖民主义和霸权主义，就不能实现国家强大和民族复兴。经过一个半世纪的艰难奋斗，中国终于基本上实现了现代化，并且自立于世界民族之林。

## （二）天下主义的价值重建

从近代以来的历史和思潮演变来看，不论是世界主义还是民族主义，都具有显著的现代性亦即西方性色彩。也就是说，世界主义和民族主义都是近代西方殖民扩张的思想根源或历史结果。而当中西方文化相遇后，中国传统的天下主义很难抵抗西方的世界主义，所以不得不接受世界主义以及从天下主义向民族主义的转变。然而，从天下主义向民族主义的转变，是一种进化的历史行为但不是进步的历史行为。传统的天下观具有一种普世主义的价值理想，而民族国家观则将人分成了不同的群体，并赋予其不同的符号，实质上既是一种封闭的观念，也是矛盾和冲突的根源。

在世界主义与民族主义的格局之下，“天下”已经不是天下之天下，而是以某一群体即民族为中心的“天下”。一方面，个人不是在“天下”之下，而是在族群之内并服务于某个政治框架即国家；另一方面，人类也不是在“天下”之下，而是分裂成各个族群而成为国家公民。在这种格局之下，每个个人不再是以自然的个体来观察“天下”，而是作为某个族群或国家的一个分子来观察“天下”，他们不可避免地带着其所在族群或国家的观念。在这里，天下不再可能，个人的生存境遇或者由民族与国家来规定。因而，在民族－国家认同中，个人的生存境遇反而从整个“天下”收缩到单一的“个人－国家”，“天下”或“天地之间”及其所意味着的那个伦理的、文化的视野正在不断地后撤。与此相应，不是在天地之间如何做人的问题，而是在全球化时代如何做民族－国家的成员的问题，成为人们所关注的中心，这就是民族－国家认同或同一性确认的核心。①总之，“天下”已不复存在。

由于天下观的丧失，人们不再能够“以天下观天下”，而只能以个人观个人，以族观族，以国观国，或如老子所说：“以身观身，以家观家，以乡观乡，以邦观邦”，其德有余而不足以普之天下。而在世界主义和民族主义的竞争格局之下，人们进而不断从“国”退回到“族”，从“族”进一步退回到“个人”。这样，世界上国家与国家的竞争、民族与民族的竞争、人与人的竞争必然空前激化，从而必然进入“每个人对每个人的战争”状态。所以，现代世界的格局并不是一种最佳的状态，尽管在竞争刺激下人们可以不断地更新竞争手段和工具，可以享受这种竞争文明带来的现代化生活方式，但是人们不得不面对世界的持续的不确定性和永远的不安状态。特别是在全球化进程加速的当下，如果没有一种新的世界观，

① 陈赟：《从“民族－国家”到“天下”：“天下”思想的未来遗产》，http://wen.org.cn/modules/article/view.article.php/1386。

这种不确定性和不安状态不仅不会消失而且会不断加剧。所以，世界观的转变成为世界各族人民的共同希望，而人类世界的未来需要天下主义价值的重建。

### （三）王道理想：天下一体之仁

王道是一种理想的天下主义模式，霸道是现实的帝国主义模式。国强必霸实际上是帝国主义的逻辑。中国历史证明不以王道为基的霸道一概不能持久，而世界历史证明霸权主义必招致失败。尽管今日之天下仍是大争之世，仍属于竞力时代，但我们仍要坚持天下主义的王道理想。从历史上看，中国人没有“世界”观而只有“天下”观，没有民族观而只有“家国天下观”。所以说，天下既是中国人的空间世界也是中国人的观念世界。这种观念的范围，以经验和知识的范围为限，并随着经验和知识范围的扩大而不断外延。老子说：“修之于身，其德乃真；修之于家，其德乃余；修之于乡，其德乃长；修之于邦，其德乃丰；修之于天下，其德乃普。故以身观身，以家观家，以乡观乡，以邦观邦，以天下观天下。”（《道德经》第五十四章）《礼记·大学》说：“古之欲明明德于天下者，先治其国；欲治其国者，先齐其家；欲齐其家者，先修其身；欲修其身者，先正其心；欲正其心者，先诚其意；欲诚其意者，先致其知，致知在格物。物格而后知至，知至而后意诚，意诚而后心正，心正而后身修，身修而后家齐，家齐而后国治，国治而后天下平。”这是中国传统天下主义和王道理想的经典诠释。古之中国，怀着天下主义精神和王道政治理想，从自身开始以内修、以外观，将本民族的道德理想昭之天下，并以协和万邦，从而成就了数千年的历史辉煌。近代以来，随着西方世界的扩展，中国人对于天下的认识也不断扩大并形成与世界同样的"世界观"。实际上，中国人的世界观是传统天下观的现代性转变。随着这种转变，中国将传统的天下观扩展到世界，同时也将传统的"协和万邦"思想扩展到世界。这样，中国从传统的天下主义经历了一个半世纪的转型，最终又朝着天下主义的王道理想回归。

天下主义的王道，从外延上讲就是王者无外。"王者无外"是公羊学家提出的理念。《春秋公羊传·成公十五年》说："《春秋》内其国而外诸夏，内诸夏而外夷狄。王者欲一乎天下，曷为以外内之辞言之？言自近者始也。"这里是说，王者的最终目标是实现天下一体之仁，因而并不严格区分内外，而是基于地理上的远近，先近而后远。这是因为，王道之运行有一个由中心向周边扩展的过程，即以仁为核心，由近及远，由内而外，使王道之仁不断向外扩展，达到"近者悦，远者来"的效果。[①]另一方面，要实现"近者悦，远者来"的效果，还必须采取"和而不同"、"协和万邦"的理念和政策。《吕氏春秋》说："天下非一人之天下也，天下之天下也。阴阳之和，不长一类；甘露时雨，不私一物；万民之主，不阿一人"

① 干春松：《"王者无外"与"夷夏之防"——公羊三世说与夷夏观念的冲突与协调》，《中国哲学史》2011 年第 1 期。

(《吕氏春秋·孟春纪》第一);《六韬·文韬》说:“同天下之利者则得天下,擅天下之利者则失天下”。这就是说,天下主义的王道,是一种包容性文化的产物,其特点是“顺我者昌”。但西方文化不同,其特点是“逆我者亡”。西方强调其价值观的普世性,但实质上是将丛林法则推向全世界,让世界各民族都接受它们的思想统治。在这个过程中,其他各种文化和价值不是被毁灭就是被削弱。这种文化的政策就是殖民主义和霸权主义。从中国价值传统本身的特点而言,中国不会拒绝吸收有益的西方价值观,所以,必然是综合中西价值观而完成一次价值观创新,而这正体现了天下观念的兼容性。所以,这是一个能够创造世界共同利益和共同幸福的新天下。①

天下主义的王道,从内核上讲就是仁,即天下一体之仁。新天下主义以仁为本,即以人在天地之间来观察天地宇宙,并以“以己推人”的态度将“仁”推向世界。《国语·晋语》说:“利国之谓仁”。《左传》说:“亲仁善邻,国之宝也。”(《春秋左传·隐公六年》)宋代儒家张载提出“民胞物与”,程颢提出“仁者以天地万物为一体”(《二程遗书》卷二上)。王阳明在《大学问》一书中说:“亲吾之兄,以及人之兄,以及天下人之兄,而后吾之仁,实与吾之兄、人之兄与天下人之兄,而为一体矣。实与之为一体,而后悌之明德始明矣。君臣也,夫妇也,朋友也,以至于山川鬼神鸟兽草木也,莫不实有以亲之,以达吾一体之仁也,然后吾之明德始无不明,而真能以天地万物为一体矣。夫是之谓明明德于天下,是之谓家齐国

① 赵汀阳:《天下体系的一个简要表述》,《世界经济与政治》2008年第10期。

治而天下平，是之谓尽性。”事实上，王阳明提出了一个天下伦理。近代学者谭嗣同兼容孔子之仁，墨子之兼爱，佛之慈悲以及基督之博爱，提出自己的《仁学》。谭嗣同认为世界是由物质的原质所构成，其本体是“仁”，“仁”是万物之源，世界的存在和发展都是由于“仁”的作用。而现代国际社会直至1993年9月的世界宗教议会第二届大会才提出类似的理念。大会在《走向全球伦理宣言》中，提出了人类“相互依存”之理以及“我们希望别人怎样对待我们，我们就必须怎样对待别人”之理。这个全球伦理观强调：人皆应得人道之待遇；非暴力与尊重生命和团结之文化；公正的经济秩序、宽容的文化与诚信的生活之坚持以及男女之间权利平等与伙伴关系的文化之坚持。[①]然而，在西方以理性主义为核心的价值观作用下，整个社会必然以个人私利、团体私利、民族私利和国家私利为核心运行，“每个人对每个人的战争”必然扩大至每个团体对每个团体、每个民族对每个民族、每个国家对每个国家的战争。要改变世界的这种“战争”状态，就必须从根本上改变人类的价值观，从霸权主义转向世界主义，再从世界主义转向天下主义，从霸道转向王道，从王道转向仁道。要实现这种转变，必须“以天下观天下”，从“天下观”的重建开始，重建天下主义，重回王道。这就是“创制天下”（《管子·霸言》），即“居天下之广居，立天下之正位，行天下之大道”（《孟子·滕文公下》），最终实现“天下一体之仁”。

① 张耀南：《中华文明的世界主义对于构建全球伦理可有之贡献》，《北京行政学院学报》2003年第5期。

## （四）共同构建人类命运共同体

“天下一体之仁”在当代的具体实践，就是共同构建人类命运共同体。随着国际地位、综合国力和对全球经济贡献的日益提升，中国越来越多地参与到全球经济治理之中，为世界经济的协调发展做出了重大贡献。2013 年秋天，习近平总书记在哈萨克斯坦和印度尼西亚提出共建丝绸之路经济带和 21 世纪海上丝绸之路，即“一带一路”倡议。为了积极发展与沿线国家的经济合作伙伴关系，共同打造政治互信、经济融合、文化包容的利益共同体、命运共同体和责任共同体，2015 年 3 月 28 日，中国国家发展与改革委员会、外交部、商务部联合发布了《推动共建丝绸之路经济带和 21 世纪海上丝绸之路的愿景与行动》，以政策沟通、设施联通、贸易畅通、资金融通、民心相通为主要内容，将“一带一路”建设推向了新高度，对全球经济社会持续发展意义深远。到 2017 年，全球 100 多个国家和国际组织积极支持和参与“一带一路”建设，联合国大会、联合国安理会等重要决议也纳入“一带一路”建设内容。“一带一路”建设逐渐从理念转化为行动，从愿景转变为现实，建设成果丰硕。这就使中国对世界乃至人类社会的影响进一步扩大。2017 年 1 月 18 日，习近平总书记在联合国日内瓦总部作《共同构建人类命运共同体》的演讲，指出：人类正处在大发展大变革大调整时期。世界多极化、经济全球化深入发展，社会信息化、文化多样化持续推进，新一轮科技革命和产业革命正在孕育成长，各国相互联系、相互依存，全球命运与共、休戚相关，和平力量的上升远远超过战争因素的增长，和平、发展、合作、共赢的时代潮流更加强劲。同时，人类也正处在一个挑战层出不穷、风险日益增多的时代。世界经济增长乏力，金融危机阴云不散，发展鸿沟日益突出，兵戎相见时有发生，冷战思维和强权政治阴魂不散，恐怖主义、难民危机、重大传染性疾病、气候变化等非传统安全威胁持续蔓延。为此，必须构建人类命运共同体，实现共赢共享。只有这样，才能让和平的薪火代代相传，让发展的动力源源不断，让文明的光芒熠熠生辉。然而，构建人类命运共同体是需要一代又一代人接力跑才能实现的目标。中国愿同广大成员国、国际组织和机构一道，共同推进构建人类命运共同体的伟大进程。这是中华民族对世界的伟大承诺，充分表明了中华民族对人类历史和人类发展的伟大担当。

# 参考文献

一、经典著作和领袖传记

《马克思恩格斯选集》第 1 卷，人民出版社，2012。

《马克思恩格斯选集》第 2 卷，人民出版社，2012。

《马克思恩格斯选集》第 3 卷，人民出版社，2012。

《马克思恩格斯全集》第 1 卷，人民出版社，1956。

《马克思恩格斯全集》第 1 卷，人民出版社，1956。

《马克思恩格斯全集》第 3 卷，人民出版社，1960。

《马克思恩格斯全集》第 12 卷，人民出版社 1962。

《马克思恩格斯全集》第 20 卷，人民出版社，1971。

《马克思恩格斯全集》第 23 卷，人民出版社，1972。

《马克思恩格斯全集》第 25 卷，人民出版社，1974。

《马克思恩格斯全集》第 39 卷，人民出版社，1974。

《马克思恩格斯全集》第 42 卷，人民出版社，1979。

《马克思恩格斯全集》第 46 卷下，人民出版社，1980。

《资本论》，人民出版社，1975。

马克思:《1844 年经济学哲学手稿》，人民出版社，2000。

《列宁全集》第29卷，人民出版社，1985。

《孙中山全集》第1卷，中华书局，1981。

《孙中山全集》第2卷，中华书局，1982。

《孙中山全集》第3卷，中华书局，1984。

《孙中山全集》第5卷，中华书局，1985。

《孙中山全集》第6卷，中华书局，1985。

《孙中山全集》第7卷，中华书局，1985。

《孙中山全集》第9卷，中华书局，1986。

《孙中山全集》第11卷，中华书局，1986。

《孙中山选集》，人民出版社，2011。

中共中央文献研究室编《毛泽东早期文稿》，湖南人民出版社，1990。

《毛泽东选集》第1卷，人民出版社，1991。

《毛泽东选集》第2卷，人民出版社，1991。

《毛泽东选集》第3卷，人民出版社，1991。

《毛泽东选集》第4卷，人民出版社，1991。

《毛泽东选集》第6卷，人民出版社，1999。

《毛泽东文集》第3卷，人民出版社，1996。

《毛泽东文集》第5卷，人民出版社，1991。

《毛泽东文集》第7卷，人民出版社，1999。

《毛泽东文集》第8卷，人民出版社，1999。

《周恩来早期文集（一九一二年十月～一九二四年六月）》，中央文献出版社、南开大学出版社，1998。

中共中央文献研究室编《毛泽东年谱（一八九三—一九四九）》，中央文献出版社，2013。

中共中央文献研究室编《毛泽东年谱（一九四九—一九七六）》，中央文献出版社，2013。

《建国以来重要文献选编》第4册，中央文献出版社，1993。

《邓小平文选》第2卷，人民出版社，1994。

《邓小平文选》第3卷，人民出版社，1993。

逄先知、金冲及主编《毛泽东传（1949－1976）》，中央文献出版社，2003。

二、中国古代经典文献和其他中文文献

《十三经注疏》，中华书局，1980。

《道德经》，中华书局，2006。

《庄子》，中华书局，2007。

《吕氏春秋》，上海古籍出版社，1989。

（汉）刘安:《淮南子》，中华书局，2009。

（汉）司马迁:《史记》，中华书局，1982。

（汉）班固:《汉书》，中华书局，1962。

（南朝宋）范晔:《后汉书》，中华书局，2000。

（唐）韩愈:《韩昌黎文集》，马其昶校注，上海古籍出版社，2014。

（唐）柳宗元:《柳河东集》，上海古籍出版社，1973。

（宋）石介:《徂徕集》，中华书局，1985。

（宋）欧阳修:《新唐书》，中华书局，2014。

（宋）欧阳修:《新五代史》，中华书局，1974。

（宋）司马光:《资治通鉴》，中华书局，1976。

（宋）《二程集》，中华书局，1981。

（宋）《陆九渊集》，钟哲校，中华书局，1980。

（宋）朱熹:《朱子语类》，中华书局，1986。

（宋）朱熹:《四书章句集注》，上海古籍出版社，2006。

（明）王阳明:《传习录》，蓝天出版社，2007。

（明）李贽:《李贽文集》，北京燕山出版社，1998。

（明）王艮:《王心斋先生全集》，上海古籍出版社，2008。

（清）黄宗羲:《明夷待访录》，中华书局，1981。

（清）王夫之:《读通鉴论》，中华书局，2013。

（清）章学诚:《文史通义》，中州古籍出版社，2012。

（清）龚自珍:《龚自珍全集》，上海古籍出版社，1999。

（清）《魏源集》，中华书局，1983。

（清）陈炽:《续国富论》，清光绪二十四年（1898）。

（清）曾国藩:《曾国藩全集》，岳麓书社，1994。

（清）康有为:《大同书》，陈得媛、李传印评注，华夏出版社，2002。

谭嗣同:《仁学》，载《谭嗣同全集》下，中华书局，1981。

梁启超:《饮冰室合集》，中华书局，1989。

梁启超:《清代学术概论》，中华书局，1954。

梁启超:《中国近三百年学术史》，东方出版社，1996。

梁启超:《中国近三百年学术史》，载梁启超:《梁启超论清学史二种》，朱维铮校注，复旦大学出版社，1985。

王国维：《观堂集林》，中华书局，2010。

章太炎：《章太炎全集》第3卷，朱维铮编校，上海人民出版社，1984。

《李大钊文集》上，人民出版社，1984。

吴虞：《吴虞集》，四川人民出版社，1985。

吴虞：《儒家主张阶级制度之害》，《新青年》1917年6月，第3卷，第4号。

胡适：《先秦名学史·导论》，载《胡适学术文集》下，中华书局，1991。

胡适：《非个人主义的新生活》，载《容忍与自由》，法律出版社，2011。

胡适：《胡适全集》一，安徽教育出版社，2003。

陈独秀：《独秀文存》，安徽人民出版社，1987。

陈独秀：《今日中国的政治问题》，《新青年》第5卷第1期。

陈独秀：《新青年罪案之答辩书》，《新青年》第6卷第1期。

陈独秀：《宪法与孔教》，《新青年》1916年11月，第2卷第3号。

钱玄同：《钱玄同文集》，中国人民大学出版社，1999～2000。

鲁迅：《鲁迅全集》第1卷，人民文学出版社，1981。

冯友兰：《中国哲学之精神》，中国青年出版社，2005。

张岱年：《中国哲学大纲》，中国社会科学出版社，1982。

张岱年：《综合、创新，建立社会主义新文化》，载《张岱年全集》第6卷，河北人民出版社，1996。

钱穆:《国史新论》，生活·读书·新知三联书店，2012。

钱穆:《中国近三百年学术史》，九州出版社，2011。

牟宗三:《略论道统、学统、政统》，载牟宗三:《生命的学问》，广西师范大学出版社，2005。

余英时:《中国现代价值观念的变迁》，载余英时:《现代儒学论》，上海人民出版社，1998。

余英时:《中国文化史通释》，生活·读书·新知三联书店，2012。

赵汀阳:《天下体系的一个简要表述》，《世界经济与政治》2008年第10期。

韩星:《道统的失落与官本位之兴盛——基于中国传统政治文化的思考》，人民论坛《学术前沿》2013年第4期上。

王四达:《从“神本”到“君本”——试析中国古代“人文”的渊源流变及其本质》，《哲学研究》1999年第9期。

李春青:《从王官之学到诸子之学——论中国古代文艺思想发展史上第一次转折》，《人文杂志》2011年第5期。

孙景坛:《汉代“以孝治天下”初探》，《中共南京市委党校南京市行政学院学报》2002年第1期。

黄爱平:《论明末清初学术向传统经学的回归》，《中国文化》2004年第21期。

王艳:《直面现代价值危机的“实质的价值”伦理学——论舍勒现象学伦理学的历史地位和意义》，《哲学动态》2010年第12期。

杜运辉:《“三流合一”与二十世纪中国文化的融通和超越》,《中国社会科学》2015 年第 4 期。

李琴:《当代西方消费主义文化的唯物史观思考——消费问题研究的新视角》,《学术界》2006 年第 2 期。

北京大学哲学系美学教研室编著《西方美学家论美和美感》,商务印书馆,1980。

郭成康:《清朝皇帝的中国观》,《清史研究》2005 年第 4 期。

黄兴涛:《清代满人的“中国认同”》,《清史研究》2011 年第 1 期。

赵永春:《从复数“中国”到单数“中国”——试论统一多民族中国及其疆域的形成》,《中国边疆史地研究》2011 年第 3 期。

赵汀阳:《坏世界研究》,中国人民大学出版社,2009。

河清:《民族主义与世界主义》,《读书》1996 年第 9 期。

金观涛、刘青峰:《从“天下”、“万国”到“世界”——晚晴民族主义形成的中间环节》,《二十一世纪》2006 年第 4 期。

干春松:《“王者无外”与“夷夏之防”——公羊三世说与夷夏观念的冲突与协调》,《中国哲学史》2011 年第 1 期。

张耀南:《中华文明的世界主义对于构建全球伦理可有之贡献》,《北京行政学院学报》2003 年第 5 期。

三、译著

〔意〕但丁·阿利盖里:《论世界帝国》,朱虹译,商务印书馆,1985。

〔美〕梯利:《西方哲学史》,葛力译,商务印书馆,1995。

〔德〕黑格尔:《历史哲学》,王造时译,上海书店出版社,1999。

〔德〕费尔巴哈:《费尔巴哈哲学著作选集》,商务印书馆,1984。

〔德〕康德:《历史理性批判文集》,何兆武译,商务印书馆,1990。

〔德〕康德:《道德形而上学原理》,苗力田译,上海人民出版社,2005。

〔德〕康德:《道德形而上学探本》,商务印书馆,1957。

〔德〕尼采:《道德的系谱》,中国政法大学出版社,2003。

〔德〕马克斯·韦伯:《新教伦理与资本主义精神》,于晓、陈维纲等译,陕西师范大学出版社,2006。

〔德〕奥斯瓦尔德·斯宾格勒:《西方的没落:世界历史的透视》,齐世荣等译,商务印书馆,1963。

〔英〕约翰·格雷:《自由主义的两张面孔》,顾爱彬、李瑞华译,江苏人民出版社,2005。

〔德〕赫伯特·马尔库赛:《单向度的人:发达工业社会意识形态研究》,刘继译,上海译文出版社,2006。

〔印〕阿马蒂亚·森:《理性与自由》,李风华译,中国人民大学出版社,2006。

〔法〕让·波德里亚:《消费社会》,刘成福、全志钢译,南京大学出版社,2000。

〔英〕柯林·威尔森:《心理学的新道路》,杜新宇译,华文出版社,

2001。

〔美〕塞缪尔·亨廷顿:《文明的冲突与世界秩序的重建》，周琪等译，新华出版社，2002。

〔美〕杰里米·里夫金:《第三次工业革命》，赛迪研究院专家组译，中信出版社，2012。

克里希那穆提:《重新认识你自己》，若水译，深圳报业集团出版社，2010。

〔英〕西莉亚·卢瑞:《消费文化》，张萍译，南京大学出版社，2003。

# 后　记

2016年初，历经八年艰苦思考和写作的《中国价值的革命》由人民出版社出版，不少同仁和读者给以热情的关注，并建议写一个简本。这是本书的写作初衷。同时，经过这两年的学习和思考，又有不少新的体会，正好利用这个机会表达出来。所以本书并不仅仅是前一部书的简本，而是有不少思想和内容的更新。另外，本书的英文版也在编译过程之中，希望能尽早与读者见面。非常感谢人民出版社和社会科学文献出版社为本书出版所做出的努力和付出的辛苦。

图书在版编目(CIP)数据

中国价值 / 高德步著. -- 北京 : 社会科学文献出版社, 2018.5

ISBN 978 - 7 - 5201 - 2431 - 7

Ⅰ. ①中… Ⅱ. ①高… Ⅲ. ①社会主义建设 - 价值论 - 研究 - 中国 Ⅳ. ①D616

中国版本图书馆 CIP 数据核字(2018)第 047975 号

## 中国价值

著　　者 / 高德步

出 版 人 / 谢寿光
项目统筹 / 陈凤玲
责任编辑 / 陈凤玲

出　　版 / 社会科学文献出版社 · 经济与管理分社 (010) 59367226
地址: 北京市北三环中路甲 29 号院华龙大厦　邮编: 100029
网址: www.ssap.com.cn
发　　行 / 市场营销中心 (010) 59367081　59367018
印　　装 / 三河市东方印刷有限公司

规　　格 / 开 本: 880mm × 1230mm　1/32
印 张: 11.5　字 数: 251 千字
版　　次 / 2018 年 5 月第 1 版　2018 年 5 月第 1 次印刷
书　　号 / ISBN 978 - 7 - 5201 - 2431 - 7
定　　价 / 59.00 元